Wilde Touren
Niederrhein

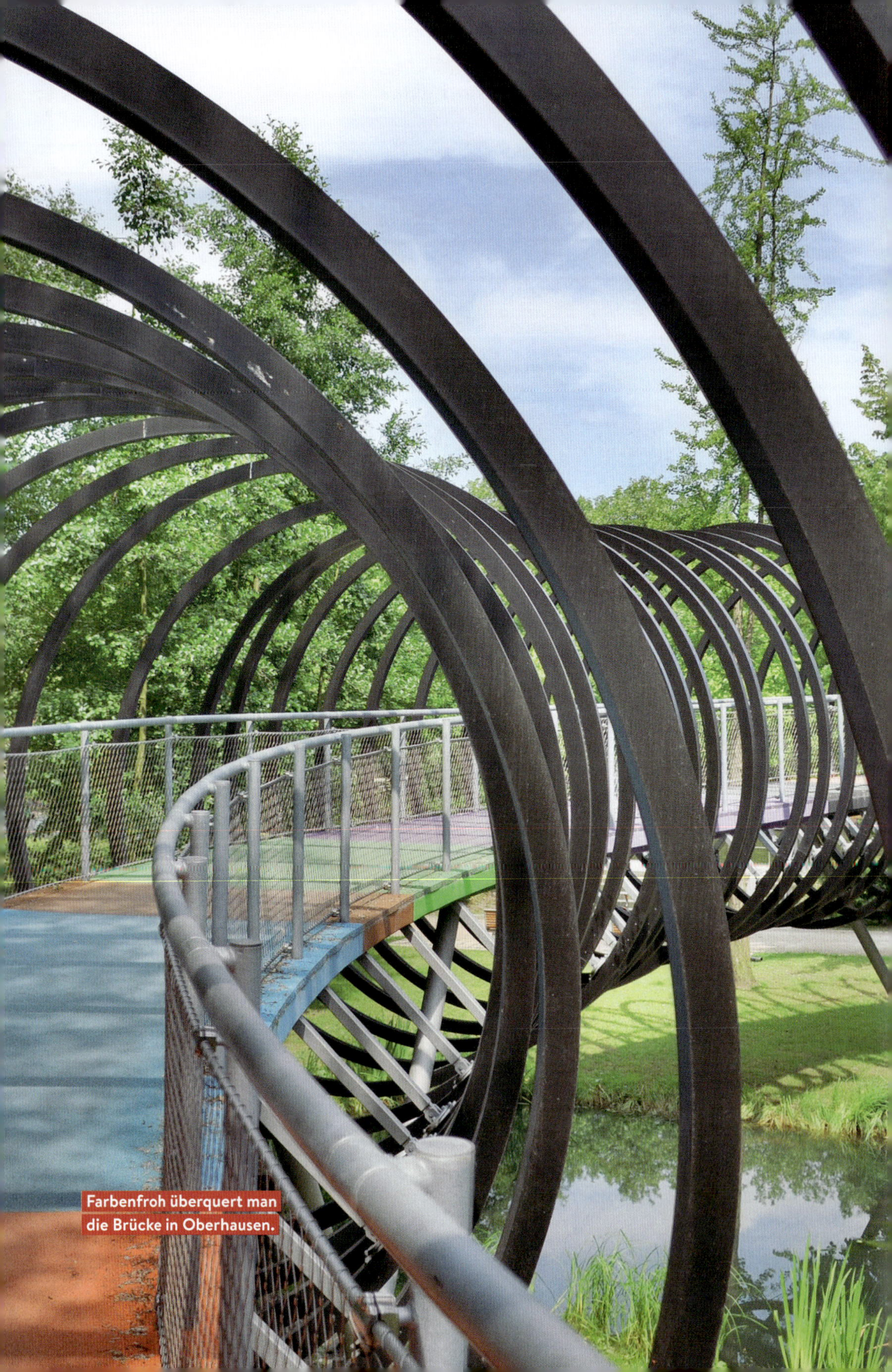

Farbenfroh überquert man die Brücke in Oberhausen.

Michael Moll

Wilde Touren

NIEDERRHEIN

Zu Fuß, mit dem Rad und auf dem Wasser
durch ursprüngliche Natur

BRUCKMANN

INHALT

Mit dem Rad

Entspannt im Grünen

Am Wasser

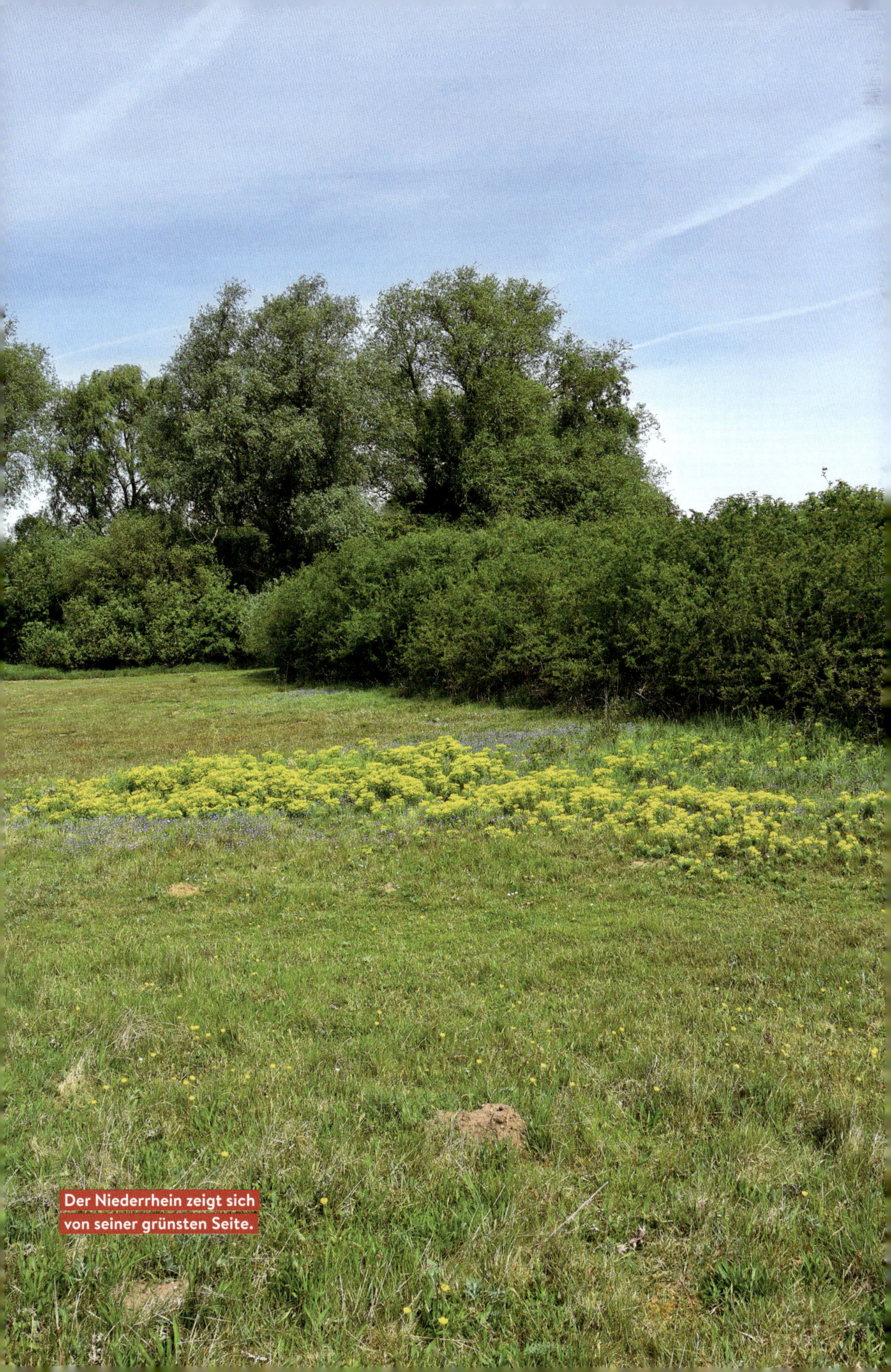

Der Niederrhein zeigt sich
von seiner grünsten Seite.

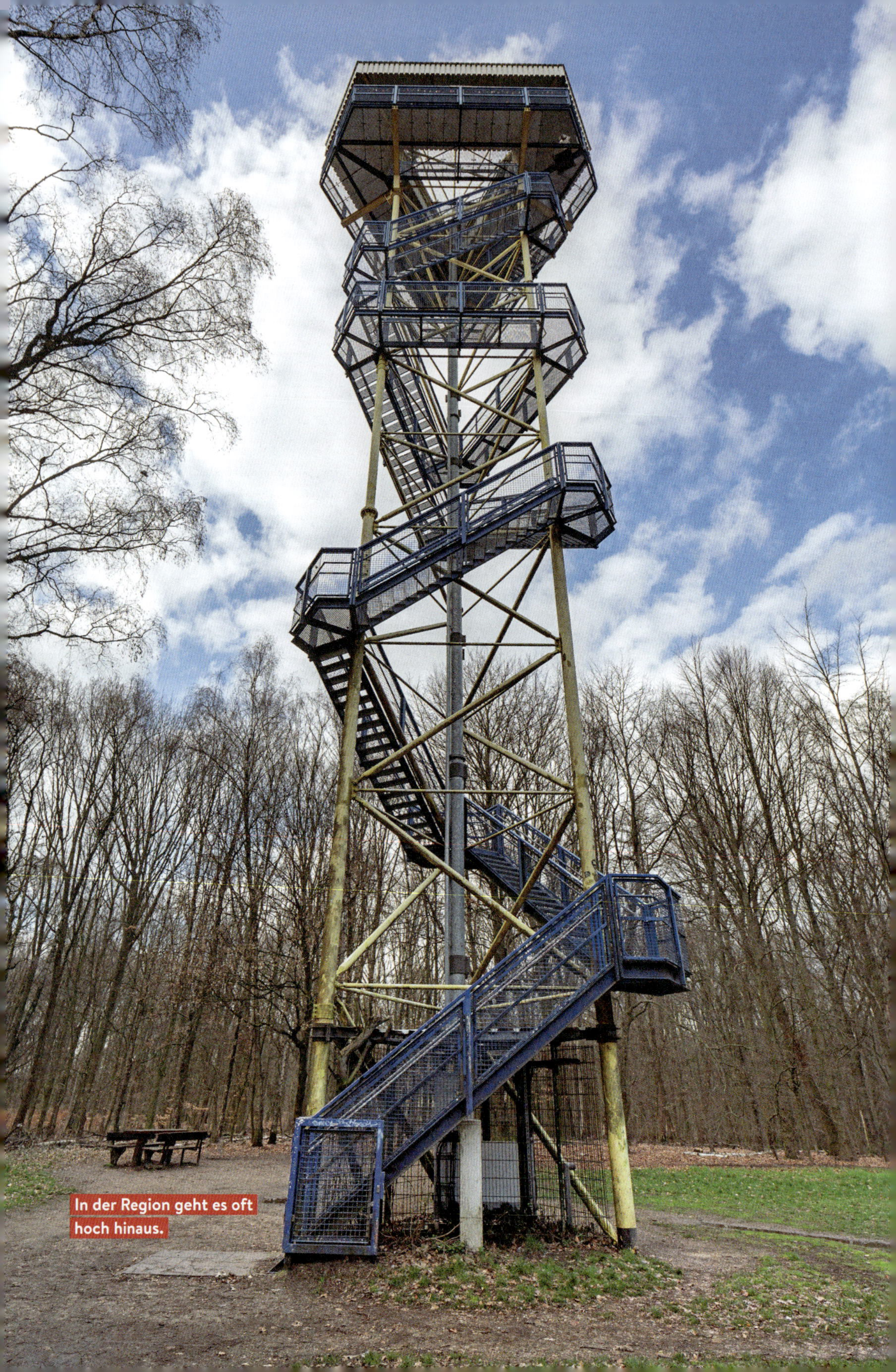

In der Region geht es oft hoch hinaus.

Vorwort

EINEN AUSFLUGSFÜHRER ÜBER DEN NIEDERRHEIN ZU SCHREIBEN, ist gar nicht so einfach. Denn von dem, was die Region bietet, könnte man locker einen Zweibänder oder gar eine Trilogie erschaffen. Es gibt so viel zu entdecken und zu bereisen, dass man sich dafür viel Zeit nehmen sollte, um die vielen Ausflugsmöglichkeiten zu genießen. Die Region im Grenzgebiet zu den Niederlanden ist überwiegend von weiten Ebenen geprägt. Das macht sie zum Beispiel für leichte Wanderungen attraktiv. Die wenigen Erhebungen wie der Oermter Berg oder der Hülser Berg sind allesamt recht überschaubar. Um diese Weite zu überblicken, sind oftmals Aussichtstürme vorhanden. Und wenn diese nicht ausreichen, dann helfen gleich ganze Hügel, die von Menschenhand erschaffen wurden, wie die Halden bei Moers oder Hückelhoven, die einen tollen Fernblick ermöglichen und dennoch leicht zu besteigen sind.

Zwischen der landwirtschaftlichen Nutzung der niederrheinischen Region befinden sich zahlreiche Schätze der Natur, die mit den Touren in diesem Buch erwandert oder mit dem Rad erfahren werden können. Dazu zählen zweifellos die Bislicher Insel mit ihrer spannenden Vogelwelt, das Große Venn im Diersfordter Wald und eine Vielzahl an Naturschutzgebieten, in denen sich eine bunte Vielfalt an Flora und Fauna tummelt.

Darüber hinaus kommt aber auch die Kultur nicht zu kurz. Schloss Moyland, Kloster Kamp und die Wallfahrtskirche von Kevelaer sind nur einige Beispiele für geschichtsträchtige und sehenswerte Bauwerke, die Sie am Wegesrand entdecken werden. Erleben Sie gemütliche Wanderungen und Radtouren zu tollen Ausflugszielen auf beiden Seiten des Rheins, von denen einige sogar über die Landesgrenze hinausgehen und Sie in die benachbarten Niederlande geleiten.

Herzlichst,

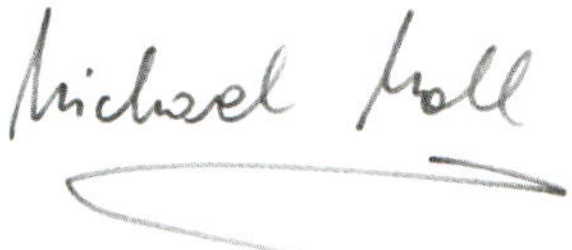

Willkommen am Niederrhein

Im Westen Nordrhein-Westfalens begeistert der Niederrhein mit weiter Landschaft, vielen Radwegen, mehreren Aussichtstürmen und entspannender Natur. Für tolle Ausflüge ist alles vorhanden.

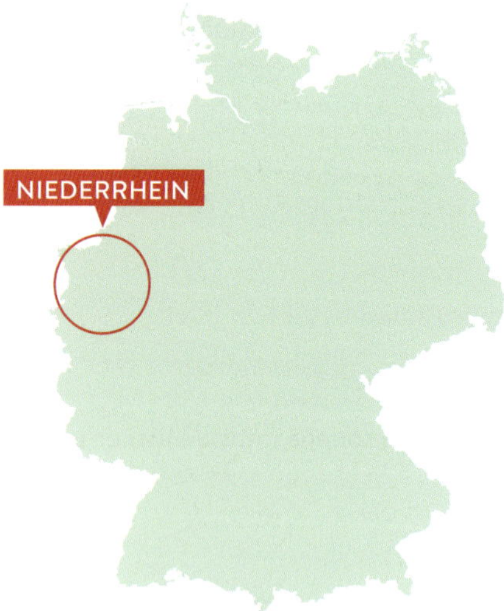

Knotenpunkte

Am Niederrhein hat man sich das Knotenpunktsystem der Niederlande ganz genau angeschaut und es hier auch eingeführt. Dabei handelt es sich um ein Leitsystem für Fahrradfahrende, mit dem verschiedene wichtige Kreuzungen mit einer Nummer versehen wurden. An diesen sogenannten Knotenpunkten stehen Informationen bereit, welche die nächsten Knotenpunkte sind und in welcher Richtung man diese erreicht. Übrigens, auch wenn man das System oft auf die Niederlande zurückführt, die es populär gemacht haben, so stammt es eigentlich aus Belgien, wo es in den 1980er-Jahren erfunden wurde.

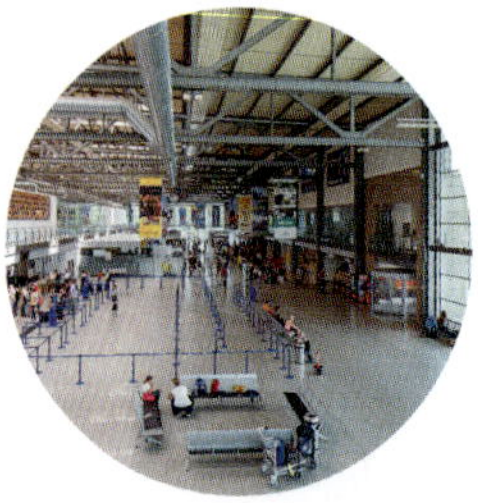

Beste Anbindung

Die Region besitzt mit dem Flughafen Niederrhein (Weeze) sogar internationalen Anschluss.

106 Meter

Der Niederrhein gilt zwar als flach, doch dank des Niederrheinischen Höhenzugs gibt es sogar Hügel mit einer Höhe von 106 Metern.
So hoch ist der Klever Berg als höchster natürliche Punkt der Region Niederrhein. Und auch sonst kann es schon mal leicht rauf- und runtergehen.

Nachbar Niederlande

Den Einfluss der Niederlande merkt man vor allen Dingen beim Thema Radfahren. So wurde das Knotenpunktsystem als Orientierung für Radler übernommen und auch Windmühlen gibt es jede Menge. Aber auch sonst ist deutlich, dass die Grenzen nur noch auf dem Papier existieren.

Rheinkilometer

Zons bei Dormagen befindet sich an Rheinkilometer 718. Von dort fließt der Fluss bis Rheinkilometer 860, wo er die Grenze zu den Niederlanden überquert.

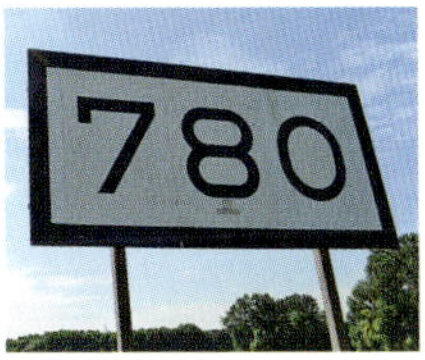

Fast wie am Meer

Die Hafenanlage in Duisburg-Ruhrort gilt als der größte Binnenhafen Europas und zählt zu den größten Binnenhäfen der Welt. Die 21 Hafenbecken haben dabei eine Uferlänge von 40 Kilometern.

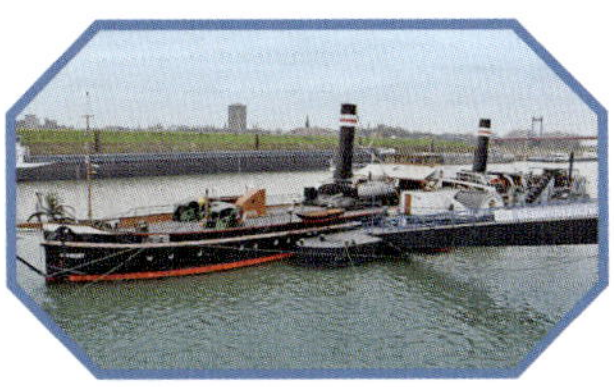

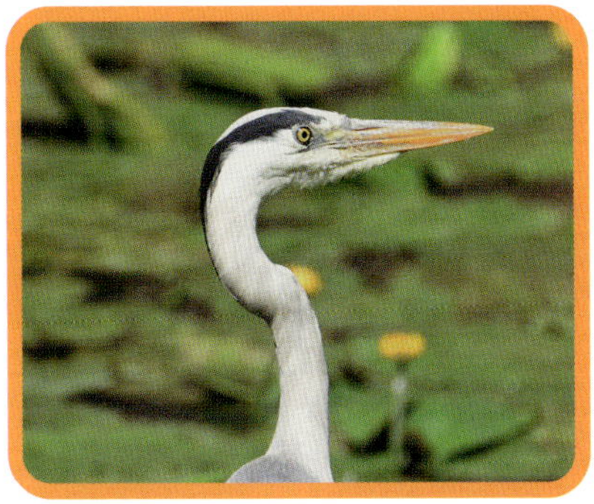

Maas-Schwalm-Nette

Nordrhein-Westfalen besitzt zwölf Naturparks. Einer davon ist der Naturpark Maas-Schwalm-Nette, der sich mit seinen fast 900 km² grenzüberschreitend am Niederrhein und in den Niederlanden erstreckt. Sein Name leitet sich von den drei prägenden Flüssen ab, wovon die Maas allerdings komplett auf niederländischer Seite verläuft.

Atomkraft? Nein danke.

Das Kernkraftwerk in Kalkar, ein sogenannter Schneller Brüter, wurde als Kooperationsprojekt der Niederlande, Belgien und Deutschland im Jahr 1985 fertiggestellt. Doch er wurde unter anderem aus Sicherheitsgründen nie in Betrieb genommen. Nach dem endgültigen Aus im Jahr 1991 war dieses Atomkraftwerk die größte Investitionsruine Deutschlands. Über eine Zeitungsanzeige wurde das Kraftwerk an einen niederländischen Investor verkauft, der dort einen Freizeitpark, das Wunderland Kalkar, ins Leben rief.

Lokal einkaufen

Der Niederrhein kann sich ganz gut selber versorgen. So kommt es einem zumindest vor, wenn man zu Fuß oder mit dem Rad in der Region unterwegs ist. Spargelfelder, Gemüse und Obst findet man zuhauf. Das Schöne daran ist, dass dadurch nachhaltig eingekauft werden kann und die Produkte nur kurze Wege zurücklegen. Zahlreiche Hofläden und Bauernmärkte bieten die regionalen Produkte an.

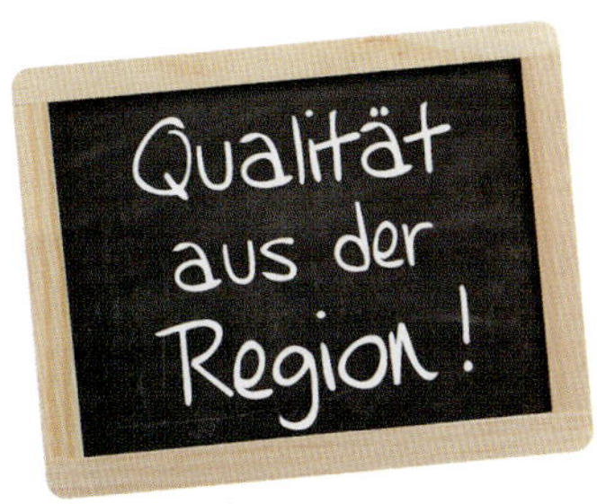

Bruckmann-Tourenfinder

Für jeden Tag die richtige Tour

			Std.	km	Hm									
1	Halde Rheinpreußen	🔴	04:00	11	130/130		✓	✓	✓	✓			✓	
2	Halde Norddeutschland	⚫	04:30	15	180/180				✓	✓				
3	Tiger & Turtle	🔴	05:00	16	91/91	✓	✓	✓	✓	✓			✓	
4	Irmgardispfad	🔵	02:30	8,5	27/27		✓	✓	✓		✓		✓	
5	Wisseler Dünen	🔵	01:30	6	18/18	✓	✓		✓	✓			✓	
6	Diersfordter Wald	⚫	07:00	20	93/93		✓				✓		✓	
7	Schloss Bloemersheim	🔵	03:00	9	63/63	✓	✓	✓	✓		✓			
8	Solegarten Kevelaer	🔵	03:30	10,5	34/34	✓	✓		✓	✓			✓	
9	Burg Uda	🔵	01:30	4,5	15/15	✓		✓	✓	✓			✓	
10	Dürsberg	⚫	05:30	61	314/314	✓		✓		✓				✓
11	Klever Reichswald	🔴	03:00	26,5	130/130	✓		✓			✓			✓
12	Zonser Grind	🔵	01:00	9,5	42/42	✓	✓			✓				✓
13	Schloss Dyck	🔵	01:00	8,5	50/50	✓	✓	✓		✓				✓
14	Schloss Moyland	🔵	04:00	24	92/92	✓	✓	✓			✓			✓
15	Dämmerberge	🔴	03:30	22	153/153	✓	✓				✓			✓
16	Schenkenschanz	🔵	03:30	24	75/75	✓	✓			✓				✓
17	Uedemer Hochwald	🔵	03:30	25	129/129	✓	✓	✓		✓				✓

			Std.	km	Hm									
18	Kamp-Lintfort	🔵	03:00	20	128/128	✓	✓	✓			✓			✓
19	Landschaftspark Duisburg	🔴	02:00	11	61/61	✓	✓	✓		✓			✓	✓
20	Konfluenzpunkt	🔵	02:30	17,5	75/75	✓	✓	✓	✓	✓				✓
21	St. Vitus Hochelten	🔴	05:00	16,5	195/195	✓		✓	✓		✓		✓	
22	Steinmännchen Kleve	🔵	01:30	4	84/84		✓	✓	✓		✓			
23	Saures Venn	🔵	02:30	10	65/65				✓		✓			
24	Johannesturm	🔵	02:30	9	82/82	✓	✓	✓	✓		✓		✓	
25	Sequoiafarm	🔵	02:00	6,5	45/45			✓			✓			
26	Birgeler Urwald	🔵	04:00	13	165/165		✓		✓		✓			
27	Westlichster Punkt	🔵	–	–	–		✓		✓	✓				
28	Wildpark Gangelt	🔵	–	–	–	✓	✓	✓	✓		✓			
29	Millicher Halde	🔵	01:30	2,5	71/71		✓		✓	✓				
30	Gleis der Artenvielfalt	🔵	02:30	5,5	63/63	✓	✓	✓	✓	✓			✓	
31	Xantener Nord- und Südsee	🔴	03:30	13	46/46	✓	✓		✓	✓		✓		
32	Krickenbecker Seen	🔵	04:00	17	128/128	✓	✓				✓		✓	✓
33	Eisenbahnbrücke Wesel	🔴	04:30	45	232/232	✓	✓		✓	✓			✓	✓
34	Reeser Meer	🔴	05:00	16,5	55/55	✓	✓	✓	✓	✓			✓	
35	Sechs-Seen-Platte	🔵	02:30	8	57/57	✓	✓		✓		✓	✓	✓	
36	Emschermündung	🔵	–	–	–	✓	✓		✓	✓				
37	Bislicher Insel	⚫	05:50	20,5	84/84	✓				✓			✓	
38	Rotbachsee	🔴	03:00	23,5	137/158	✓			✓		✓			✓
39	Tüdderner Fenn	🔵	–	–	–	✓	✓		✓		✓		✓	

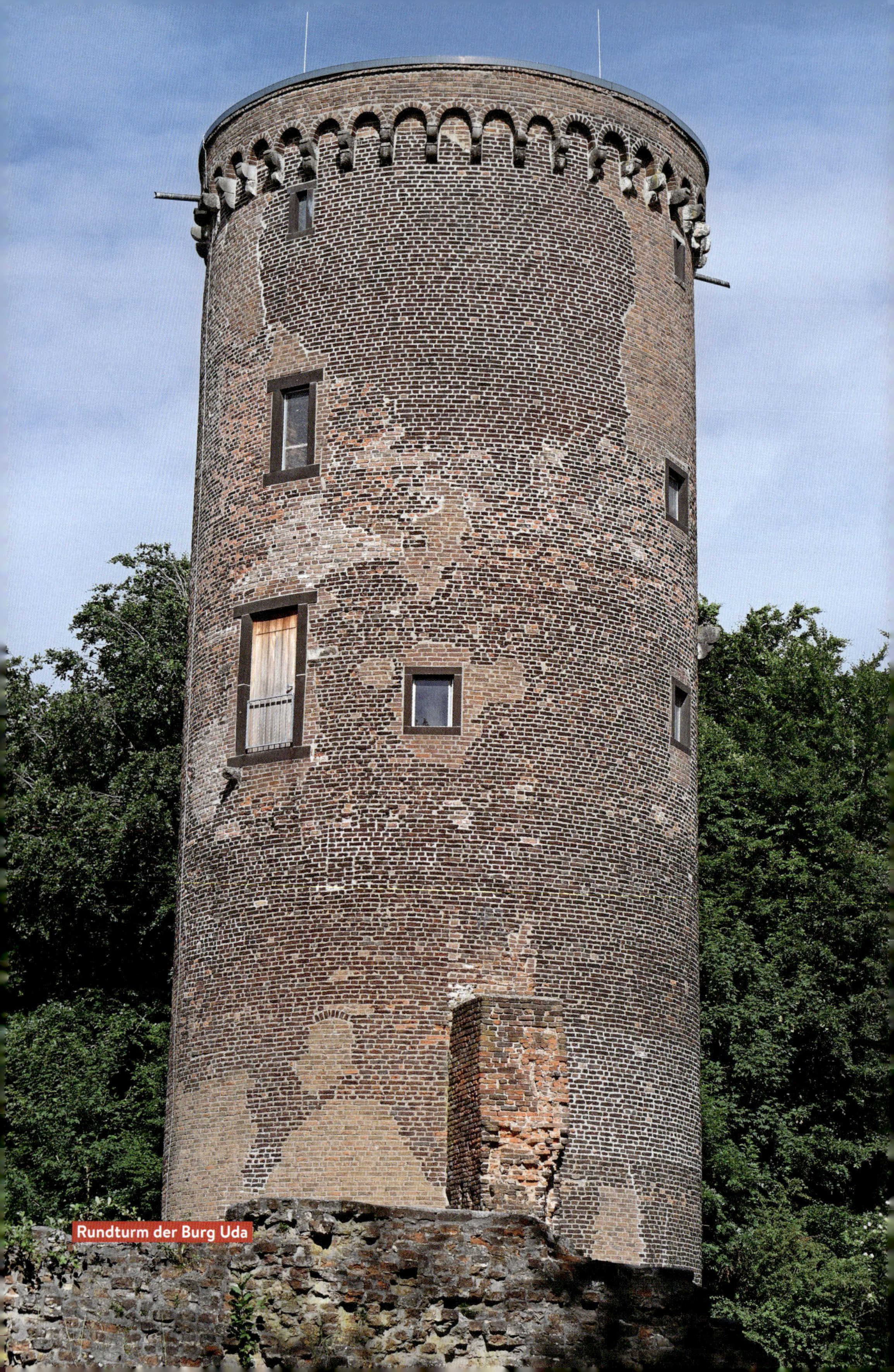

Rundturm der Burg Uda

INFO

PIKTOGRAMME ERLEICHTERN DEN ÜBERBLICK

Gehzeit

Länge

Höhenunterschied

Einkehr

kindergeeignet

Sehenswürdigkeit

wintergeeignet

Sonne

Schatten

Bademöglichkeit

ÖPNV

Fahrrad

ANFORDERUNGEN

LEICHT

Kurze, moderate Runden ohne extreme Steigungen oder Gefälle

MITTEL

Touren mit längeren Auf- und Abstiegen und/oder längere Runden, die etwas mehr Kondition und körperliche Fitness erfordern

SCHWER

Diese Runden erfordern Kondition und körperliche Fitness. Hier geht es gut auf und ab, auch über etwas längere Distanz. Sie sind für geübte Wanderer in jedem Fall unproblematisch.

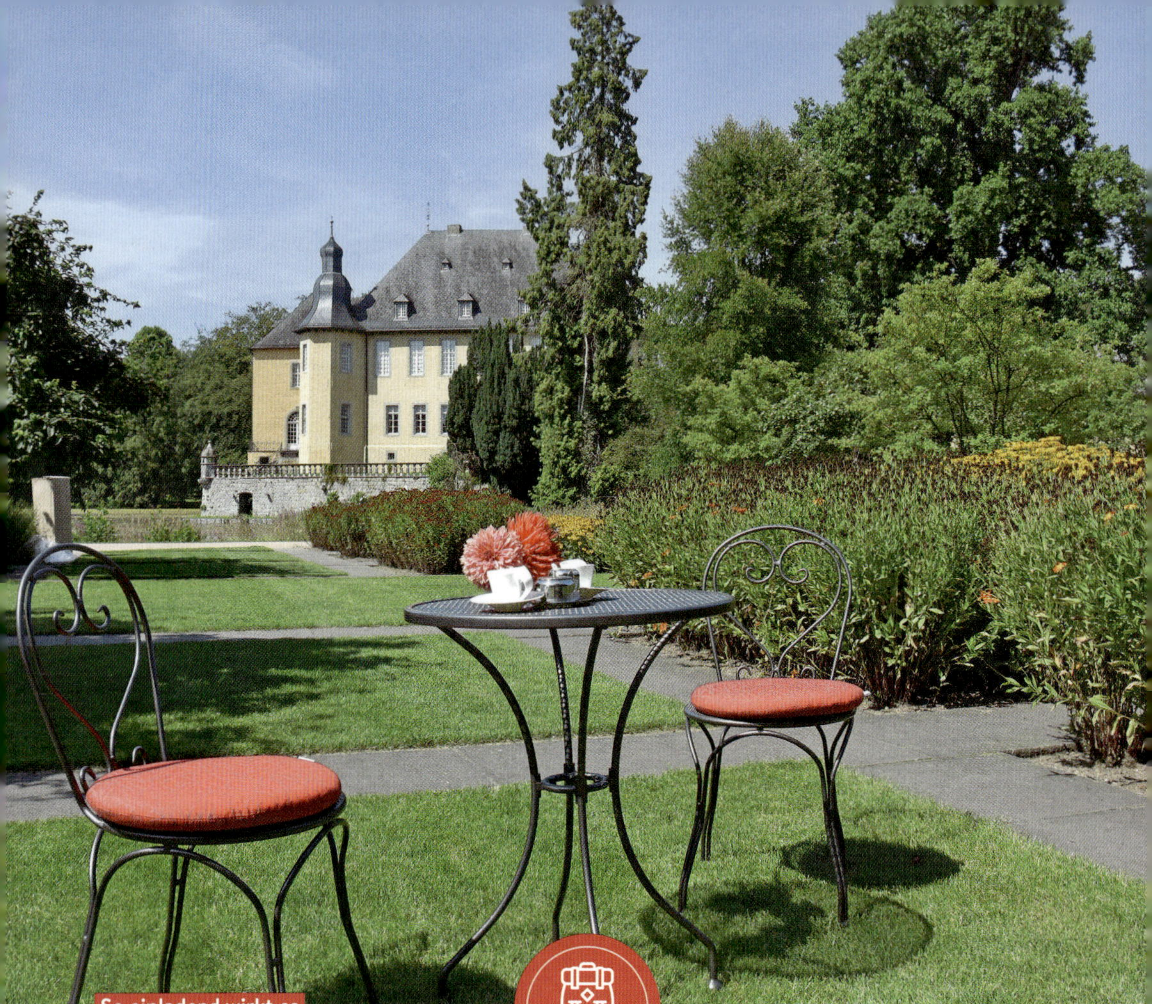

So einladend wirkt es am Schloss Dyck.

Einleitung

Willkommen im Grenzgebiet zu den Niederlanden

Grenzenlose Ausflüge ermöglicht uns der Niederrhein. Und das aus dreierlei Gründen. Zum einen ist der Niederrhein vielfältig und bietet jede Menge Natur, Erlebnisse und Abenteuer. Zum anderen sind die Grenzen des Niederrheins fließend: Im Norden geht er in das benachbarte Münsterland über, wobei hier die Grenze zwischen den beiden Regionen noch relativ einfach ist. Ganz grob gesagt, kann man hier den Verlauf der A3 als Übergang vom Niederrhein zum Münsterland betrachten. Weiter südlich, also flussaufwärts am Rhein entlang, ist die Abgrenzung schon nicht mehr so einfach. Duisburg und Oberhausen liegen rechtsrheinisch und werden oft als Teil des

Ruhrgebiets gesehen. Und das sind sie auch, doch nicht umsonst heißt die Fußballarena in Oberhausen Stadion Niederrhein. Noch viel spannender wird es jedoch, wenn man zwei verschiedene Einwohner von Moers befragt, ob sie am Niederrhein oder im Ruhrgebiet leben. Dann bekommt man sicher drei unterschiedliche Antworten – überspitzt gesagt. Moers liegt nämlich linksrheinisch, und so möchte man sich durch den Fluss klar vom Ruhrgebiet absetzen. Andere wiederum erinnern an die Bergbaugeschichte, die eine Verbindung zu den anderen Städten des Ruhrgebietes darstellt. Schon im Jahr 2012 lud der Presseclub zu einer Diskussion ein, bei der der damalige Bürgermeister anwesend war, um über diese Gretchenfrage zu debattieren.

Noch schwieriger wird es ein weiteres Stück südlich. Düsseldorf und Köln – Niederrhein oder Rheinland? Schon alleine diese beiden rivalisierenden Städte in einen Topf werfen zu wollen, wäre so, als würde man in der Landeshauptstadt Kölsch bestellen und am Dom ein Altbier trinken. Man kann's ja mal versuchen. Daran sieht man also, wie grenzenlos es am Niederrhein zugeht. Der dritte Grund für die grenzenlosen Ausflüge ist aber dann im Gegensatz dazu eine klar definierte und deutlich sichtbare Grenze. Sie liegt im Westen des Niederrheins und markiert den Übergang zum Nachbarland, den Niederlanden. Hier grenzen sich Niederrhein und Niederlande deutlich voneinander ab. Doch Schengen-Abkommen sei Dank ist auch diese Grenze mittlerweile nur noch eine Formalität. In der Praxis ist sie für Wanderer und Radtouristen oft gar nicht zu sehen und man fragt sich womöglich, in welchem Land man gerade unterwegs ist. Das kann einem zum Beispiel sehr schnell im Naturpark Schwalm-Nette passieren. Da besucht man gerade eben noch die Mammutbäume der Sequoiafarm und im nächsten Augenblick weisen Schilder zu den Maasdünen auf niederländischer Seite hin. Kein Wunder also, dass es in diesem Buch auch grenzüberschreitende Wanderungen gibt. Bei Elten, der nördlichsten

↓ Eine gute Ausschilderung ist oft vorhanden.
↘ Manche Pfade können durchaus schmal sein.

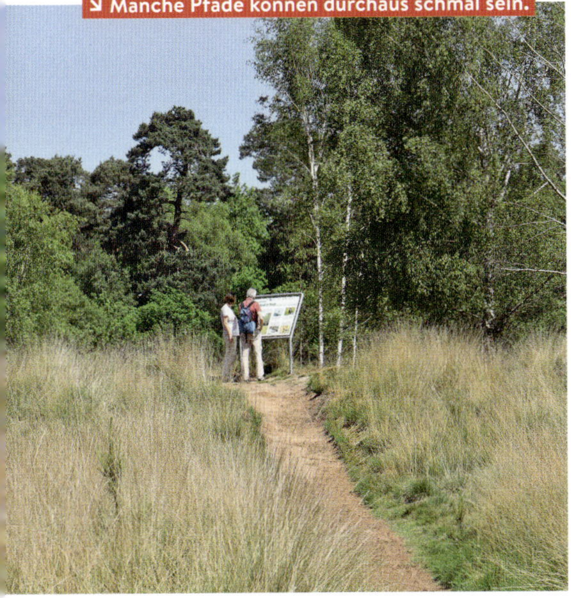

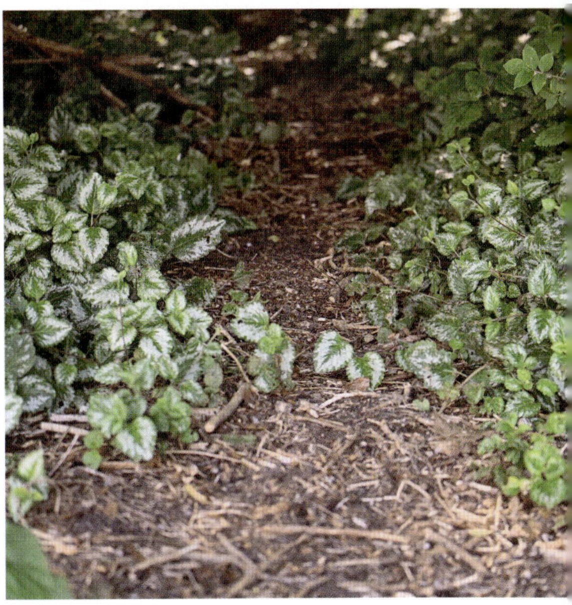

Ortschaft am Niederrhein – zumindest das ist eindeutig geklärt –, statten wir auch den Niederlanden einen Besuch ab.

Doch das Grenzenlose hat auch Grenzen. Und zwar ausgerechnet am westlichsten Ende Deutschlands beziehungsweise Nordrhein-Westfalens, das gleichzeitig auch der westlichste Punkt des Niederrheins ist. Dieser Ort gehört zu den vier Zipfeln unseres Landes und ist ein beliebtes Ausflugsziel, dem wir uns auch in diesem Buch widmen. Doch genau dieser Ort ist so geschaffen worden wie die Ecke eines Raumes, nur dass es eben die Ecke eines Landes ist. Ein Übertreten der Grenze in den nächsten Raum, beziehungsweise richtig formuliert in das nächste Land, ist nicht möglich.

In Raesfeld begeistern das Schloss und die dazugehörige Kapelle.

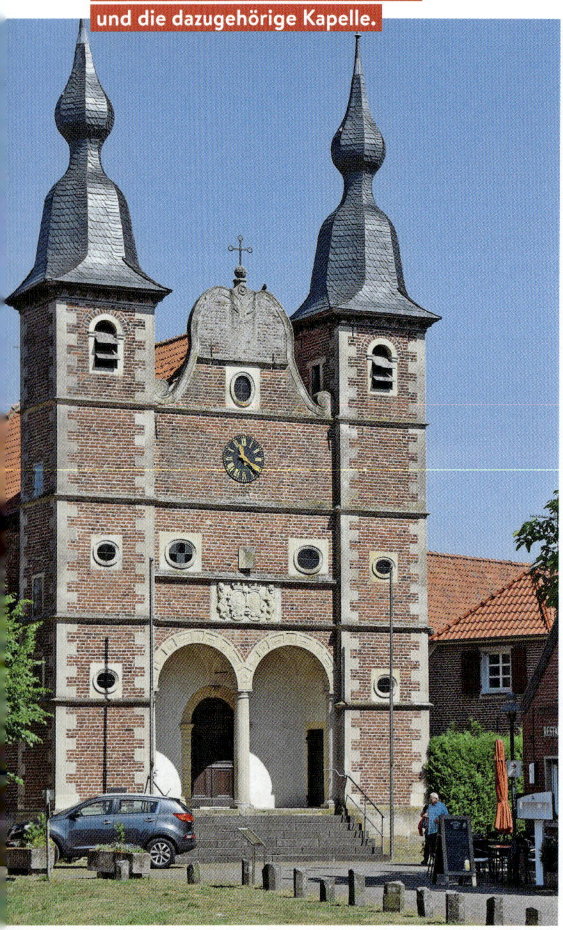

Grenzerfahrungen ganz anderer Art macht man zum Beispiel auch in Duisburg. Hier ist es aber die Physik, die Grenzen aufzeigt, denn ein Looping auf einer begehbaren Achterbahn ist leider nicht möglich. Doch rein optisch bietet die Skulptur Tiger & Turtle genau das. Sie ist Ziel einer Wandertour von Krefeld über den Rhein in den Südteil Duisburgs und man möchte Anlauf nehmen, um in der begehbaren Skulptur einmal auf dem Kopf stehen zu können. Doch die Erdanziehungskraft lässt sich nicht austricksen. Um aber stattdessen zu Fuß hoch hinaus zu gelangen, nutzt man einfach die künstlichen Berge, die der Mensch geschaffen hat. Auf die Halden des Bergbaus gelangt man mittels Rundweg oder über eine Vielzahl an Stufen entsprechender Treppenaufstiege. Tiger & Turtle steht auf solch einer Halde, doch auch in Moers, Neukirchen-Vluyn und in Hückelhoven gibt es Halden zu besteigen. Sie erinnern an längst vergangene Tage der Bergbaugeschichte und sind allesamt mit weiteren interessanten Kunstobjekten versehen – sogenannten Landmarken. Mal ist es ein Hallenhaus, anderenorts eine Treppe, die in den Himmel steigt, und nicht zuletzt eine Grubenlampe. Mehr Bergbautradition geht nicht.

Doch nicht nur der Mensch hat sehenswerte Ausflugsziele erschaffen. In erster Linie ist die Natur verantwortlich, dass wir am Niederrhein durch wunderbare Wälder streifen können, die in nicht seltenen Fällen zu Naturschutzgebieten erklärt wurden. Viel Grün, viel Wasser und viel Natur erlebt man am deutschen Unterlauf des Rheins, bevor dieser über die Staatsgrenze verschwindet.

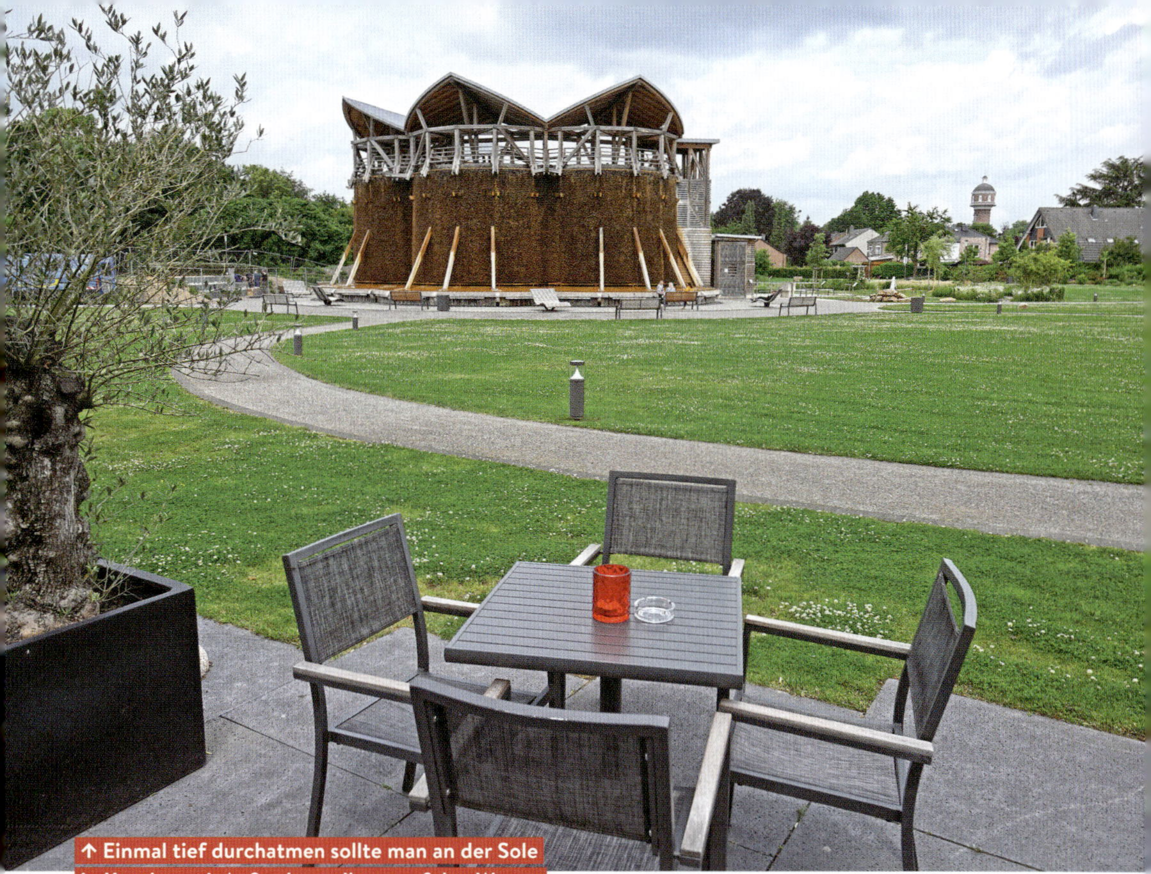

↑ Einmal tief durchatmen sollte man an der Sole in Kevelaer. ↓ Außerdem gibt es auf den Wegen am Niederrhein jede Menge zu entdecken.

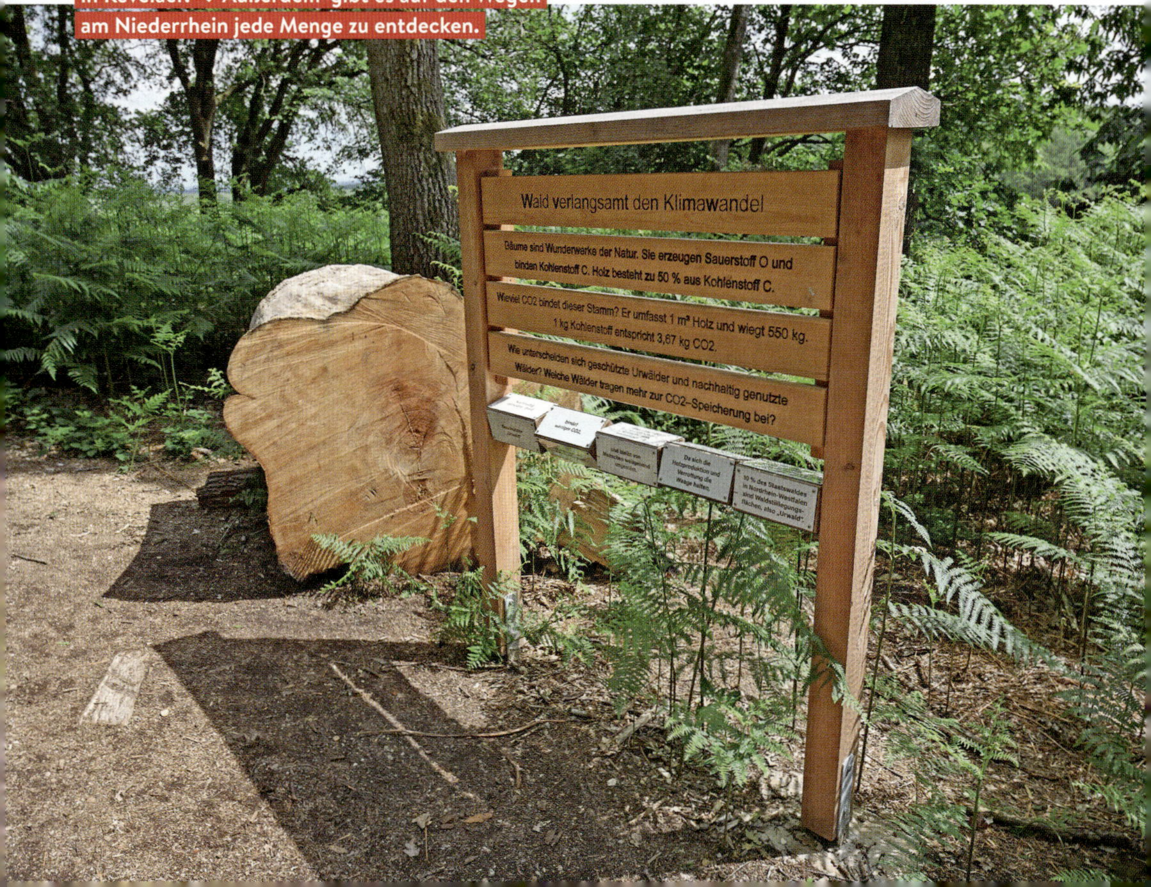

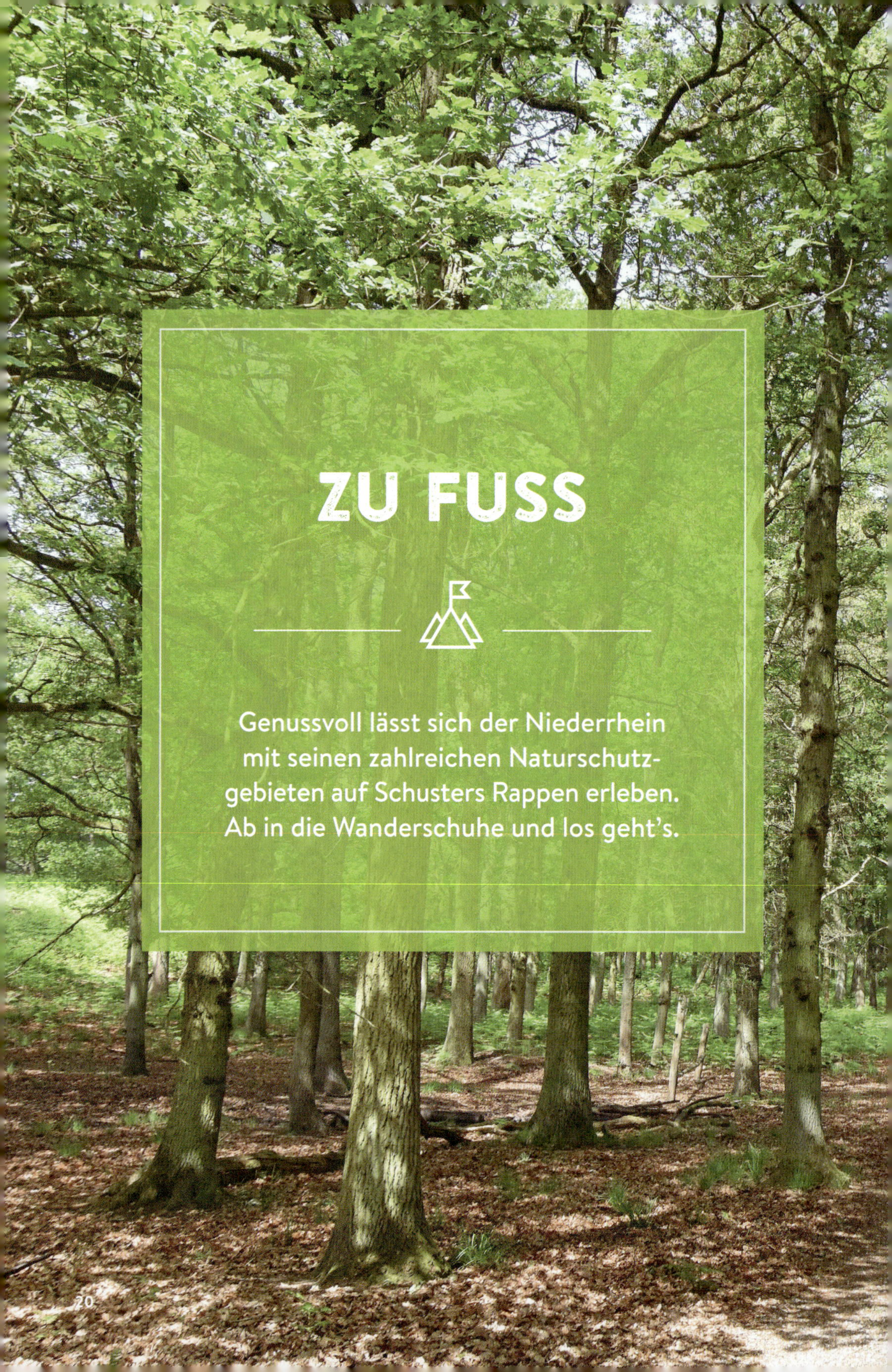

ZU FUSS

Genussvoll lässt sich der Niederrhein mit seinen zahlreichen Naturschutzgebieten auf Schusters Rappen erleben. Ab in die Wanderschuhe und los geht's.

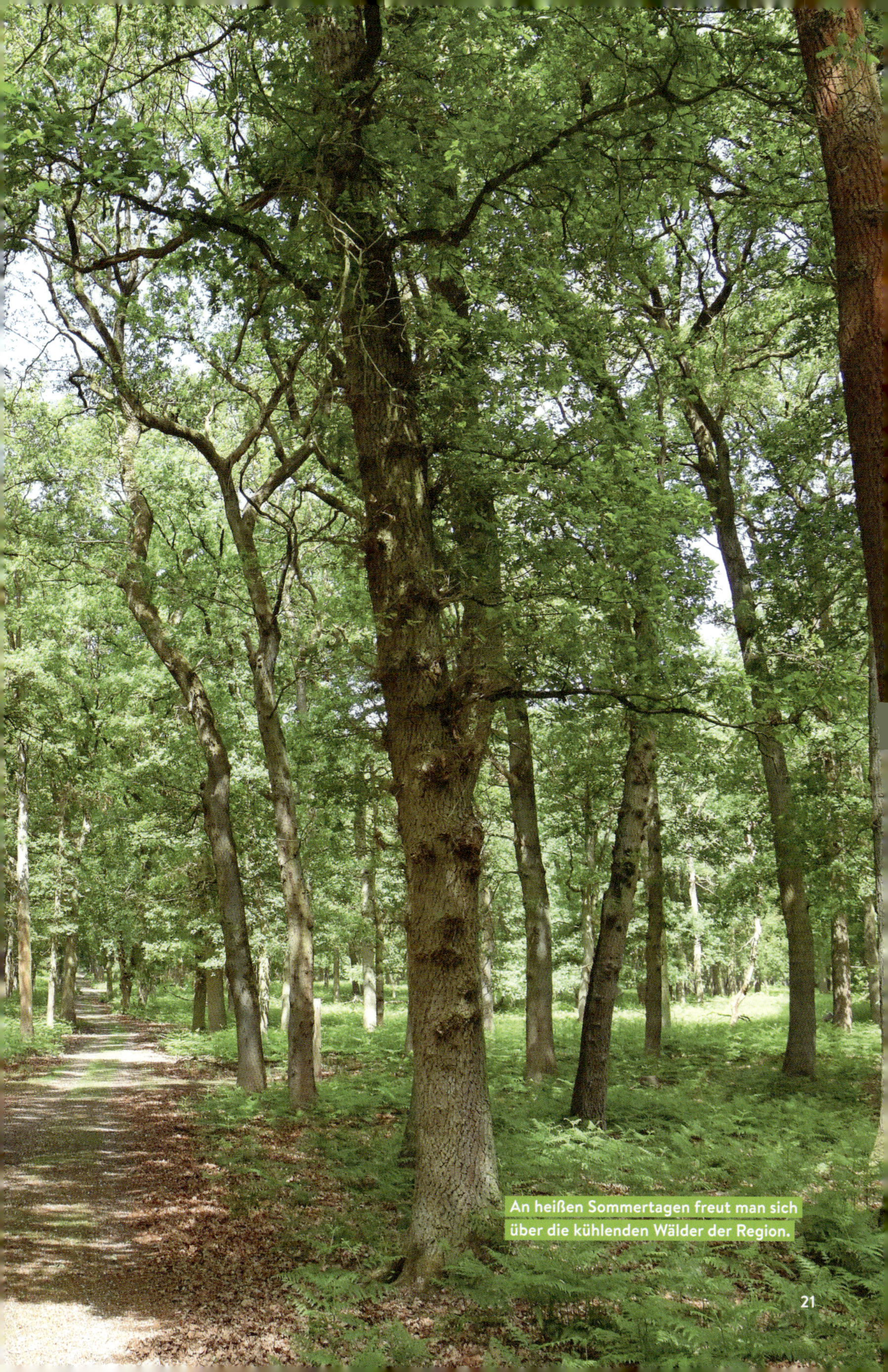

An heißen Sommertagen freut man sich über die kühlenden Wälder der Region.

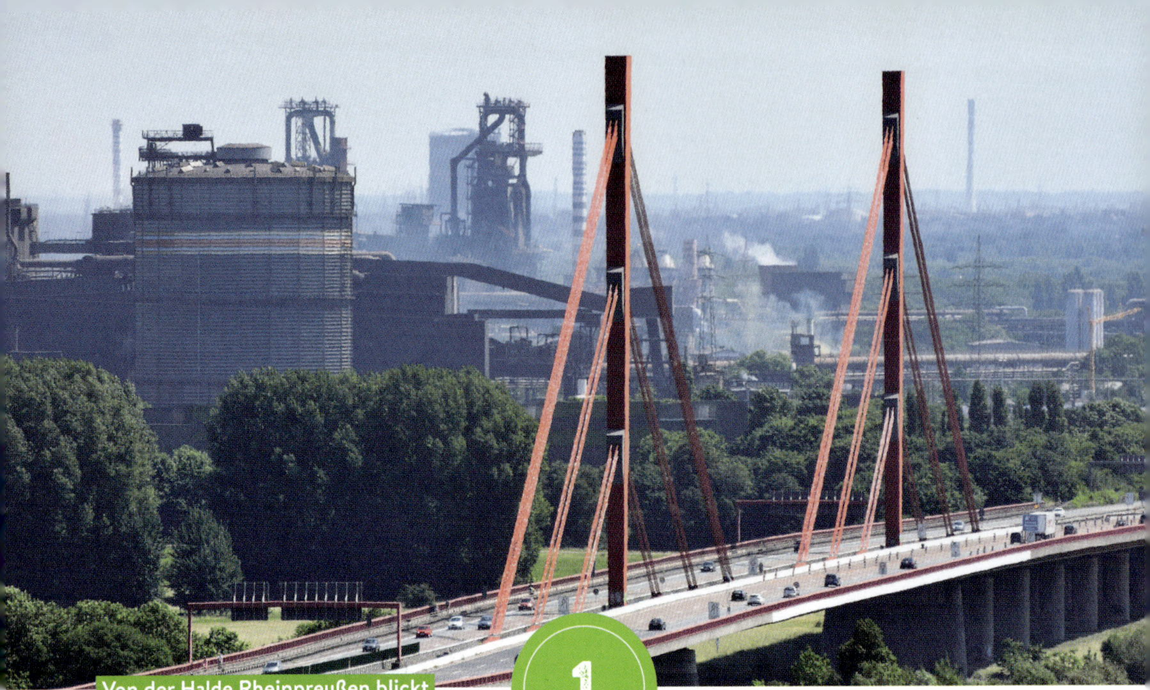

Von der Halde Rheinpreußen blickt man über den Rhein ins Ruhrgebiet.

1

Zum Geleucht – Zeichen des Bergbaus

Wanderung auf die Halde Rheinpreußen

Diese Tour bietet uns alles, was wir uns von einer Wanderung wünschen. Angefangen beim Durchstreifen des Waldes bis hin zu einem Aufstieg, der mit einem tollen Panorama belohnt wird. Dieses genießen wir im Schatten einer einmaligen Skulptur.

LOHHEIDESEE Nachdem wir den kleinen Parkplatz vor einem Vereinsheim verlassen haben, wenden wir uns nach rechts und sind schon direkt nach wenigen Metern mitten im Wald von Baerl. Gleich an der ersten Möglichkeit hinter dem Kinderspielplatz biegen wir nach rechts ab und folgen dem Waldweg in nördliche Richtung. Mehrere Abzweige von unserem Hauptweg ignorieren wir, bis wir nach rund 900 Metern an eine T-Kreuzung gelangen, an der wir uns links halten. Wo die Orsoyer Allee und der Schlotweg aufeinandertreffen, gehen wir auf dem Schlotweg halb links weiter. Wenig später finden wir uns am Ufer des Lohheidesees wieder.

ORSOYER BERG Unserem Plan folgend, den See zu umrunden, wenden wir uns nach rechts auf den Uferweg und wandern an den Anlegestellen der hiesigen Seglergemeinschaft vorbei. In der Rechtskurve vor dem Bahngleis gehen wir nach links und halten uns an den Uferweg, der uns zwischen den Bäumen hindurch schöne Blicke auf den See ermöglicht. Wir gelangen zur Baerler Straße, wo wir ganz nebenbei Duisburg verlassen und auf die zu Rheinberg gehörende Wohnsiedlung Orsoyer Berg treffen. Hier wenden wir uns erneut nach links, gehen an einer Handvoll Wohnhäuser vorbei und genießen den Uferweg am Lohheidesee.

WALDWANDERUNG Dem kurvigen Verlauf von Ufer und Weg folgend gelangen wir zu einem Parkplatz am Damschenweg. Hinter einer scharfen Linkskurve sehen wir einen kleinen Weg nach links abzweigen, auf den wir einschwenken. Dann spazieren wir wieder näher am Seeufer entlang. Ein bisschen genauer müssen wir schauen, denn am westlichsten Punkt des Sees befindet sich zu unserer Rechten ein kleines Wäldchen, durch das ein schmaler Pfad führt und uns zur Straße Laakmannsfeld bringt, womit wir uns gleichzeitig vom Lohheidesee verabschieden. Über den zunächst kurvigen Waldweg gelangen wir zu einer Gabelung, an der wir halb rechts weiter gehen und anschließend der fast schnurgeraden Buchenallee durch den Wald folgen. Auf der Buchenallee könnten wir theoretisch geradeaus weiterwandern und kämen direkt wieder an unserem Ausgangspunkt heraus. Doch wer will das schon? Wir haben ja noch etwas vor.

Tipp

ZECHE RHEINPREUSSEN

Die Zeche Rheinpreußen, durch den Abraum der gleichnamigen Zeche entstanden, war eine bedeutende Kohlemine im Ruhrgebiet und spielte eine Rolle in der industriellen Revolution in Deutschland. Die Mine wurde im 19. Jahrhundert erbaut und produzierte Kohle für die wachsende Stahlindustrie. Heute ist die Zeche Rheinpreußen ein wichtiger Teil der Industriekultur in der Region. Der sogenannte Schacht IV mit seinem weithin sichtbaren Förderturm befindet sich südlich der Halde. Das dazugehörige Maschinenhaus kann an Sonntagen zwischen Mai und Oktober besichtigt werden.

↓ Das Geleucht markiert die Halde. ↘ Bei einer Rast genießt man den Ausblick.

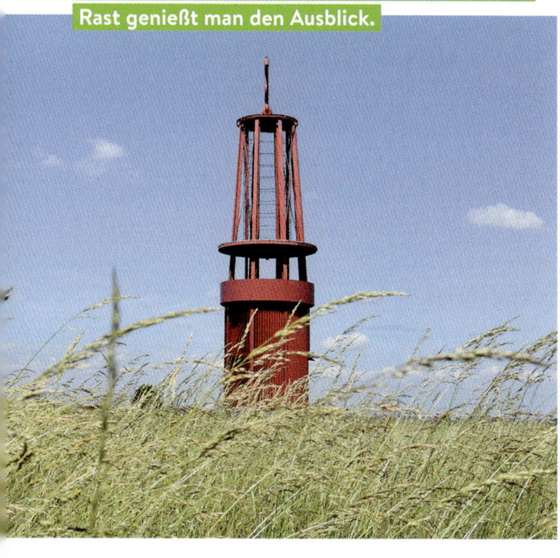

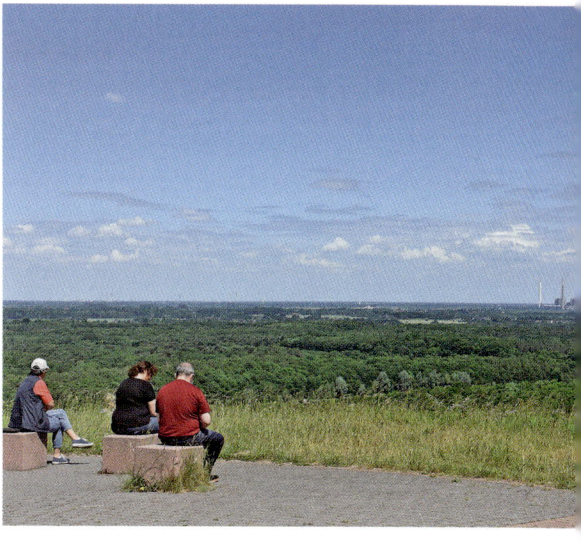

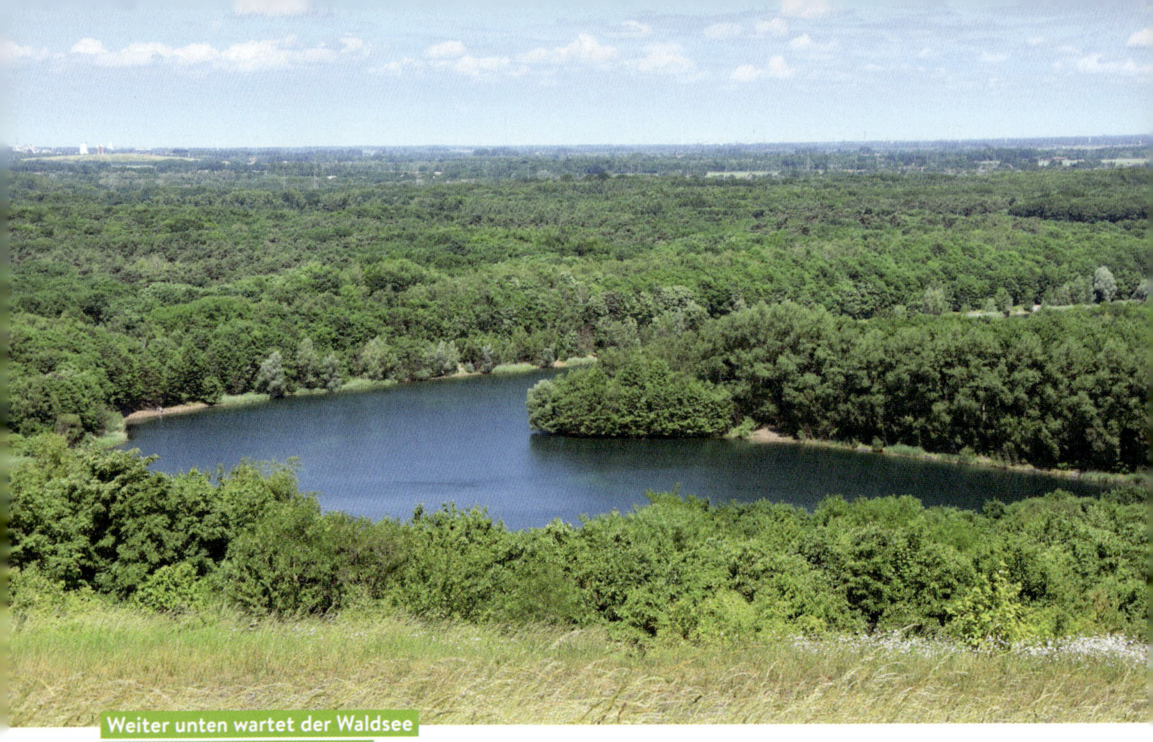

Weiter unten wartet der Waldsee darauf, erkundet zu werden.

WALDSEE IM BAERLER BUSCH So biegen wir also an der Kreuzung mit der Orsoyer Allee rechts ab und folgen dem Waldweg bis zu einer Landstraße. Wir verlassen den Wald, überqueren vorsichtig die Straße und sehen bereits hier mit dem sogenannten Geleucht unser eigentliches Ziel auf der Wanderung. Doch zunächst überqueren wir auf der folgenden Fußgängerbrücke noch die A42, die als Emscherschnellweg bezeichnet wird. Bei Wanderungen in dieser dicht besiedelten Region sind solche Begegnungen oft unvermeidlich. Doch gleich an der ersten Gelegenheit wenden wir uns nach links, überqueren noch ein Bahngleis und stehen unmittelbar vor dem idyllischen Waldsee im Baerler Busch. An seinem Ufer wandern wir rechts entlang und haben an verschiedenen Lichtungen immer wieder einen schönen Blick über das Gewässer hinweg zur bewaldeten Halde Rheinpreußen.

GRUBENLAMPE AUF DER HALDE Am Ende des Sees treffen wir auf die Römerstraße, halten uns links und gehen hinter einem Parkplatz halb rechts auf einen Weg, der uns nun stets im Zickzack nach oben bringt, bis wir an einer Lichtung herauskommen und unterhalb des Geleuchts stehen. An der Grubenlampe legen wir natürlich eine Pause ein und genießen den Ausblick nach Osten über den Rhein und Duisburg hinweg, wo uns besonders die Beeckerwerther Brücke mit ihren zwei rot leuchtenden Pfeilern auffällt. 74 Höhenmeter muss man überwinden, um vom Fuße der Halde Rheinpreußen das Gipfelplateau zu erreichen. Einmal oben angekommen, steht man immerhin rund 100 Meter über dem Meeresspiegel. Es ist nur eine von vielen Halden im Ruhrgebiet, war aber eine der ersten, die begrünt wurden. Der Abraum stammt von der weiter südlich gelegenen, einstigen Zeche Rheinpreußen, die bereits im Jahr 1971 stillgelegt wurde. Viele Halden im Ruhrgebiet sind mit einer Landmarke von Weitem aus deutlich erkennbar. Auf der Halde Rheinpreußen ist es die Grubenlampe, die an die Tradition der Bergleute erinnert, die mit diesem sogenannten

Geleucht unter Tage fuhren. Nur, dass diese Lampe gleichzeitig in zehn Metern Höhe eine Aussichtsplattform bietet. Gleich darüber befindet sich die Lichtinstallation, die einen Teil der Halde Rheinpreußen Nacht für Nacht kunstvoll erleuchtet.

ABSTIEG VOM BERG Nach der Rast steigen wir von der Halde Rheinpreußen wieder ab und haben dabei eine große Auswahl an breiten Wegen und schmalen Pfaden. Um nicht den Überblick zu verlieren, benutzen wir den steilen Pfad, der links neben den Betonquadern an der nordöstlichen Seite der rot gepflasterten Fläche bergab führt. Wir wandern bis zu einer Lichtung und steigen wenig später auf Stufen die Halde hinab bis zur Römerstraße, die uns nun als Waldweg wieder am Ufer des Waldsees vorbeiführt. Mit einigen Unterbrechungen, die wir uns am Ufer gönnen, gelangen wir zu einer Fußgängerbrücke, die uns erneut über die Autobahn und die folgende Landstraße führt. Ein wenig im Zickzack gegangen und schon verlassen wir den Baerler Busch an der Stelle, an der wir ihn betreten haben.

INFO

TOURENCHARAKTER
Mittelschwere Wanderung mit deutlichem Anstieg auf eine Halde

AUSGANGS-/ENDPUNKT
Parkplatz Buchenallee, 47199 Duisburg (GPS: 51.492813, 6.665936)

ANFAHRT
Mit dem Auto auf der A42 bis zur Ausfahrt Duisburg-Baerl; mit dem Bus zur Haltestelle Duisburg Restaurant Liesen

TOURISTENINFORMATION
niederrhein-tourismus.de, moers.de

EINKEHR
Rucksackverpflegung

Auf dem breiten Schotterweg gelangt man nach oben.

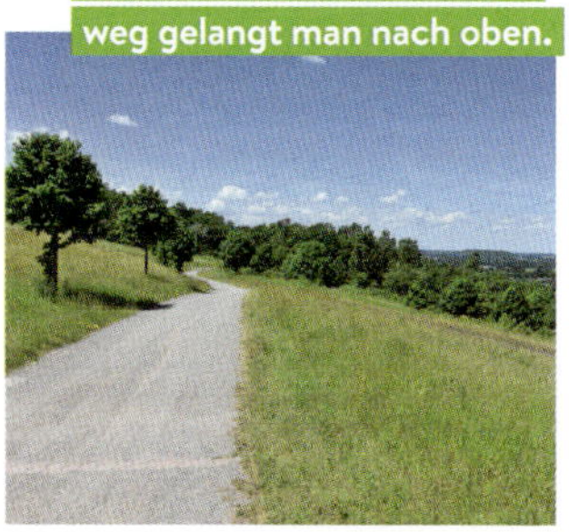

mittel | 04:00 Std. | 11 km | 130/130 Hm

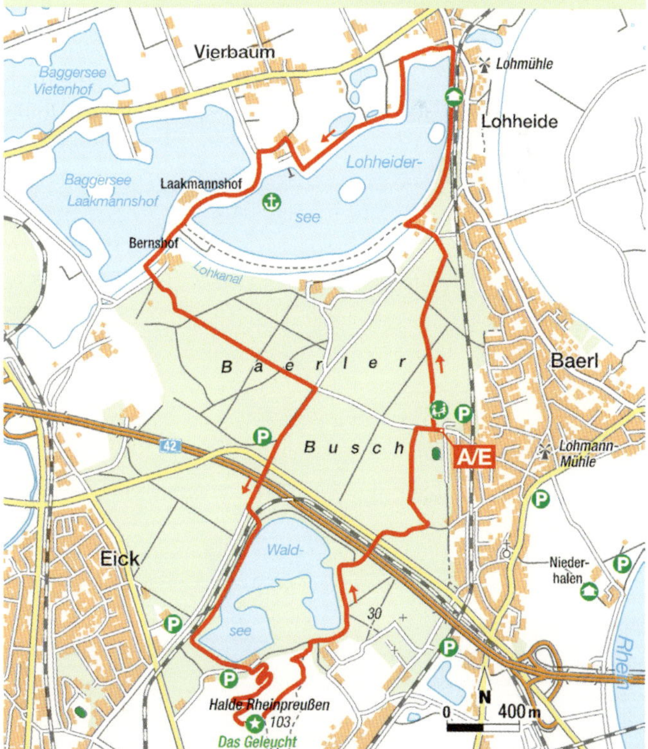

Über die Himmelstreppe zum Hallenhaus

Hinauf zur Halde Norddeutschland

Gleich zwei Halden auf einmal erleben wir auf dieser Wanderung. Treppensteigen werden wir dabei auch, und es sind nicht gerade wenige Stufen. Dafür werden wir mit tollen Fernblicken in die Weite des Niederrheins belohnt.

2

Die Halde erreicht man über zahlreiche Treppenstufen.

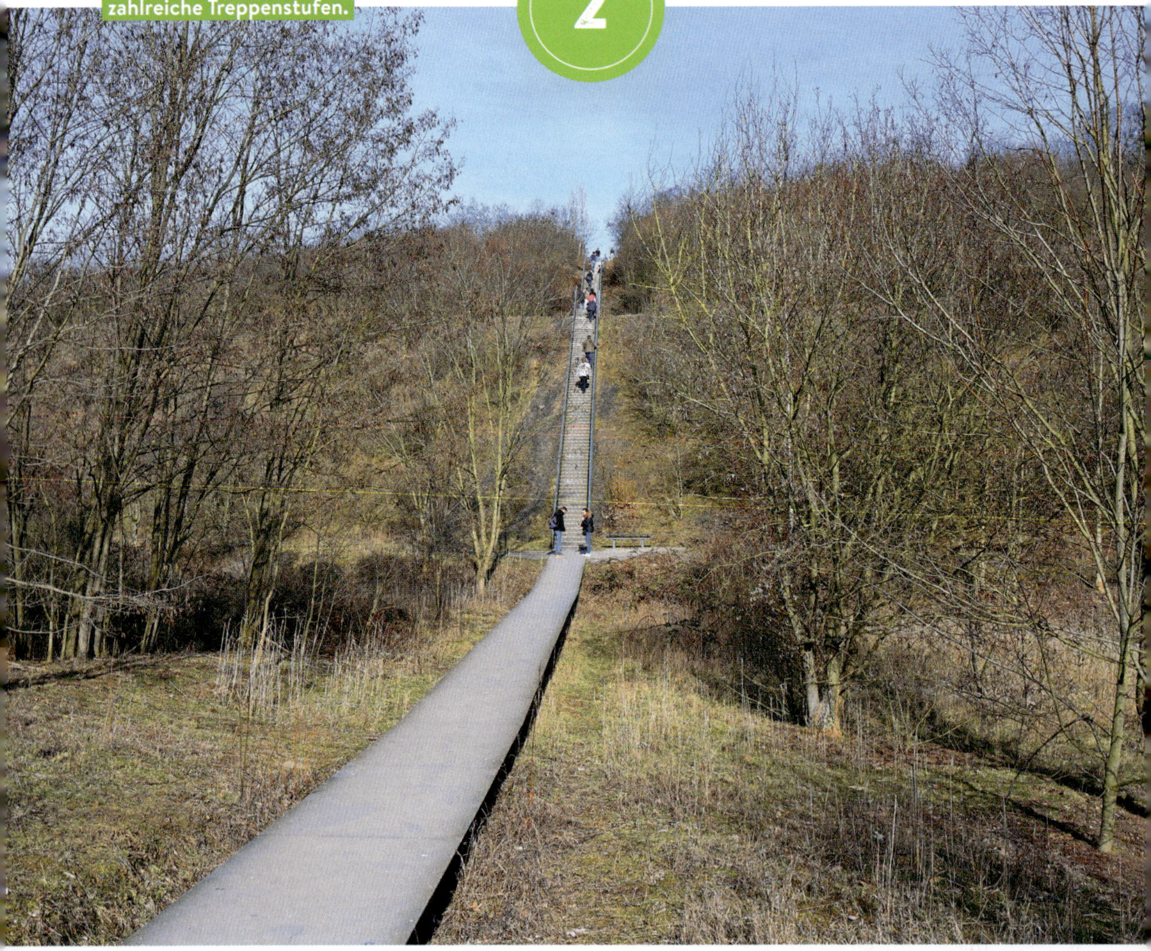

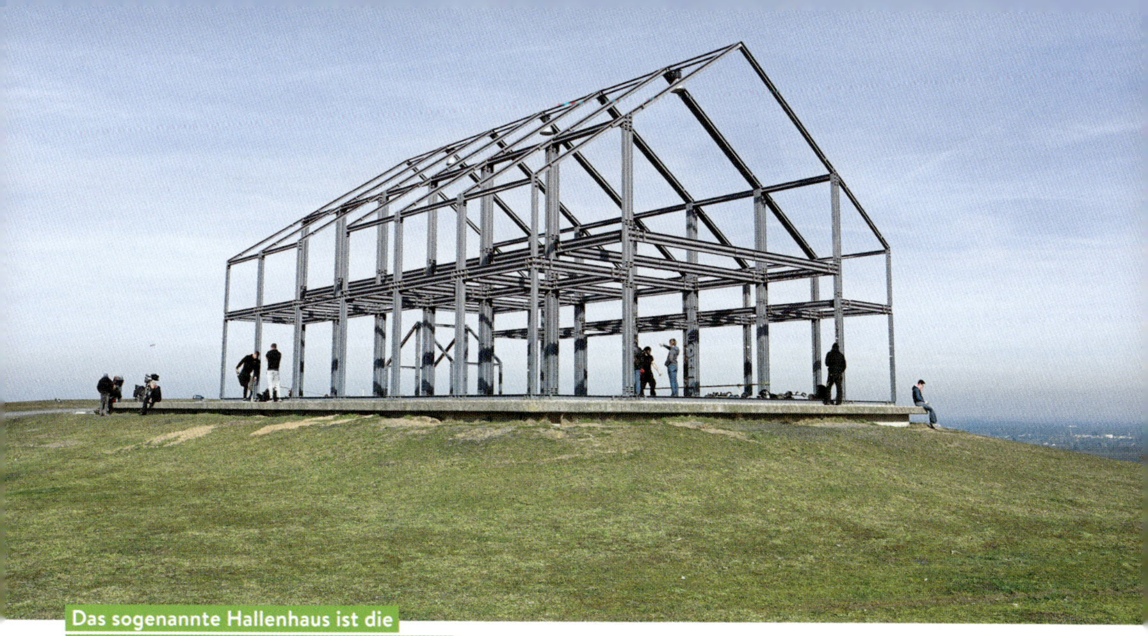

Das sogenannte Hallenhaus ist die Landmarke der Halde Norddeutschland.

AM FUSSE DER HALDE Ein wenig stehen wir hier vor der Qual der Wahl: zwei eher kleine, für sich allein zu betrachtende Spaziergänge zu jeweils einer Halde oder eben diese beiden Ziele zu einer kompletten Wandertour kombinieren. Das ist die erste Aufgabe, die wir lösen müssen, und wir entscheiden uns für die letztere Variante. Wenn wir schon hier sind, wollen wir auch das volle Programm genießen. Doch nach dieser nicht ganz lebensverändernden Entscheidung stehen wir direkt vor der nächsten Prüfung. Denn es ist zu verlockend, gleich vom Parkplatz aus die Treppen zu erklimmen und die schöne Aussicht von der Halde zu genießen. Aber nein, wir wollen uns diesen Höhepunkt lieber für den Abschluss der Tour aufbewahren. Daher gehen wir zunächst zur Straße, wenden uns nach links und biegen an der ersten Möglichkeit in die wenig befahrene Dongstraße ein. Sie verläuft an der Ostseite der Halde und bringt uns an Höfen und Wohnhäusern vorbei. Auch Felder und kleine Waldstücke passieren wir, wenn wir immer geradeaus gehen. Nach einiger Zeit überqueren wir auf einer Brücke die A57 und wenden uns im Anschluss nach links.

HALDE PATTBERG Der Weg teilt sich auf, doch wir bleiben halb links im Wald und noch ein kurzes Stück parallel zur Autobahn. Erst nach Überquerung des schmalen Anrathskanals folgen wir dem Weg rechts um die Kurve herum. Auch die Niephauser

Tipp

OERMTER BERG

Westlich der beiden Halden gibt es eine natürliche Erhebung. Vor 150 000 Jahren entstand der Oermter Berg als Endmoräne durch die von Norden kommenden Gletscher. Vereinfacht ausgedrückt heißt das: Der Hügel besteht aus Geröll, das von dem Eis vor sich hergeschoben wurde. Immerhin bis zu 68 Meter wuchs der Oermter Berg damit in die Höhe. Es ist nicht ganz so lange her, nämlich nur wenige Hundert Jahre, dass der Berg auch als Weinanbaugebiet von den Mönchen im Kloster Kamp genutzt wurde. Heute ist der Hügel zwar ein kleines, aber beliebtes Ausflugsziel mit Spielplatz, Barfußpfad, Grillanlage und Tiergehege.

Straße bringt uns stets geradeaus an mehreren Höfen vorbei, bis wir die breite Kamper Straße kreuzen. Damit sind wir für kurze Zeit in einem Wohnviertel von Rheinkamp-Repelen unterwegs, einem Ortsteil von Moers. Später überqueren wir auf einer schmalen Fußgängerbrücke die A42. Auf der anderen Seite geht die Wanderung zwischen Wald und Gewerbegrundstück direkt bis zum Wanderparkplatz an der Halde Pattberg. Von nun an geht es wunderbar in die Höhe und auf der begrünten Halde wandern wir zwischen den Birken und Sträuchern im Halbkreis hoch hinaus bis zum Gipfelplateau. Anders als auf den vielen anderen Halden der Region erhebt sich auf der Halde Pattberg kein Aussichtsturm. Daher ist der Blick in die Ferne durch den Bewuchs stark eingeschränkt. Eine freie Aussicht hat man in südwestliche Richtung, wo über die Autobahn hinweg deutlich die einstige Schachtanlage des ehemaligen Bergwerks West die Blicke auf sich zieht. Als Landmarke befindet sich auf der Halde Pattberg ein Gipfelkreuz, das an den ersten Gottesdienst auf dem Plateau im Jahr 1991 erinnert. Entstanden ist die Halde durch Aufschüttung des Abraums der Zeche Pattberg in Moers. Über 20 Jahre dauerte es, bis der Berg in den 1980er-Jahren seine heutige Höhe von 75 Metern erreichte.

AM ANRATHSKANAL So wie wir hinaufgekommen sind, gehen wir auch wieder hinab und wenden uns am Wanderparkplatz nun scharf nach rechts. Auf der Pattbergstraße spazieren wir an der Südflanke der Halde entlang und gelangen zu mehreren Baggerseen. Im Blick haben wir dabei stets die Schachtanlage vom Bergwerk West. Hinter dem ersten ausgekiesten See begeben wir uns nach links, überqueren auf einer Brücke eine Bundesstraße und lassen auch den zweiten See links liegen, genießen die Wanderung zwischen Feldern und Wasser und überqueren wenig später den Anrathskanal. Hinter diesem nehmen wir uns nun den Aufstieg auf die Halde Norddeutschland vor.

HALDE NORDDEUTSCHLAND Über welchen der vielen Pfade wir auch zum Gipfel gelangen – sicher ist, dass wir oben bestimmt nicht alleine den Ausblick auf die

Der Ausblick reicht viele Kilometer in die Ferne.

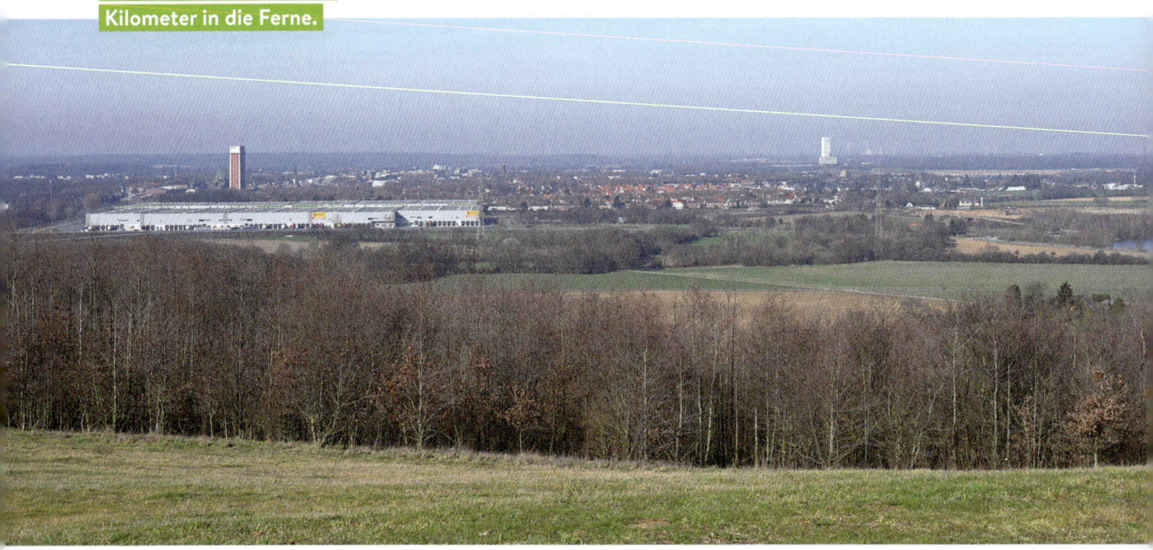

Umgebung genießen. Die weitläufige Halde Norddeutschland ist beliebt bei Mountainbikern, Spaziergängern und Ausflüglern, die Drachen steigen lassen. Auch Gleitschirmpiloten sind keine Seltenheit auf dieser Halde. Der Ausblick ist aber auch für Wanderer mit festem Boden unter den Füßen fantastisch. Natürlich sieht man die Halde Pattberg, aber deutlich zu erkennen sind auch die Halde Rheinpreußen mit dem Geleucht als Landmarke und weite Teile des Niederrheins bis hin zum westlichen Ruhrgebiet. Die Halde Norddeutschland ist stolze 102 Meter hoch und wurde bis zum Jahr 2001 durch Abraum des Bergwerks Niederberg in Neukirchen-Vluyn aufgeschüttet. Heute präsentiert sie sich mit einer Landmarke, dem sogenannten Hallenhaus, das aus einem Stahlgerüst besteht und weder Dach noch Wände besitzt, sondern als Kunstwerk verstanden wird.
In unmittelbarer Nähe des Haldenhauses beginnt die sogenannte Himmelstreppe, die wir zu Beginn der Wanderung bereits von unten gesehen hatten. Auf ihr steigen wir die über 300 Stufen hinab und erreichen unseren Ausgangspunkt.

INFO

TOURENCHARAKTER

Anstrengende Wanderung mit zwei Aufstiegen in der Haldenlandschaft

AUSGANGS-/ENDPUNKT

Parkplatz Halde Norddeutschland (GPS: 51.465490, 6.566007)

ANFAHRT

Auf der A57 bis zur Ausfahrt Moers-Hülsdonk

TOURISTENINFORMATION

niederrhein-tourismus.de, www.rvr.ruhr

EINKEHR

Rucksackverpflegung

schwer | 04:30 Std. | 15 km | 180/180 Hm

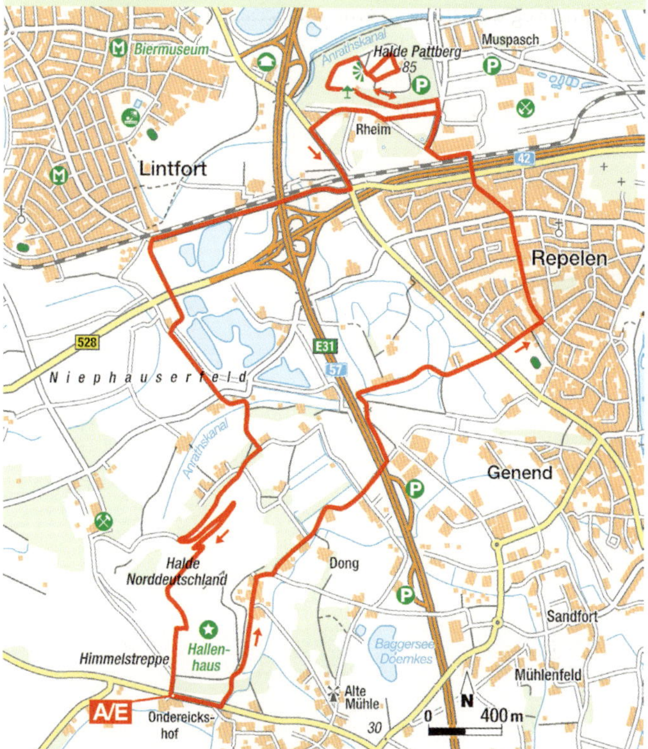

Man hat einige Stufen vor sich.

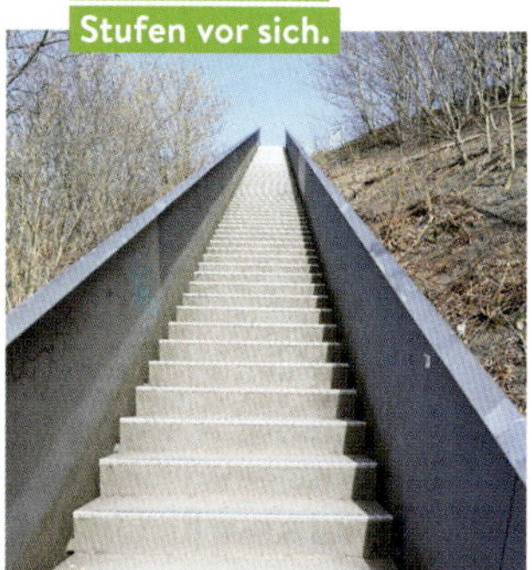

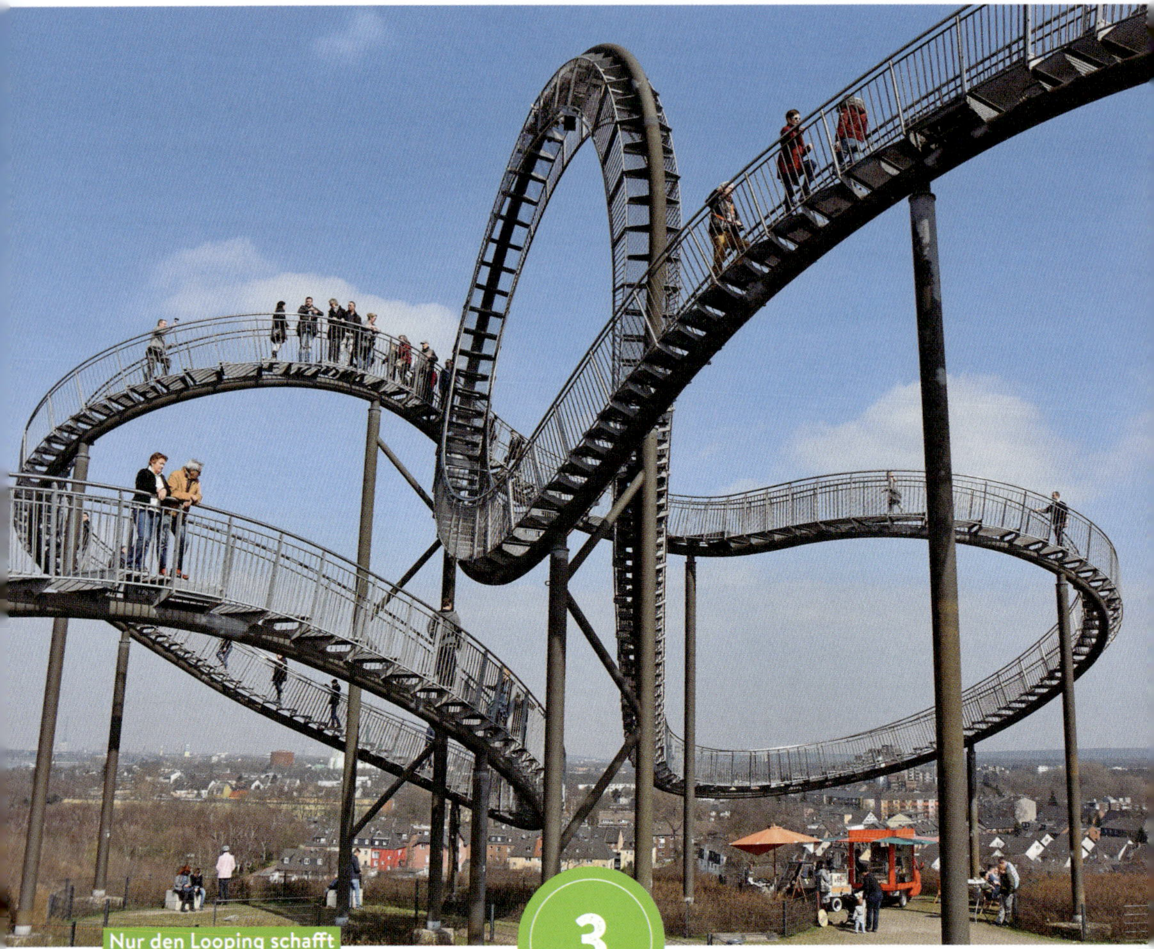

Nur den Looping schafft man nicht zu Fuß.

3

Wilde Achterbahn für Fußgänger

Tiger & Turtle

Eine ganz besondere Art von Skulptur erleben wir am rechtsrheinischen Ufer in Duisburg. Tiger & Turtle, so der Name, hat die Form einer Achterbahn. Doch Loopings müssen wir darin nicht gehen. Zunächst überqueren wir von Krefeld aus den Fluss.

START AN DER BURG LINN Wir haben beschlossen, den Rhein bei einer interessanten Wanderung von West nach Ost zu überqueren und Kultur, Natur und echt wildes Erlebnis zu kombinieren. Dafür stehen wir in einer Grünanlage, die das Museum Burg Linn in Krefeld umschließt. Schon vor einem Jahrtausend erhob sich an der Stelle der heutigen Burg eine Motte, also eine einfache hölzerne Turmbefestigung. Aus dieser ging ein Wehrturm hervor, der Ende des 12. Jahrhunderts durch Otto von Linn zu einer Burg ausgebaut wurde. Heute präsentiert sich Burg Linn mit Bauabschnitten aus mehreren Jahrhunderten, da die Anlage immer wieder ausgebaut und erweitert wurde. Grund hierfür waren unter anderem die Belagerungen, für die die Burg mit mehreren Wehrmauern befestigt wurde. Heute bildet sie den Schwerpunkt im sogenannten Museumszentrum Burg Linn. Dieses besteht aus der eigentlichen Burg, dem aus dem 18. Jahrhundert stammenden Jagdschlösschen in der Vorburg, dem Archäologiemuseum und der Geismühle. Diese einstige Getreidemühle ist jedoch dezentraler Teil des Museumszentrums und liegt rund zweieinhalb Kilometer südlich der Burg Linn. Dafür bietet sich jedoch gleich neben der Burg der Besuch des kleinen, überschaubaren Zentrums von

Tipp

GREIFFENHORSTPARK

Wer seine Wanderung mit einem kleinen Umweg beginnen möchte, kann die Altstadt von Linn nach Osten hin verlassen und entlang des Linner Mühlenbachs durch eine schöne Grünanlage zum Greiffenhorstpark spazieren. Dabei kommt man bis zum Römersee, einem beliebten Angelsee. Unterwegs passiert man zudem Haus Greiffenhorst, ein ehemaliges Jagdschlösschen im klassizistischen Stil des 19. Jahrhunderts und heute ein beliebtes Fotomotiv im Park. Hier lohnt sich ein Blick auf den Veranstaltungskalender, weil im Haus Greiffenhorst immer wieder verschiedene Kunstausstellungen gezeigt werden.

↓ Durch dieses Tor beginnt die Tour. ↘ Mit der Burg Linn hat man schon am Ausgangspunkt eine tolle Sehenswürdigkeit.

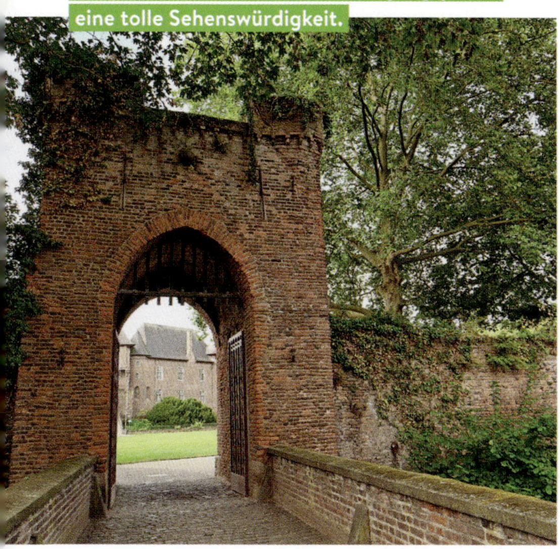

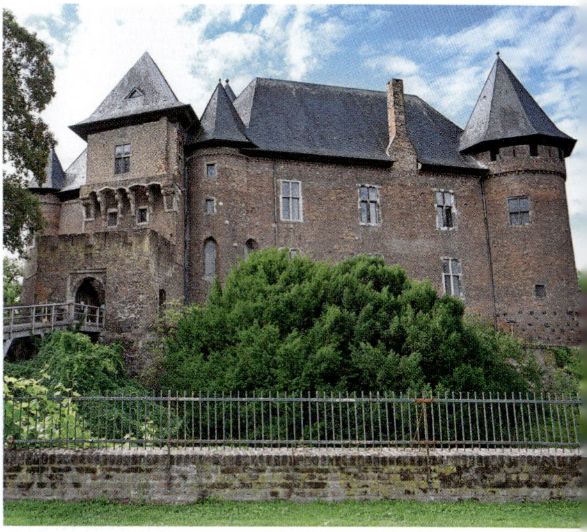

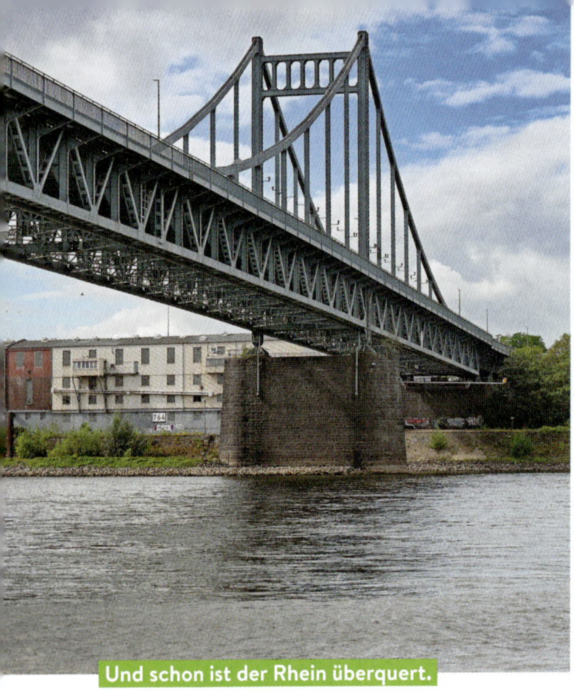

Und schon ist der Rhein überquert.

Linn an. Linn gehört zwar seit dem Jahr 1901 zu Krefeld und bildet heute nur noch einen Stadtteil, kann jedoch auf eine lange Geschichte der Eigenständigkeit zurückblicken. Erstmals urkundlich erwähnt wurde Linn in einem Dokument, das vermutlich zu Beginn des 12. Jahrhunderts verfasst wurde. Hauptsehenswürdigkeit ist zweifellos die angrenzende Burg, doch beim Schlendern in den wenigen Straßen hin zum Margaretenplatz spüren wir noch heute einen eher dörflichen Charakter und vergessen, dass wir uns in einer Großstadt am Niederrhein befinden. Ganz nebenbei passieren wir das Deutsche Textilmuseum nur wenige Schritte von der Vorburg entfernt. 30 000 Exponate, bestehend aus Textilien, Webstoffen und Kleidung, umfasst die Sammlung, von der ein großer Teil ausgestellt wird und die einen Einblick in die Tradition der Krefelder Textilbetriebe ermöglicht.

ÜBER DEN RHEIN Doch nun wollen wir aus der Stadt raus und spazieren zunächst an der Königsberger Straße entlang bis zur B288. Eine Wanderung neben einer Bundesstraße ist natürlich nicht so prickelnd, lässt sich an dieser Stelle aber nicht verhindern, denn die Alternative wäre, dass wir durch den Rhein schwimmen. Die Bundesstraße verläuft auf der 1950 wiedereröffneten Krefeld-Uerdinger Brücke, die sogar zu den Bauwerken der Route der Industriekultur gehört. Mit der Überquerung der Brücke und des Flusses lassen wir Krefeld hinter uns und erreichen den Duisburger Süden. Die Stadt präsentiert sich hier mit weiten Landwirtschaftsflächen. Hundebesitzer spazieren auf einem Deich, Schiffe stampfen durch das Wasser des Rheins – eine gewisse Nordseeatmosphäre möchte beinahe in uns aufkommen und wir könnten glatt vergessen, in einer dicht besiedelten Metropole unterwegs zu sein. Hinter der Brücke gehen wir nach links und sind anschließend zwischen den Feldern und direkt am Rheinufer unterwegs. Der schmale Pfad ist nicht immer leicht begehbar, doch so durchqueren wir gemächlich die Rheinaue Ehingen mit Blick auf Krefeld-Uerdingen. Etwas gewöhnungsbedürftig, um es mal nett zu formulieren, ist natürlich der Anblick des Stahlwerks, das sich uns nach einiger Zeit in den Weg stellt und den gesamten Platz am Rheinufer einnimmt. Davon lassen wir uns aber nicht abschrecken und wir wandern außen herum. Über die Mannesmannstraße und die Mündelheimer Straße erreichen wir den Angerbach und folgen diesem an seinem Lauf nach links. Nach einer Linkskurve erhebt sich auf der rechten Seite dann auch schon das Ziel unserer Wanderung.

MAGIC MOUNTAIN IN DUISBURG Tiger & Turtle beziehungsweise Magic Mountain, so der Name der Installation auf der kleinen Halde, die mit dem Rad oder zu Fuß schnell erklommen ist. Die Aussicht von der Halde ist aufgrund ihrer geringen Höhe überschaubar. Selbst den nur 800 Meter entfernten

Rhein sieht man nicht, was allerdings auch dem wenig attraktiven Blick auf das dazwischenliegende Stahlwerk geschuldet ist. Doch bei der Heinrich-Hildebrand-Höhe zählt weniger der Blick in die Ferne als der Blick auf Tiger & Turtle. Dabei handelt es sich um einen Aussichtsturm der ganz besonderen Art. Er ist geformt wie eine Achterbahn, die sogar einen Looping bildet. Da wir auch auf dieser Halde natürlich keine Möglichkeit haben, die Schwerkraft auszutricksen, können wir den Looping selbstverständlich nicht durchqueren. Doch wir erreichen ihn entsprechend von beiden Seiten und so besteht diese Landmarke aus zwei Zugängen, die jeweils eine Sackgasse bilden. Dabei legen wir insgesamt rund 220 Meter Strecke auf dem Gerüst zurück. Aufregend ist die Besteigung vom zum Teil leicht wackelnden Tiger and Turtle allemal und sollte auf keinen Fall verpasst werden, wenn man im Duisburger Süden unterwegs ist.

MINI-SKYWALK AM RHEIN Zum Abschluss der Tour gehen wir aber dann doch noch einmal zum Stahlwerk zurück. Dafür folgen wir weiter dem Lauf des Angerbachs, bis dieser in den Rhein mündet. Hier stehen wir plötzlich unter einem Hochspannungsmast zwischen dem Stahlwerk, das wir an dieser Stelle aber nicht sehen, und einer Anlegestelle für Frachtschiffe, die von zahlreichen Containern zugestellt ist. Bei dieser Konstellation scheint es beinahe unwirklich, dass wir hier einen wirklich netten Aussichtspunkt auf den Rhein erreichen. Auch wenn oder gerade weil es eine Sackgasse ist und wir hier keine Möglichkeit haben, am Rheinufer entlangzuspazieren. Interessante Sackgasse.

INFO

TOURENCHARAKTER
Mittelschwere Wanderung auf befestigten Wegen und Haldenbesteigung zum Abschluss

AUSGANGSPUNKT
Rheinbabenstraße, 47809 Krefeld (GPS: 51.334766, 6.634054)

ENDPUNKT
Berzeliusstraße, 47249 Duisburg (GPS: 51.379635, 6.727803)

ANFAHRT
Mit dem Auto auf der A57 bis Krefeld-Zentrum; mit dem Zug oder Bus bis Krefeld-Linn Bahnhof

TOURISTENINFORMATION
krefeld.de

EINKEHR
Restaurant Stringas Op de Trapp, Rheinbabenstraße 109, 47809 Krefeld, opdetrapp.de

mittel | 05:00 Std. | 16 km | 91/91 Hm

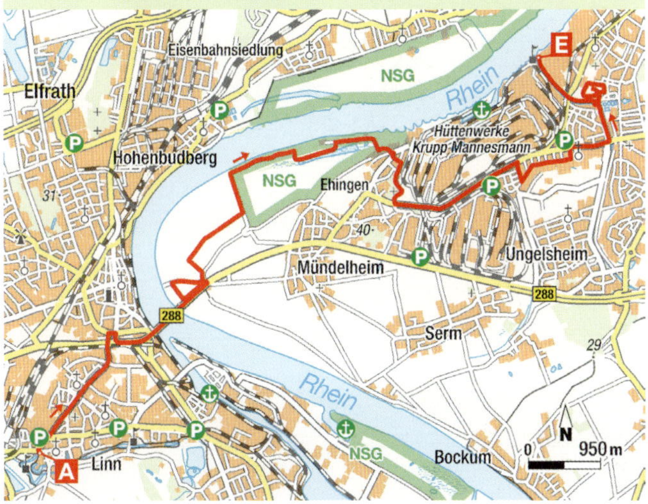

Auf dem Irmgardispfad unterwegs

Zum Mittelpunkt von Viersen

Der Ort Süchteln, der leicht über die A61 zu erreichen ist, wird für uns zum Ausgangspunkt einer Wanderung, die teilweise auf dem Irmgardisweg verläuft und auf ihren knapp neun Kilometern einiges zu bieten hat.

4

Dieser Apfelbaum markiert den Mittelpunkt Viersens.

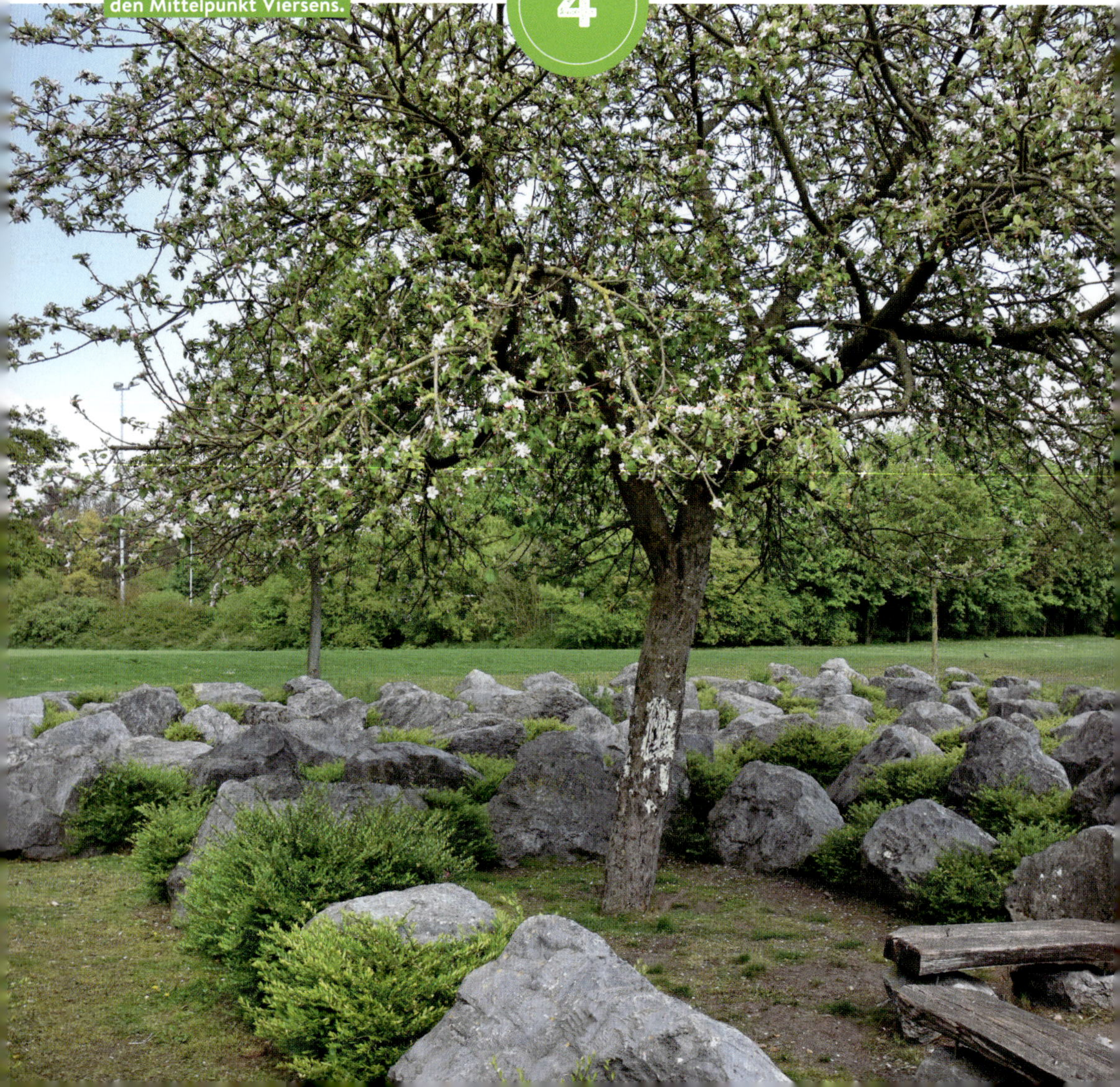

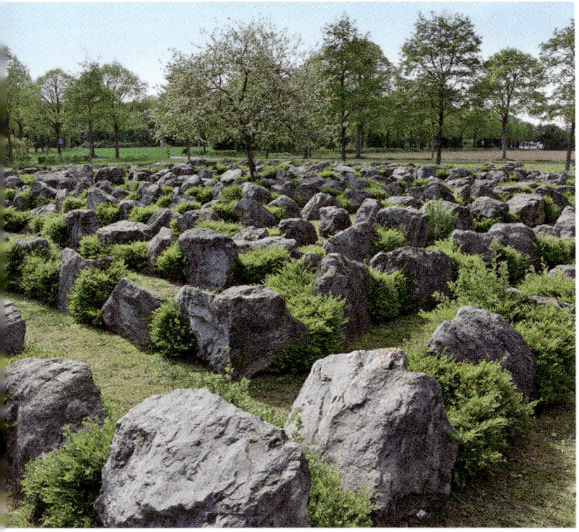

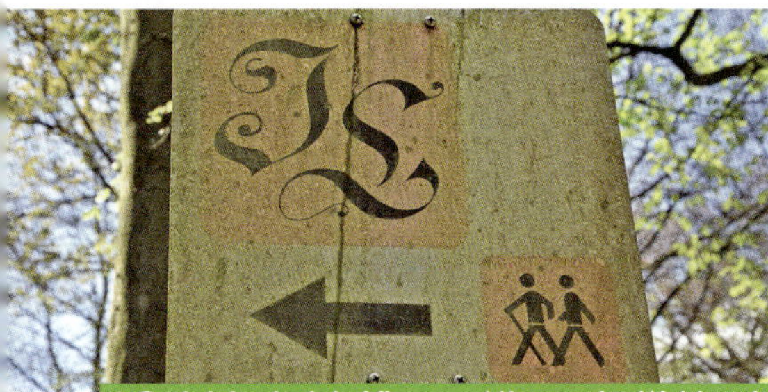

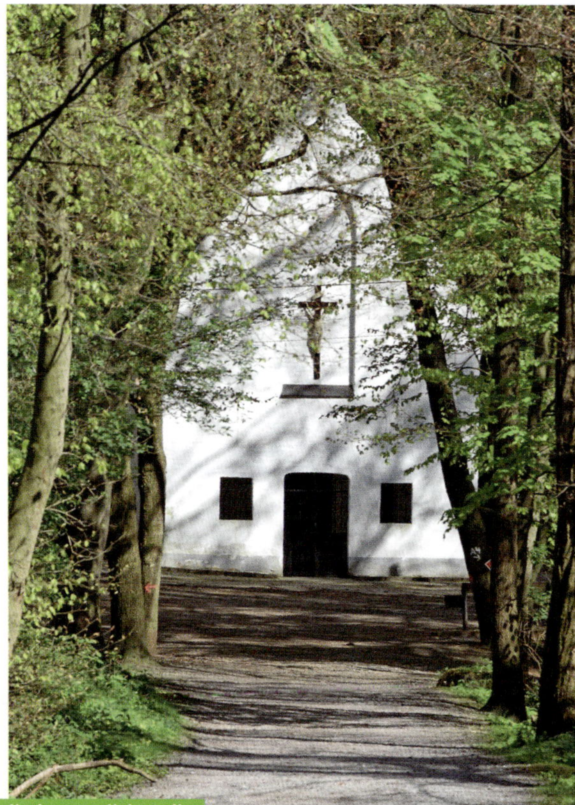

↑ Steinlabyrinth in Viersens Mitte ↗ Im Wald steht die Irmgardiskapelle.
↓ Gute Ausschilderung unterwegs

WIE EINE PILGERREISE Nach unserer Anreise verlassen wir den Parkplatz an der Hindenburgstraße und biegen in einen Fußweg nach links ab. Auf dem Weg wandern wir am Lunapark von Süchteln vorbei, der in den Irmgardispark übergeht und sich hinter der Seniorenwohnstätte Irmgardisstift ausbreitet. Und damit wären wir auch schon bei dem Namen, der uns auf dieser Tour stets begleiten wird und die Wanderung beinahe zu einer Pilgerreise macht: die Heilige Irmgardis. An der Bergstraße sehen wir eine der sieben Fußfallstationen, denen wir als Kreuzweg folgen werden. Wir wenden uns nach rechts und wandern die Bergstraße leicht bergauf, immer dabei einen Blick auf die Kreuzwegstationen werfend, die unseren Weg säumen. An der Straße Am Nachtigallenwäldchen lassen wir die Wohnsiedlung hinter uns und gehen am Friedhof halb links in den Wald hinein.

LEICHTER ANSTIEG Unser Weg führt weiterhin deutlich bergauf und wir lernen damit bereits einen Teil der Süchtelner Höhen kennen. Auf dem höchsten Punkt dieses Anstieges gelangen wir zur Irmgardiskapelle, an der wir eine kleine Verschnaufpause einlegen können. Die Irmgardiskapelle ist zugleich Ausgangspunkt für den Irmgardispfad, der als Pilgerweg Süchteln mit Helenabrunn verbindet, dem wir nun eine Zeit lang folgen wollen. Wir werfen noch einen kurzen Blick auf den Irmgardisbrunnen unterhalb der

Kapelle und wandern geradeaus in westliche Richtung weiter. Dabei passieren wir ein kleines moosbewachsenes Gedenkkreuz mit der Inschrift »Johannes Steffes, 1729«, und erreichen wenig später eine Kreuzung, an der sich nach rechts ein kurzer Abstecher lohnt, um den dortigen Wassererdbehälter zu besichtigen. Dieser unter Denkmalschutz stehende Wasserspeicher war von 1907 bis 1969 in Betrieb.

SCHRECKLICHE EREIGNISSE An der Kreuzung biegen wir nach links ab und folgen dem Irmgardispfad weiter durch den Wald, jetzt in südliche Richtung. Wir kommen durch einen Hohlweg, wo ein weiteres steinernes Kreuz an ein schreckliches Ereignis erinnert. Die zehnjährige Anna Margaretha Terporten wurde hier im Jahre 1791 Opfer eines Verbrechens, bei dem das Mädchen mit mehreren Messerstichen getötet wurde. Der Täter konnte gefasst werden und wurde noch im selben Jahr gerädert. Wir wandern nun stets geradeaus und kommen gegenüber einer großen Lichtung in den Genuss, an einem Picknickplatz eine kurze Rast einlegen zu können. Wenig später erreichen wir an einer Kreuzung einen asphaltierten Weg, an dem wir uns nach rechts wenden und bis zum Waldrand wandern.

Gedenkkreuz auf dem Irmgardispfad

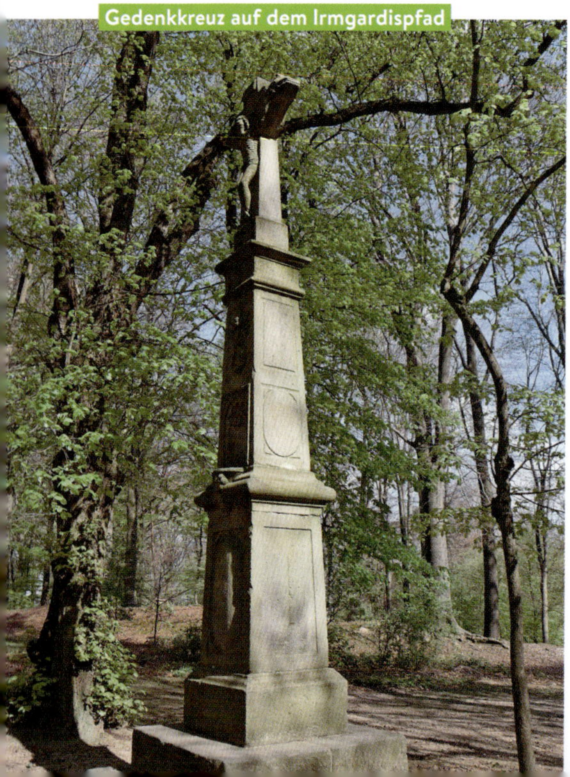

Tipp

HISTORISCHES AM WEGESRAND

Schon Ende des 15. Jahrhunderts wurde eine kleine Kapelle auf dem Hügel in den Süchtelner Höhen, dem Heiligenberg, erbaut. Sie hatte jedoch keine 100 Jahre Bestand. Einige Jahrzehnte nach der Zerstörung des Gotteshauses wurde im Jahr 1664 die heutige Kapelle errichtet, gleich oberhalb des Irmgardisbrunnens. Am Irmgardistag Anfang September findet regelmäßig eine Prozession zur Irmgardiskapelle statt.

RASTPLATZ MIT AUSSICHT Der Irmgardispfad führt uns nach links und wir wandern mit der Möglichkeit weiterer Picknickpausen direkt am Waldrand entlang; eine davon zum Beispiel an der Eugen-Solbach-Hütte, die uns eine schöne Aussicht nach Westen hin gewährt. Gleich hinter der Schutzhütte halten wir uns an einer Gabelung halb links, wandern an einem Feld entlang und gelangen zu einer Allee, auf der wir geradewegs zum Aachener Weg gelangen. An dieser Stelle verabschieden wir uns vom Irmgardispfad und wenden uns nach links.

AM MITTELPUNKT DER STADT Auf der linken Seite überraschen uns zahlreiche Findlinge, die zu einem Labyrinth mit einem Grundriss von 35 mal 35 Metern zusammengelegt wurden. In der Mitte des Labyrinths wächst ein Apfelbaum, der wiederum den geografischen Mittelpunkt der Stadt Viersen markiert. Natürlich lassen wir es uns nicht nehmen, das Labyrinth einmal zu durchlaufen, bevor wir mit unserer Wanderung weitermachen. Nebenan betreten wir an einem Parkplatz einen Weg, der durch eine Sportanlage führt. Hinter dem ersten Fußballfeld wenden wir uns nach rechts und biegen gleich an der nächsten Möglichkeit links ab, um zwischen einem weiteren Parkplatz und Sportplatz wieder zu den Süchtelner Höhen zu gelangen.

EIN LETZTER GEDENKSTEIN An der zweiten Kreuzung im Wald biegen wir links ab, passieren einen Gedenkstein zu Ehren des Viersener Textilfabrikanten Friedrich Greef und gelangen zu einem Bismarckturm, der jedoch leider nicht bestiegen werden kann. Hinter dem Turm biegen wir rechts ab, wandern bis zur Carl-Zahn-Hütte und werden wenig später von Wildschweinen und Rehen in einem Wildgehege begrüßt. Dahinter halten wir uns halb rechts, bis wir den Waldrand erreichen. An diesem können wir links abbiegen und bis zur Straße Süchtelner Höhen geradeaus wandern. Vor dem Friedhof wenden wir uns ebenfalls nach links und erreichen immer am Rande des Friedhofsgrundstücks entlang wieder die Kreuzwegstationen an der Bergstraße. Der bereits bekannten Straße folgen wir leicht bergab bis zum Irmgardisgarten. Wenn wir diesen und den folgenden Lunapark durchqueren, erkennen wir schon den Ausgangspunkt wieder.

INFO

TOURENCHARAKTER
Leichte Wanderung auf gut befestigten Wegen

AUSGANGS-/ENDPUNKT
Parkplatz Hindenburgstraße, 41749 Viersen
(GPS: 51.282682, 6.356569)

ANFAHRT
Mit dem Pkw auf der A61 bis zur Ausfahrt Süchteln; mit dem Bus zur Haltestelle Humboldtstraße

TOURISTENINFORMATION
viersen.de

EINKEHR
Rucksackverpflegung

Unterwegs passiert man den Irmgardisbrunnen.

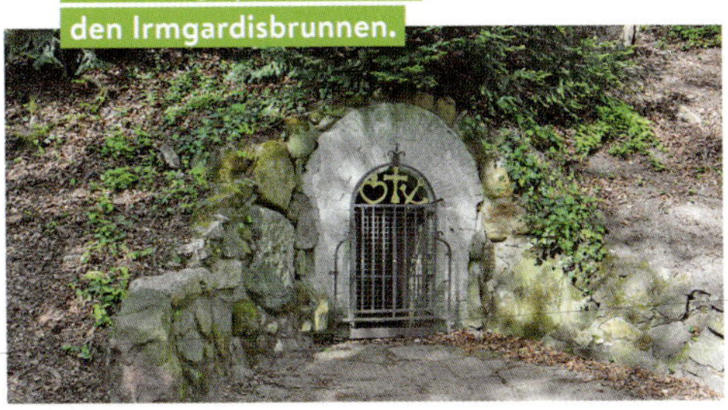

leicht	02:30 Std.	8,5 km	27/27 Hm

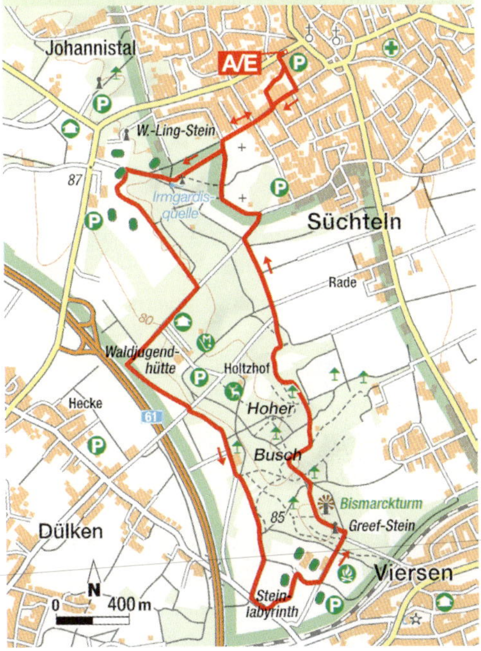

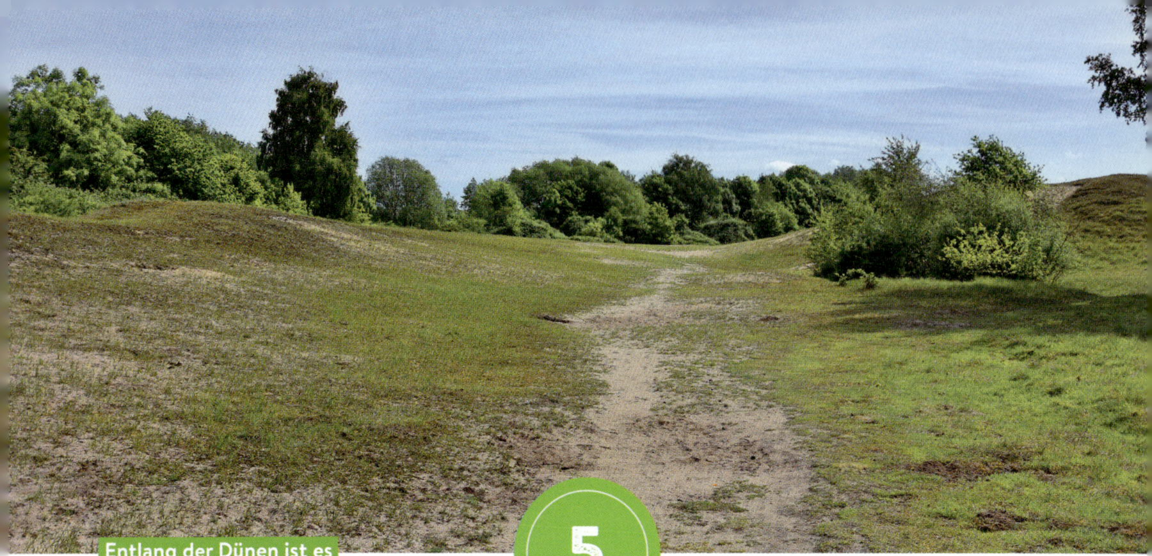

Entlang der Dünen ist es nicht nur sandig.

5

Beinahe wie an der Nordseeküste

An den Wisseler Dünen

Ein Rundgang um die wenig bekannte Landschaft der Wisseler Dünen ist genau richtig für eine Tour nach Feierabend. Völlig entspannt schlendern wir durch die sandige Landschaft des Niederrheins und streifen dabei auch einen Baggersee.

WISSELER SEE Die Größe des Parkplatzes überrascht uns. Vor allem deshalb, weil wir fast die einzigen Anwesenden sind. Sind die Wisseler Dünen so berühmt? Wir sind gespannt und lassen uns überraschen. Doch die Lösung dieses Rätsels offenbart sich, als wir den Parkplatz verlassen. Auf der anderen Straßenseite erstreckt sich der Wisseler See mit einem Naturbad inklusive Strandabschnitt und Beachbar. Uns wird klar, dass der Parkplatz an heißen Sommertagen dann vielleicht sogar zu klein sein könnte. Heute ist das Wetter eher durchwachsen und an Baden denkt hier keiner. Vielmehr wollen wir die Dünen kennenlernen und wenden uns nach links. Gleich an der ersten Möglichkeit biegen wir erneut links ab, lassen die Straße hinter uns und erblicken zu unserer Rechten durch die Uferböschung einen weiteren See. Der Baggersee ist noch Teil eines Kieswerks. Wir halten uns geradeaus und wandern am Seeufer entlang, bis wir ganz automatisch die Wisseler Dünen erreichen.

WISSELER DÜNEN Dornige Sträucher, Sandrasen und Magerweiden dominieren die Wisseler Dünen in Kleve und werden von dem Baggersee umschlossen. Die Dünen entstanden im Laufe von Jahrhunderten durch Überschwemmungen des Rheins, der in früheren Zeiten einen etwas anderen Verlauf hatte. Heute gedeihen hier nur wenige Pflanzenarten wie zum Beispiel Silbergras, Flechten und der Kleine Sauerampfer. Letzterer wiederum dient als Nahrung für den Purpurspanner. Die Raupe dieses Schmetterlings ernährt sich fast ausschließlich hiervon. Schon während der Wanderung entlang des Seeufers erblicken wir auf der linken Seite die weite Fläche der Wisseler Dünen in Kleve. Ein kleiner Parkplatz dient als Zeichen für den Zugang in das Dünengebiet, in dem wir eine weitere große Runde drehen können.

RÜCKWEG MIT KIRCHENBLICK Nach dem gemütlichen Rundgang durch die sandige Weite gehen wir gegenüber der Dünenlandschaft in die Berglandstraße, wo wir im Café der Landbäckerei Laakmann einen geeigneten Ort für eine Rast finden. An der folgenden T-Kreuzung wenden wir uns nach rechts, biegen 150 Meter später links in den Scholtenweg ein und halten uns an einer Gabelung halb rechts in den Kerßeweg. An der Dorfstraße biegen wir nach links ab und erkennen kurz darauf auf der rechten Seite die romanische Pfarrkirche St. Clemens, die bereits Mitte des 12. Jahrhunderts erbaut wurde.

HUISMANS MÜHLE Nach einem kurzen Blick in die Kirche gehen wir weiter geradeaus und spazieren nun an der Dorfstraße am Ortsrand entlang. Es dauert gar nicht lange, bis wir auf der linken Seite ein weiteres schönes Gebäude entdecken.

Die Huismans Mölle ist eine im Jahr 1873 errichtete Windmühle, die jedoch keinen wirtschaftlichen Erfolg brachte. Das Ehepaar wanderte später auf den Neuen Kontinent aus und ließ die Mühle zurück. Heute ist in ihr eine Jugendbegegnungsstätte untergebracht. Hinter dem Mühlengebäude wenden wir uns nach links und folgen der Mühlenstraße zurück zu unserem Ausgangspunkt am Parkplatz.

INFO

TOURENCHARAKTER

Einfache Wanderung auf befestigten Wegen und zwischen Sanddünen hindurch

AUSGANGS-/ENDPUNKT

Parkplatz Mühlenstraße, 47546 Kalkar (GPS: 51.7645852698241, 6.29642664169789)

ANFAHRT

Mit dem Pkw auf der B57 bis Kalkar; mit dem Bus bis zur Haltestelle Kalkar Wissel Molkerei

TOURISTENINFORMATION

niederrhein-tourismus.de, nz-kleve.de

EINKEHR

Dünencafé Laakmann, Hellendornstraße 37, 47546 Kalkar, duenencafe-laakmann.de

leicht	01:30 Std.	6 km	18/18 Hm

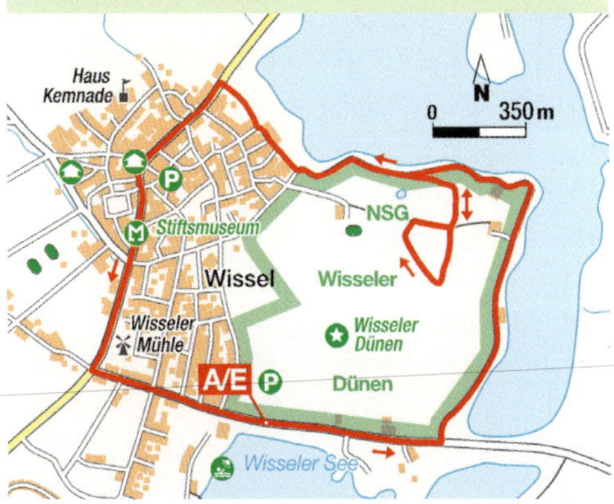

Auf Holzbohlen durch den Wald

Diersfordter Wald

Wilde Natur zeigt sich auf dieser Wanderung durch Wald und Moorlandschaft. Nur unberührt ist sie nicht, denn wir genießen die ausgiebige Tour auf einem Holzbohlenweg und lernen später noch das Schwarze Wasser kennen.

SCHLOSS DIERSFORDT Wir lassen den Parkplatz hinter uns, überqueren die Mühlenfeldstraße und wenden uns zunächst einmal nach links. Schon nach wenigen Augenblicken verlassen wir die Straße, indem wir halb rechts gehen, und spazieren an einem schönen, mit Efeu berankten Ziegelsteinbau vorbei geradewegs auf das Areal des spätbarocken Schlosses Diersfordt zu. Um das eindrucksvolle Schlossensemble zu besichtigen, müssen wir an der folgenden T-Kreuzung links abbiegen und entlang der Allee bis zur Zufahrt gehen. Wer dem Schloss Diersfordt erst am Ende der Wanderung einen Besuch abstatten möchte, der wendet sich nach rechts und folgt der Kastanienallee durch ein ruhiges Wohnviertel in den Wald hinein. Schon gleich nachdem wir Waldboden betreten haben, biegen wir an der ersten Kreuzung nach rechts ab. Am folgenden Querweg Am Jäger wenden wir uns nach links und wandern rund 200 Meter durch den Wald, bis wir auf die B8 treffen. Diese überqueren wir vorsichtig und finden uns auf der anderen Straßenseite an einer Hundeschule wieder.

HIRSCHKÄFERROUTE An der Hundeschule gehen wir wieder in den dichter werdenden Wald hinein und beginnen nun mit der eigentlichen Wanderung durch den

Raus in die Natur, rein in den Kiefernwald

6

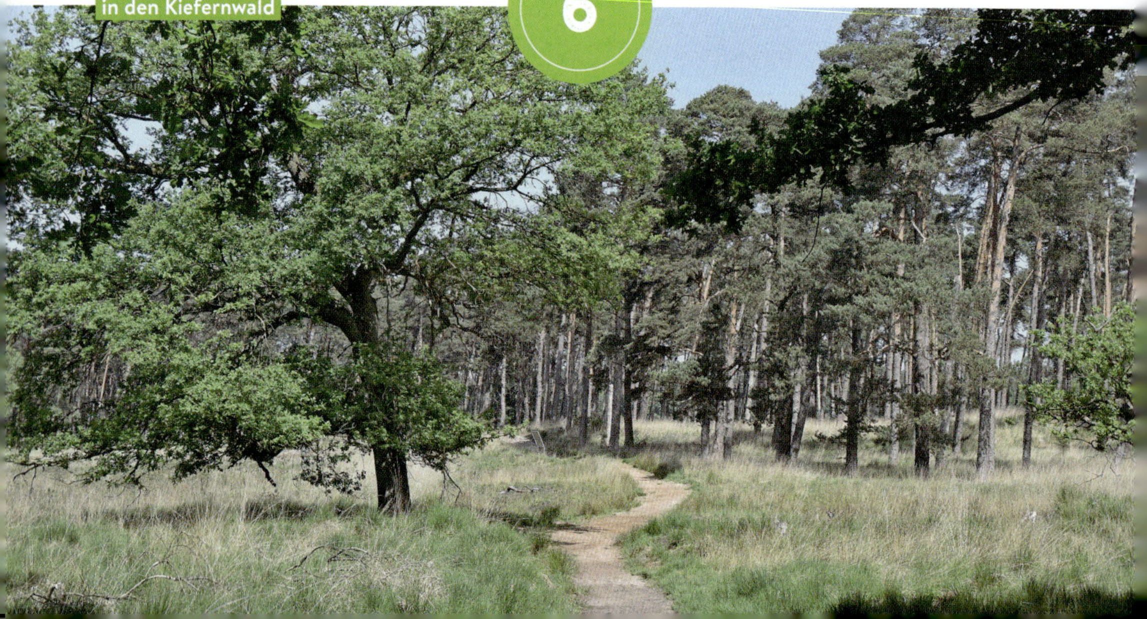

Diersfordter Wald, die sich hier mit der sogenannten Hirschkäferroute präsentiert. Nach einer leichten Rechtskurve biegen wir gleich an der ersten Möglichkeit rechts ab und wandern auf dem fast geraden Waldweg durch den Forst. Hinter einer Lichtung beschreibt unser Weg eine sanfte Linkskurve und wir erreichen nach einiger Zeit eine T-Kreuzung. Unsere Strecke verläuft eigentlich nach links, doch lohnt sich ein kurzer Abstecher von wenigen Metern nach rechts, wo wir den Zugang zu einer Wildbeobachtungsstelle entdecken. Nach einer kurzen Pause an der Beobachtungsstation wandern wir auf dem Bocholtschen Weg in nordwestliche Richtung. Gleichzeitig befinden wir uns hier genau auf der Stadtgrenze zwischen Wesel auf der linken und Hamminkeln auf der rechten Seite. Nach etwas über 400 Metern verlassen wir Wesel vorläufig und biegen nach rechts auf einen Waldweg ein. Es fällt uns unmittelbar auf, dass die Wanderwege in Hamminkeln offenbar nicht einfach schnurgerade verlaufen. Denn gleichzeitig haben wir die Hirschkäferroute verlassen und bewegen uns nun auf dem Moorerlebnisweg fort, der wenig später in einen Holzbohlenweg übergeht. Vorher informiert uns eine Hinweistafel über die hiesige Moorlandschaft. Zartes Wollgras wächst in die Höhe, Moose breiten sich über die Fläche aus und mit etwas Glück könnten wir Wildschweine,

↑ Ein Paradies für Schmetterlinge ↓ Achtung giftig: der Rote Fingerhut
↘ Ein Stück wandert man auch auf Holzbohlen.

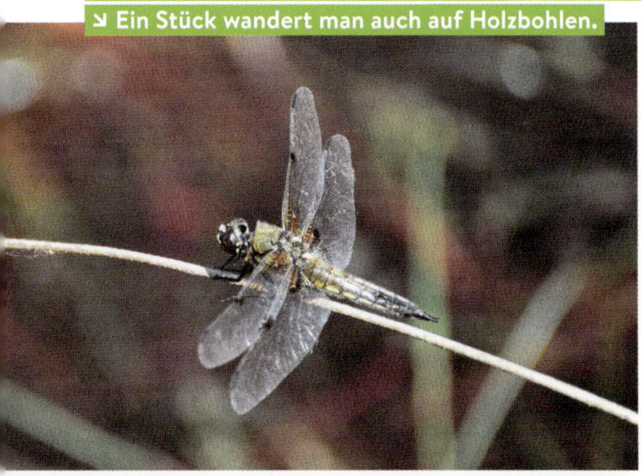

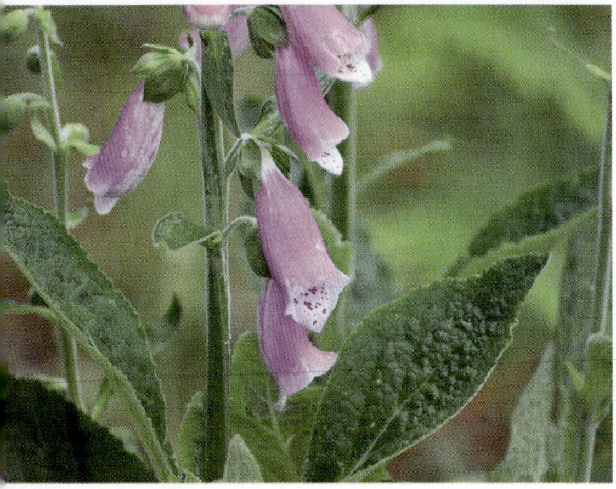

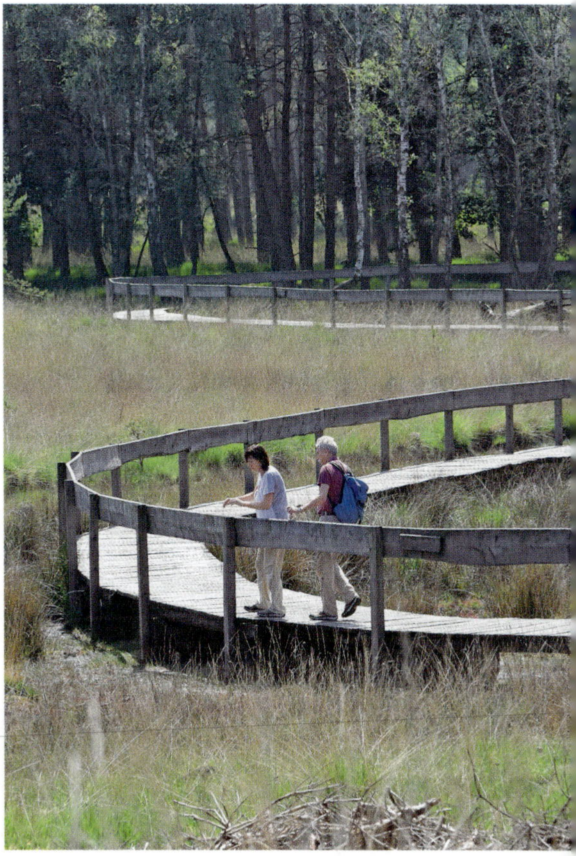

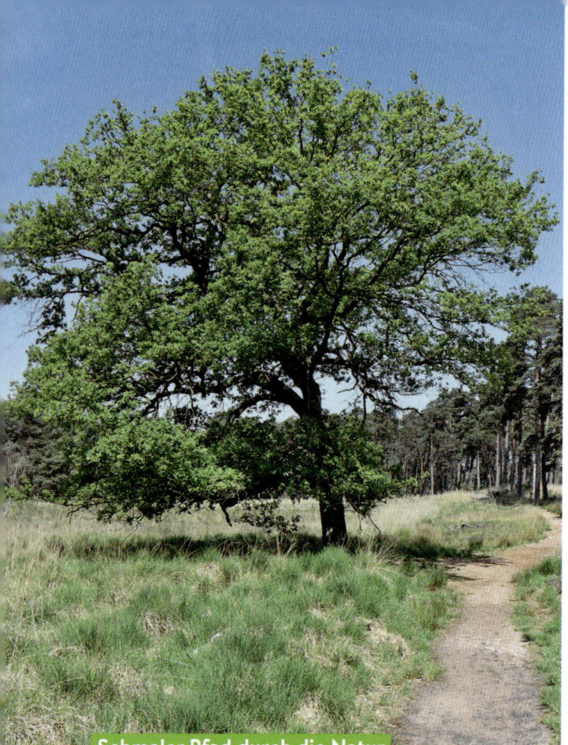

Schmaler Pfad durch die Natur

Rothirsche oder Mufflons sehen. Na ja, mit dem Glück haben wir es heute wohl nicht so. Aber Moose und Wollgras finden wir später tatsächlich. Vielleicht, weil sie keine Chance haben, vor uns wegzulaufen.

DURCH DAS MOOR Kurz hinter der Moorlandschaft erreichen wir den Holzbohlenweg, der uns auf einem kurvigen Pfad durch die sogenannte Dünenlandschaft führt. Immer wieder halten wir auf dem Weg an, um in der feuchten Landschaft Wildtiere auszumachen und einfach die Ruhe des Wildgatters zu erleben. Doch es bleibt dabei: Abgesehen von einer Vielzahl brummender Libellen bleiben wir heute ohne Fauna. Wenig später tauchen wir wieder in den Wald hinein und biegen an einer T-Kreuzung nach rechts ab. Auf diese Weise umrunden wir die Dünenlandschaft und können so auch den Blick von der anderen Seite aus genießen. Wir folgen dem Weg nun geradeaus, werfen nochmals einen Blick auf die sich rechts von uns ausbreitende Moorlandschaft und durchqueren den Wald bis zur Diersfordter Straße.

SCHWARZES WASSER An einer Kreuzung gehen wir geradeaus auf einem schmaleren Weg weiter, der schon mit seinem Namen Am Schwarzen Wasser auf die nächste Sehenswürdigkeit hinweist. Der Weiher Schwarzes Wasser breitet sich vor uns aus und wir haben die Qual der Wahl, das herrliche Naturschutzgebiet rechts oder links herum zu passieren. Beide Wege haben offenbar ihren Reiz und treffen sich später wieder. Wir wandern links an dem Weiher vorbei, genießen den Ausblick auf das Schwarze Wasser und gelangen nach einer kurzen Wanderung durch den Wald an einen Bahndamm.

SKULPTURENPARK Wir wandern an der Bahnlinie entlang und erreichen nach einiger Zeit das Waldhotel Tannenhäuschen. Mit dem Hotelparkplatz zu unserer Linken folgen wir der Zufahrtsstraße bis zur Ackerstraße. Dabei werfen wir auch einen Blick

Tipp

WASSERSCHLOSS DIERSFORDT

Das Wasserschloss Diersfordt besteht in seiner heutigen Form seit Ende der 1920er-Jahre, als es nach einem zerstörerischen Brand neu aufgebaut wurde. Die Geschichte des Anwesens reicht jedoch viele Jahrhunderte zurück bis in die Zeit, in der die Herren von Wylich eine Burg errichteten. Eine Reise in die damalige Zeit kann man auch heute noch unternehmen: An jedem zweiten Septemberwochenende findet ein mittelalterlicher Handwerkermarkt statt.

auf den Skulpturenpark Niederrhein zu unserer Rechten, in dem rund 50 Skulpturen aus unterschiedlichen Materialien verschiedener Künstler der Region ausgestellt sind. Am Ende des Wegs biegen wir links auf die Ackerstraße ein und wandern nun einige Zeit durch besiedeltes Gebiet, genauer gesagt durch den Weseler Ortsteil Feldmark. Wir überqueren die Emmericher Straße und passieren die Eissporthalle auf der rechten Seite. Gleich dahinter befindet sich das Gebäude-Ensemble eines Schulzentrums. Die Schulen wurden nach einem berühmten Sohn Wesels benannt – Konrad Duden. Der Lexikograf wurde 1829 rund zweieinhalb Kilometer westlich unseres Standortes auf Gut Bossigt geboren.

ZURÜCK IM DIERSFORDTER WALD Nach Umrundung des Auesees tauchen wir wieder in den Diersfordter Wald ein. Wir bleiben auf dem Hauptweg, der uns in einem Bogen durch den Forst führt. An einer kleinen Kreuzung sehen wir rechts einen Picknickplatz, doch eine Pause so kurz vor Abschluss der Wanderung lohnt sich kaum noch.

INFO

TOURENCHARAKTER
Anstrengende, weil lange Wanderung durch den Wald und auf Holzbohlenwegen

AUSGANGS-/ENDPUNKT
Parkplatz Lindenberg, 46487 Wesel (GPS: 51.689970, 6.550065)

ANFAHRT
Mit dem Pkw über die B8 bis Wesel; mit dem Bus bis zur Haltestelle Wesel Diersfordt Ort

TOURISTENINFORMATION
wesel-tourismus.de

EINKEHR
Rucksackverpflegung

Dank guter Beschilderung ist ein Verlaufen kaum möglich.

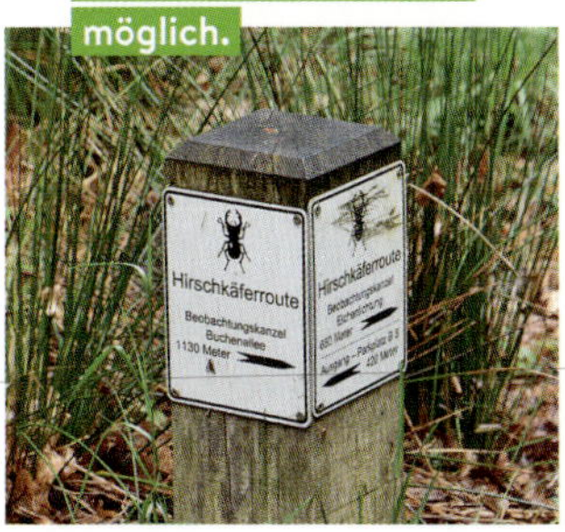

schwer | 07:00 Std. | 20 km | 93/93 Hm

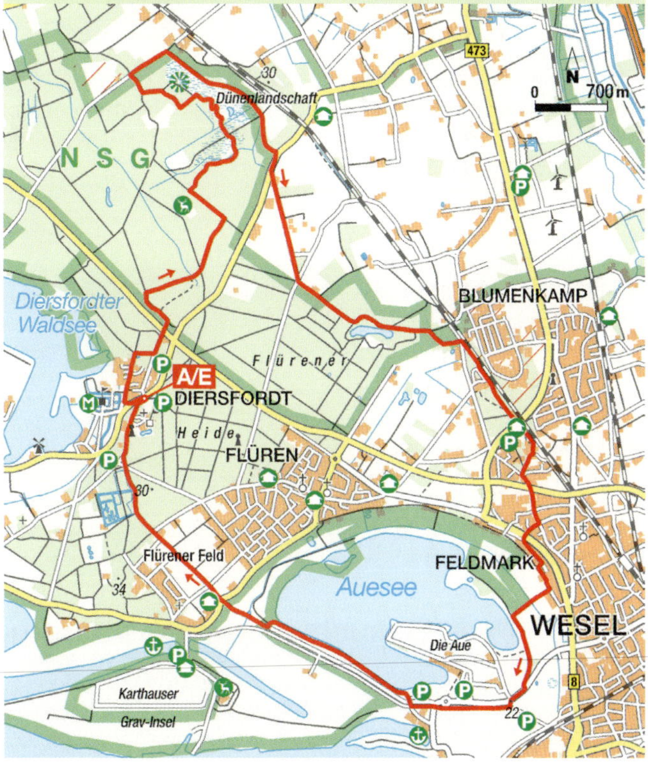

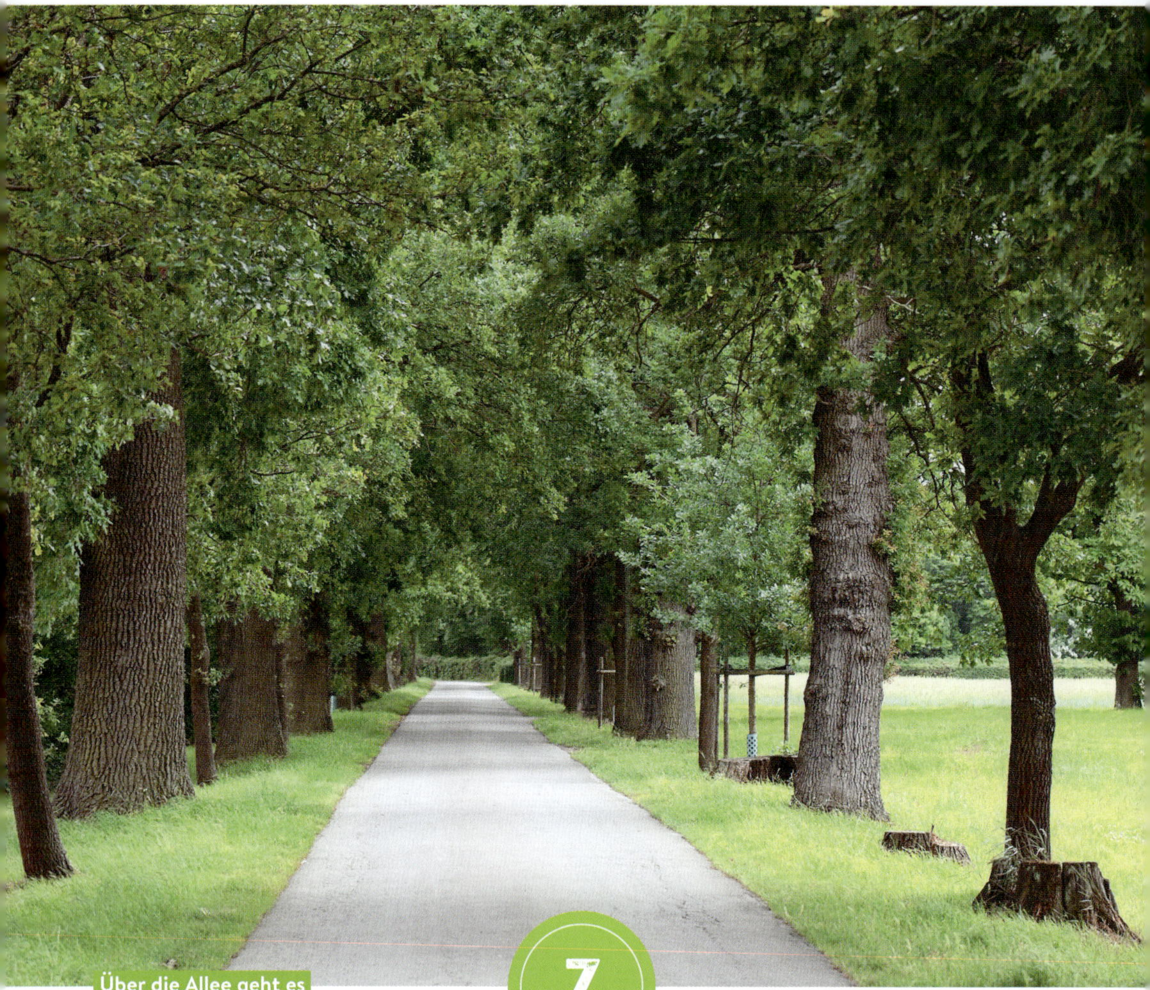

Über die Allee geht es auf den Wanderweg.

7

Entspannung im Rheurdter Wald

Besuch am Schloss Bloemersheim

Einen kleinen Rucksack sollten wir mitnehmen, damit wir am Ende noch ein wenig Vitamine auf einem Obsthof einkaufen können. Zuvor lernen wir auf der waldreichen Tour einiges über den Ur-Rhein kennen.

AB IN DEN WALD Nur ein schmaler Parkstreifen bietet uns Platz für das Auto, aber es passt, und schon kann es mit unserer Wandertour losgehen. Das Schloss Bloemersheim ist eigentlich nur einen Katzensprung entfernt, aber wir haben uns vorgenommen, das sehenswerte Gebäude für den Abschluss unserer Tour aufzubewahren – sozusagen als Ziel der Wanderung. Daher gehen wir erst einmal in die andere Richtung und überqueren die Landstraße, um in den Wald zu gelangen. Unmittelbar geradeaus geht es weiter, was an diesem heißen Sommertag keine schlechte Idee ist, denn die Baumkronen geben uns guten Schutz vor der brennenden Sonne. Ob die Entscheidung, erst in diese Richtung zu gehen, so clever war, fragen wir uns am Heisterweg. Denn unsere Nase wird von feinen Küchengerüchen betört und wir sehen auch schon halb links, warum: Da lockt das Restaurant Palm im Samannshof mit einem gemütlichen Biergarten zu einer Pause. Aber die Entscheidung, ob wir dort einkehren, wird uns abgenommen. Das Restaurant öffnet erst um 17 Uhr. Vermutlich wird dort etwas vorbereitet oder jemand kocht privat. Wer also die Wanderung andersrum angehen möchte, sollte die Öffnungszeit ab 17 Uhr im Hinterkopf behalten.

Tipp

BURG WACHTENDONK

Wenn man mit dem Auto zur Wanderung am Schloss Bloemersheim anreist, dann sind es nach der Tour nur zwei Ausfahrten auf der A40 in das nahe gelegene Wachtendonk. Dort kann man sowohl in der netten Innenstadt schlendern als auch die Burg besichtigen. Die frei zugängliche Ruine der Burg Wachtendonk zeugt von der Geschichte einer lange umkämpften Region. Die Burg existierte vermutlich seit dem 14. Jahrhundert und wurde während eines Eroberungskampfes zu Beginn des 17. Jahrhunderts komplett zerstört. Sie bestand aus einer Hauptburg mit Vorburg, die damals noch auf einer Insel in der Niers erbaut wurde. Die im letzten Jahrhundert aufgebauten Fundamente zeigen die Größe der einstigen Burganlage inklusive Bergfried.

LITTARDSCHE KENDEL – DER UR-RHEIN Wir passieren die Littardsche Kendel, die mit ruhigen Gewässern auf uns wartet. Als

Rot leuchtet die Fassade von Schloss Bloemersheim.

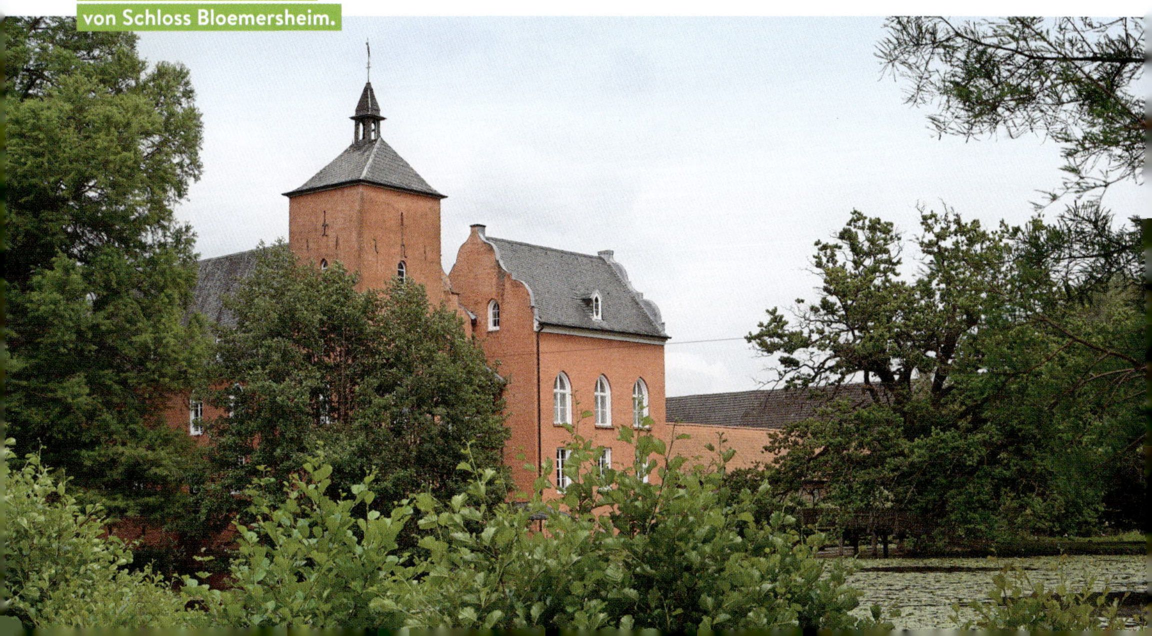

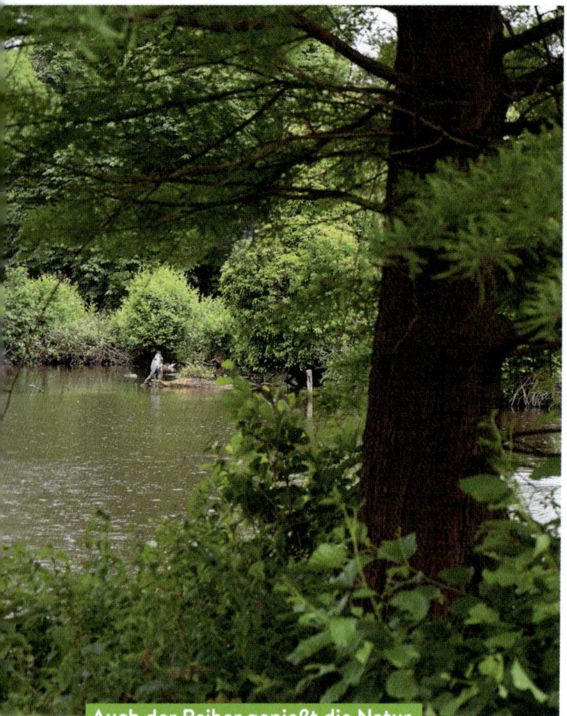

Auch der Reiher genießt die Natur.

Kendel bezeichnet man am Niederrhein die Niederungen, die durch den sogenannten Ur-Rhein entstanden sind. Schon bemerkenswert, wo Vater Rhein einst geflossen ist. Immerhin befinden wir uns an dieser Stelle über zwölf Kilometer westlich des Flusses. Aber die Zeiten, in denen der Rhein hier auch ein Bett hatte, sind schon ewig her und man muss auf den Begriff Eiszeit zurückgreifen, um eine Vorstellung davon zu bekommen. Geblieben sind aber die sogenannten Kendel. Hinter diesen biegen wir rechts ab und wandern zwischen Waldrand und kleineren Gewässern durch die harmonisch wirkende Landschaft. Dass wir hier streng genommen am Ufer des ehemaligen Rheinverlaufs wandern, muss man wissen, um eine gute Vorstellung des früheren Flusslaufs zu bekommen. Als Laie erkennt man das nicht wirklich. Wir sind natürlich neugierig und rufen daher auf dem Smartphone die Satellitenansicht der Suchmaschine unseres Vertrauens auf und zoomen ein wenig aus dem Bild heraus. Und ja, wenn man es weiß, dann kann man eine Art Flusslauf rund um den Rheurdter Wald erkennen.

DURCH DEN RHEURDTER WALD Genauso verläuft auch unsere Wandertour. Denn wir folgen einer engen Linkskurve, die sich durch den Wald zieht, so wie auch die einzelnen kleinen Gewässer rechts von uns außerhalb des Waldes einen Bogen in die Landschaft schlagen. Unser kurviger Pfad durch den Wald, über Stock, Stein und ein paar Wurzeln, endet vorläufig am Duffes-Schlagweg. An diesem wenden wir uns nach links und folgen ihm schnurgerade, bis wir hinter einer kleinen Kreuzung einen Abzweig nach rechts erkennen. Bloß nicht zu weit gehen, sonst sind wir wieder dort, wo wir schon waren und wo sich das Restaurant befindet. Da es noch immer nicht 17 Uhr ist, würde uns das nichts bringen. In südliche Richtung wandern wir wieder an der Littardschen Kendel entlang, bis unsere Wanderung durch den Rheurdter Wald an einem Wanderparkplatz endet. Nun stehen wir vor einigen Feldern, spazieren zur Landstraße und biegen an ihr rechts ab, um sie gleich darauf wieder nach links zu verlassen. Ein weiteres kleines Wäldchen scheint auf uns zu warten, doch das streifen wir nur am Rande. Egal, schön ist es hier trotzdem. An der Straße Hacksteinskuhlen treffen wir auf eine T-Kreuzung mit der Kreuzallee. Unser Weg führt nach links zum Schloss Bloemersheim, das wir auch schon gut erkennen können. Doch wir könnten auch nach rechts gehen und einen Blick auf das nahe gelegene Schloss Leyenburg werfen. Besonders schön ist dort der Maurische Pavillon, dieses Häuschen ist ein echter Hingucker. Allerdings kann man über die hohe Hecke nur einen Teil davon sehen. Wer mehr davon entdecken möchte, muss heiraten. Für diesen Zweck kann man nämlich bei dem Hausbesitzer die Location mieten.

OBST AM SCHLOSS BLOEMERSHEIM Wir sind schon verheiratet, deswegen wenden wir uns nach links und spazieren geradewegs zum Schloss Bloemersheim. Die in roten Tönen leuchtende Anlage stammt aus dem späten Mittelalter und ist seit Beginn des 19. Jahrhunderts Sitz der Freiherren von der Leyen. Auch der Ehemann der EU-Kommissionspräsidentin Ursula von der Leyen stammt von dieser Seidenweberfamilie ab. Einst war die Anlage sogar eine Fluchtburg, die im Laufe der Zeit auch mehrfach angegriffen und sogar beschädigt wurde. Heute, während wir an dem Areal vorbeiwandern, ist zwar alles friedlich, aber eine geschäftige Betriebsamkeit merkt man dennoch. Kein Wunder, denn die Nebengebäude von Schloss Bloemersheim beherbergen einen Obstbetrieb. Rund um die Anlage breiten sich zahlreiche Obstplantagen aus und auch uns ist es möglich, frisches Obst zu erwerben. Nicht nur das, denn neben dem frischen Obst aus eigenem Anbau werden auch andere Produkte aus der Region wie Eier, Kartoffeln, Gemüse und noch viel mehr angeboten. Na wie gut, dass wir die richtige Richtung eingeschlagen haben. Denn unser Rucksack ist nach dem Einkauf auf Schloss Bloemersheim proppenvoll, aber es sind ja nur noch wenige Gehminuten bis zum Parkplatz.

INFO

TOURENCHARAKTER

Einfache Wanderung durch den Wald

AUSGANGS-/ENDPUNKT

Parkplatz Bloemersheimer Weg, 47506 Neukirchen-Vluyn (GPS: 51.447657, 6.515383)

ANFAHRT

Mit dem Pkw auf der A40 bis zur Ausfahrt Neukirchen-Vluyn

TOURISTENINFORMATION

niederrhein-tourismus.de, bloemersheim.de

EINKEHR

Palm im Samannshof, Littardweg 55, 47506 Neukirchen-Vluyn, samannshof.de

Seerosen auf der Littardschen Kendel

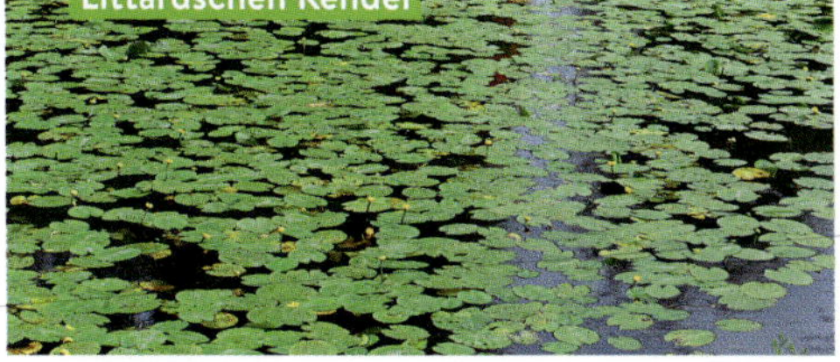

leicht | 03:00 Std. | 9 km | 63/63 Hm

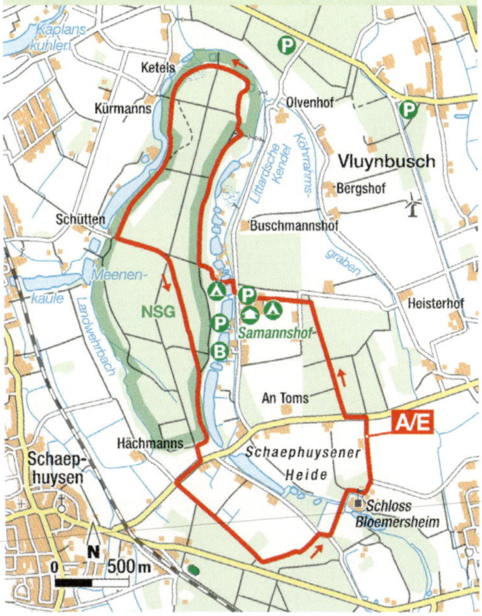

Einmal tief durchatmen, bitte

Solegarten Kevelaer

Fit halten – ein wichtiges Thema für jeden in jedem Alter. Die Stadt Kevelaer hilft uns dabei und bietet vier sogenannte Vital-Wanderwege an. Sie alle beginnen am Solegarten, an dem wir zunächst einmal tief einatmen, bevor wir den längsten Vitalweg anvisieren.

Der Solegarten ist nicht nur gut für die Lunge, sondern auch etwas für das Auge.

8

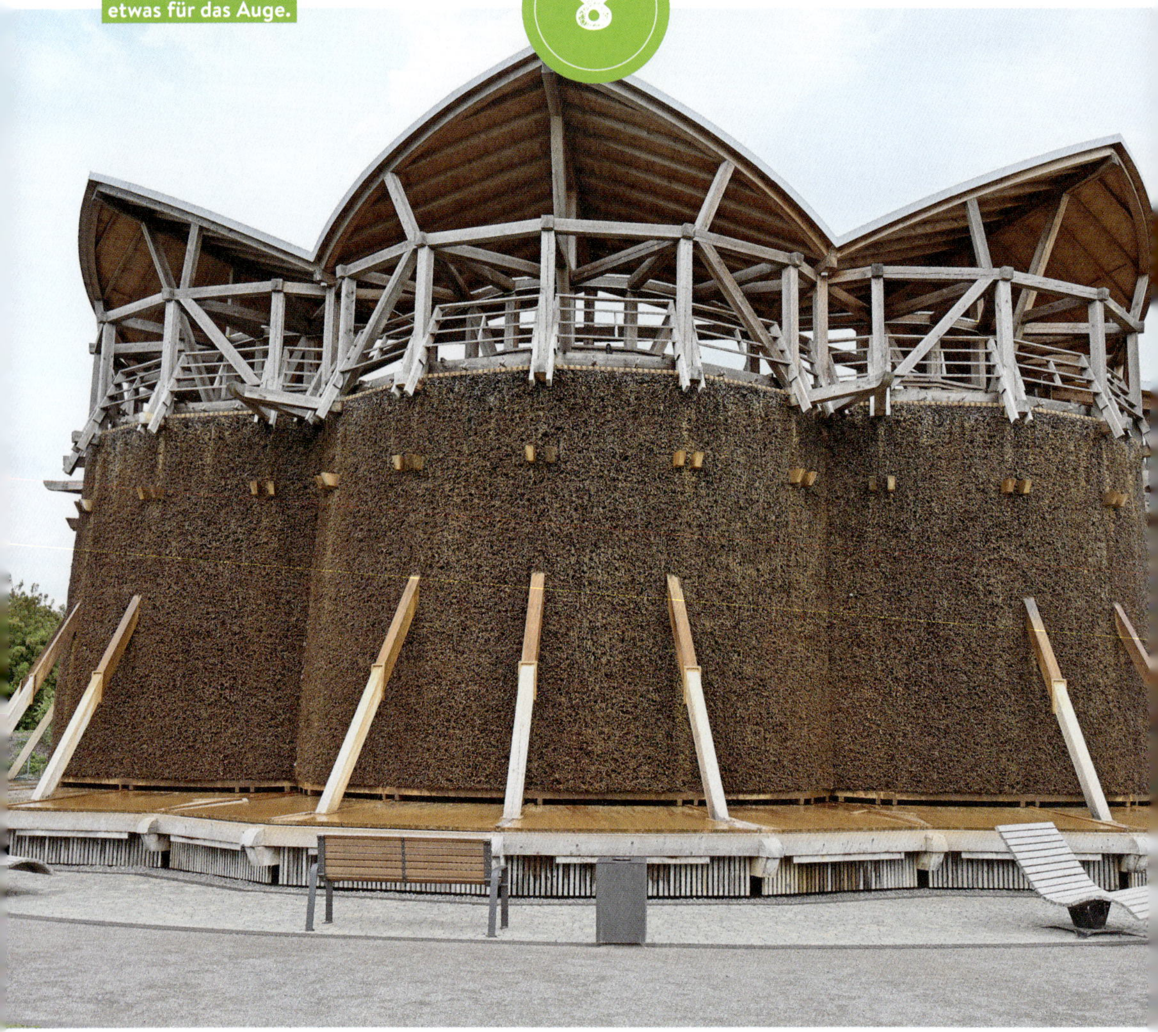

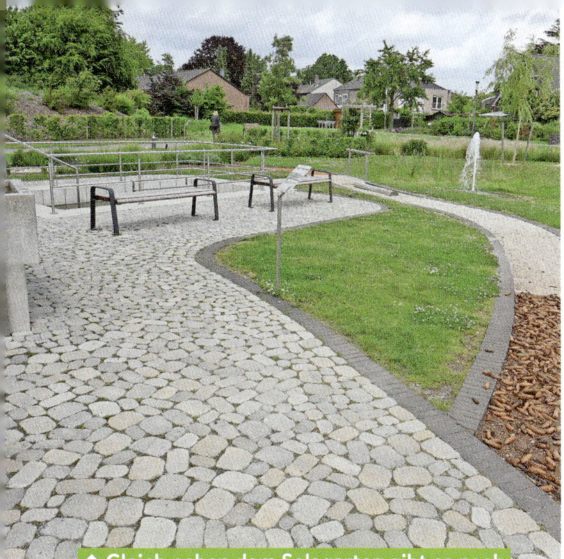

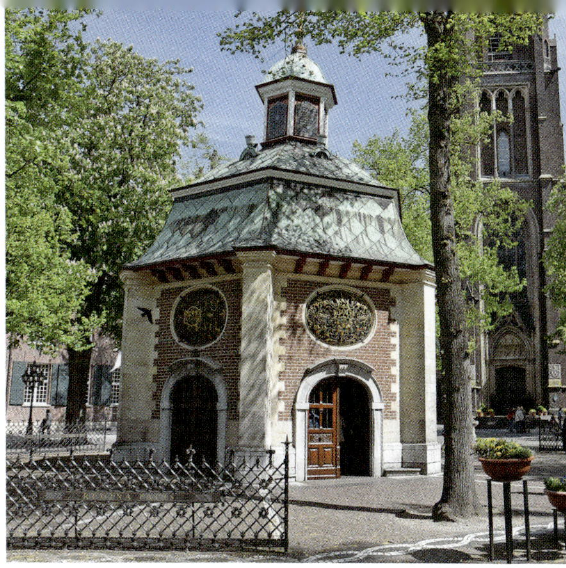

↑ Gleich neben dem Solegarten gibt es noch einen Barfußpfad. ↗ Kapelle in der Innenstadt von Kevelaer

VITALTOUREN Da stehen wir nun in Kevelaer und haben die Qual der Wahl an Wandermöglichkeiten, was eigentlich etwas negativ klingt. Schöner formuliert ist es so, dass wir eine gute Auswahl an Touren haben, die hier von der Stadt ins Leben gerufen wurden. Gleich vier sogenannte Vital-Wanderwege werden uns angeboten. Sie sind durchnummeriert und farblich markiert. Da wäre zum Beispiel die blaue Route, die als leichte Einsteigerrunde mit etwas mehr als zweieinhalb Kilometern für jedermann geeignet ist. Wer flott geht und nahe dem Einstieg der Runde seinen Arbeitsplatz hat, kann das sogar in der Mittagspause schaffen. Vitaltour Nummer 2 ist da schon etwas herausfordernder. Für diese rote Runde sollte man eineinhalb Stunden einplanen. Sie wird als mittelschwer klassifiziert und verläuft über fast sechseinhalb Kilometer vor den Toren der Stadt. Der lilafarbene Vitalweg Nummer 3 zählt bereits gute neuneinhalb Kilometer, doch wir entscheiden uns für den Wanderweg Nummer 4. Da legen wir noch einmal rund eineinhalb Kilometer drauf und sollten am Ende bei elf Kilometern Wegstrecke landen. Wenn schon, dann auch das volle Programm. Immerhin wollen wir ja vital bleiben. Und sind wir ehrlich, hier rund um Kevelaer inmitten der niederrheinischen Landschaft sind Steigungen Mangelware. Der offizielle Flyer der Vitalwanderwege gibt die längste Strecke sogar mit sagenhaften acht Höhenmetern an. Da gibt es schwierigere Höhenprofile!

GLEICH VIER WEGE Weil es ein Vitalwanderweg ist, wird sogar angegeben, wie viele Kalorien man bei einem Körpergewicht von 75 Kilogramm verbrauchen würde. Sehr interessante Information. 538 Kalorien sollten nach der Tour verbraucht sein. Aber das Schöne an den vier Vitaltouren ist, dass sie alle nicht nur denselben Ausgangspunkt haben, sondern in die gleiche Richtung starten. Das bedeutet, wer so wie wir der längsten Route folgt, der verabschiedet sich nach und nach von den drei anderen Wegen. Oder anders gesagt: Man hat unterwegs dreimal die Möglichkeit, spontan doch eine der kürzeren Strecken zu wählen, um zum Ausgangspunkt zurückzukehren.

SOLEGARTEN ST. JAKOB Der Ausgangspunkt ist außerdem gleichzeitig ein Highlight aller vier Vitaltouren. Er befindet sich nämlich am Gradierwerk, das sich in einer Grünanlage am Rande der Stadt erhebt. Am

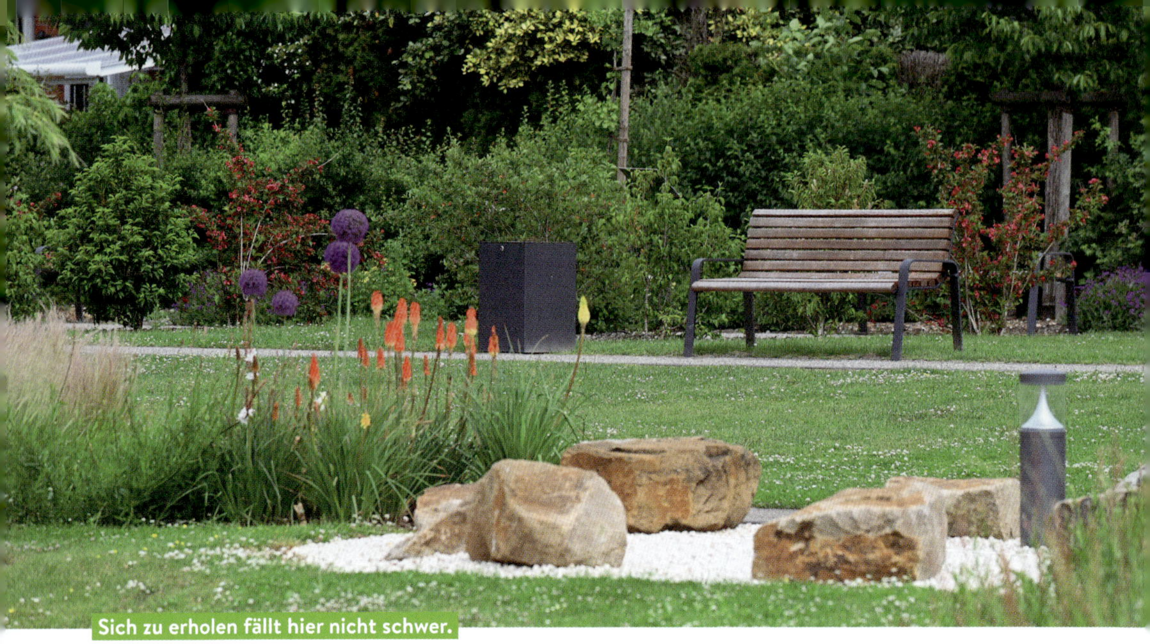
Sich zu erholen fällt hier nicht schwer.

sogenannten Solegarten St. Jakob wollen wir sowohl vor der Wanderung als auch im Anschluss erst einmal eine kleine Pause einlegen und tief durchatmen. Auf Sitzbänken und sogar Holzliegen haben wir die Möglichkeit, etwas für unsere Vitalität zu tun und müssen dabei nur unseren Brustkorb bewegen. Doch das Gradierwerk ist nicht nur etwas für die Lunge, sondern auch für die Augen. Es ist architektonisch ein kleines Juwel und es werden sogar Führungen angeboten. Und der Solegarten besteht zudem nicht nur aus dem Gradierwerk, sondern auch aus Kneippanlagen und einem Atemweg, auf dem wir an verschiedenen Stationen unterschiedliche körperliche Übungen durchführen können.

UNTERWEGS BEI KEVELAER Apropos Körper. Unsere werden jetzt nach dem tollen Eindruck des Solegartens das Gradierwerk verlassen und sich endlich auf den Weg machen, den längsten Vitalwanderweg zu erkunden. Durch die Grünanlage folgen wir der Beschilderung aller vier Vitalwege und wandern zunächst an der Straße und am Ortsrand entlang. Schon am nahe gelegenen Hülsparkstadion lassen wir den kürzesten Vitalweg hinter uns. Er zweigt nach links und dreht eine kurze Runde durch die dortigen Felder. Wir bleiben geradeaus, überqueren die breite Wember Straße und lassen das Wohngebiet hinter uns. Hinter einigen Gewächshäusern wird es dann deutlich ruhiger und wir sind zwischen Feldern und einem kleinen Wald unterwegs. Nach zwei

Tipp

IRRLAND

In den 1990er-Jahren hatten die heutigen Betreiber des Freizeitparks Irrland die Idee, mit ihrem Bauernhof mehr anzubieten als ein Maislabyrinth. Dieses wurde anfangs noch ganz bescheiden mit einem Streichelzoo und Ponyreiten ergänzt. Die Zielrichtung war also damals schon klar: Freizeitvergnügen für Kinder. Heute können diese sich auf einer Fläche von 300 000 Quadratmetern austoben, wobei auf rasante Fahrgeschäfte natürlich verzichtet wird.

deutlichen Linkskurven erheben sich zu unserer Linken zwei Windräder. Zwischen den beiden Windrädern zweigt ein Weg ab und damit auch Vitalwanderweg Nummer 2. Er führt übrigens durch das Wäldchen zu den Gewächshäusern zurück, von wo aus es auf selber Strecke wieder zum Solegarten geht.

RÜCKKEHR ZUM GRADIERWERK Wir hingegen wandern weiter geradeaus, überqueren eine Landstraße und halten uns nach einem weiteren Wäldchen links. Kurz darauf teilen sich die beiden letzten verbliebenen Vitalwege auf. Nummer 3 verschwindet nach links, während wir nach rechts gehen und erst an der nächsten Möglichkeit links abbiegen. Auf dem Ottersgraben wandern wir nun stets geradeaus, lassen zahlreiche Felder hinter uns und wenden uns nach einiger Zeit nach links in Richtung Kevelaer.
Das letzte Stück der Wanderung müssen wir kurze Zeit auf dem Rad- und Fußweg neben einer Landstraße spazieren. In einer Grünanlage am Ortsrand treffen wir dann wieder auf die Vitalwege 1 und 3 und gehen mit ihnen gemeinsam bis zu unserem Ausgangspunkt am Solegarten zurück, wo wir uns gerne wieder hinsetzen und nach der Tour entspannt durchatmen.

INFO

TOURENCHARAKTER

Einfache Wanderung auf befestigten Wegen mit der Option, abkürzen zu können

AUSGANGS-/ENDPUNKT

Parkplatz Hülsparkstadion, Hüls 13, 47623 Kevelaer (GPS: 51.578587, 6.233759)

ANFAHRT

Mit dem Pkw auf der B9 bis Kevelaer; mit dem Bus zur Haltestelle Kevelaer Solegarten St. Jakob

TOURISTENINFORMATION

kevelaer-marketing.de

EINKEHR

Venga Kevelaer, Hüls 19, 47623 Kevelaer, venga-gastronomie.de

Keine schlechte Idee: sich die Füße massieren lassen

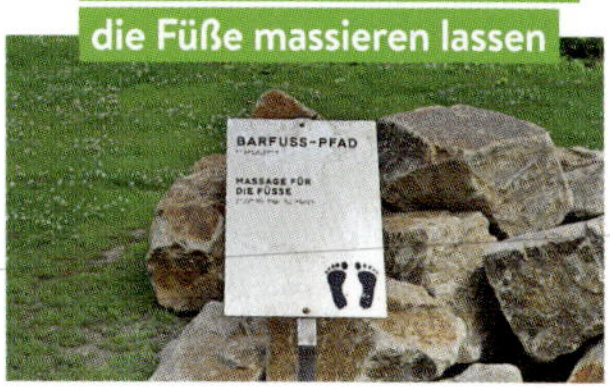

leicht | 03:30 Std. | 10,5 km | 34/34 Hm

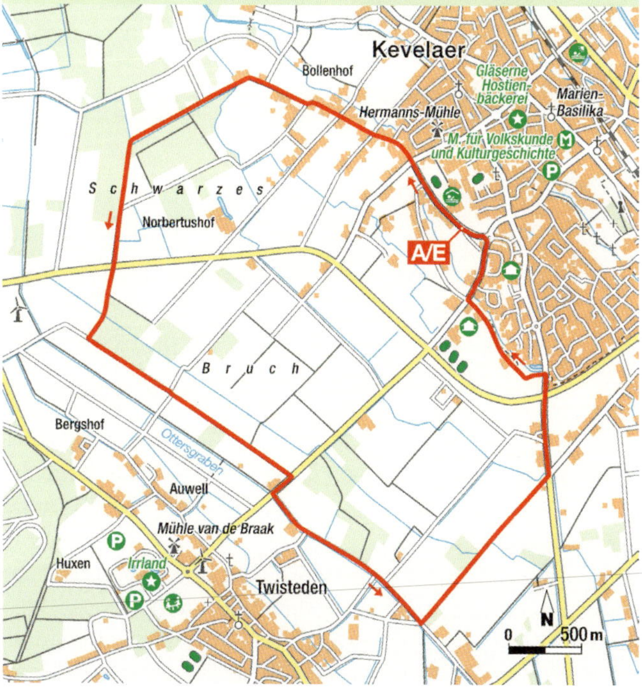

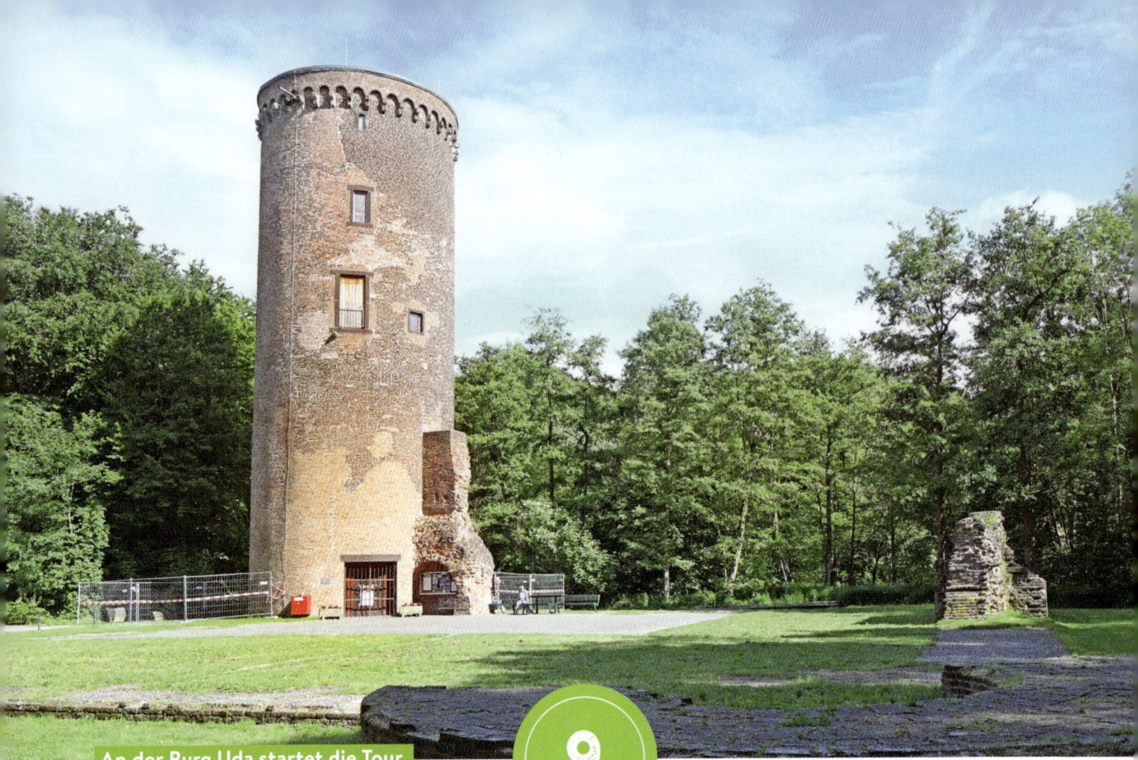

An der Burg Uda startet die Tour.

9

Gemütlicher Spaziergang mit Einkehr

Von der Burg Uda zum Auffelder Bauerncafé

Eine kleine Burg, kaum mehr als die Grundmauern mit einem Turm, ist der Ausgangspunkt für eine schöne Wanderung mit Einkehrmöglichkeit, und auch den Fluss Niers schauen wir uns näher an. Diesem werden wir eine Zeit lang folgen.

MITTEN IN OEDT Rund um die kleine Ortschaft Oedt südlich von Grefrath lässt es sich hervorragend wandern. Der Ausgangspunkt hierfür ist die Burg Uda, die sich in einem kleinen Wäldchen am Ortsrand befindet. Für uns ideal gelegen, weil gleich nebenan ein Wohnmobilstellplatz die Möglichkeit bietet, dort zu übernachten. Für alle, die nicht mit dem Reisemobil, sondern mit dem Pkw anreisen, gibt es aber auch Parkplätze in näherer Umgebung. Ein bisschen problematisch ist bei Oedt jedoch, dass unsere ausgewählten Wandertouren eigentlich viel zu kurz sind. Gerne möchten wir beispielsweise zum Auffelder Bauerncafé gehen. Dieses befindet sich zwar außerhalb von

Oedt, doch die Wegstrecke beträgt gerade einmal eineinhalb Kilometer. Da lohnt es sich ja kaum, die Wanderschuhe anzuziehen. Doch es gibt noch eine weitere Möglichkeit, ab der Burg Uda loszuziehen. Am Ortsrand entlang spaziert man auf der sogenannten Niersauen-Runde. Klingt gut und der Weg ist sogar durch das Deutsche Wanderinstitut zertifiziert. Zuletzt im Jahr 2022, und da die Zertifizierung drei Jahre lang Gültigkeit besitzt, findet die nächste Überprüfung 2025 statt. Ein kleines Aber gibt es dennoch, denn die Niersauen-Runde ist kein klassischer Wanderweg, sondern wird als Premium-Spazierwanderweg bezeichnet. Wandern im klassischen Sinne ist eben nicht ganz so einfach rund um Oedt. Aber zwei interessant klingende Spazierwege, die beide an der Burg Uda beginnen – da müsste sich doch mit einer Kombination etwas machen lassen. Wir probieren es einfach.

AN DER BURG UDA Doch zuvor werfen wir einen Blick auf die Burg Uda. Riesig ist sie nicht. Zugegeben: Sie ist ohnehin nur eine Ruine, doch selbst diese macht nicht den Eindruck, eine große, beeindruckende Burganlage gewesen zu sein. Entstanden ist sie um 1300 durch den Grafen von Hülchrath, genauer gesagt von Dietrich Luf III. von Kleve. Erstmals schriftlich erwähnt wurde die Burg im Jahre 1313 als Lehen des Kölner Erzbischofs. Mit der Errichtung der Burg entstand drumherum die kleine Ortschaft Oedt. Man möchte es in dieser heute friedvollen Umgebung gar nicht glauben, aber im

Überall viel Grün, wohin man auch blickt

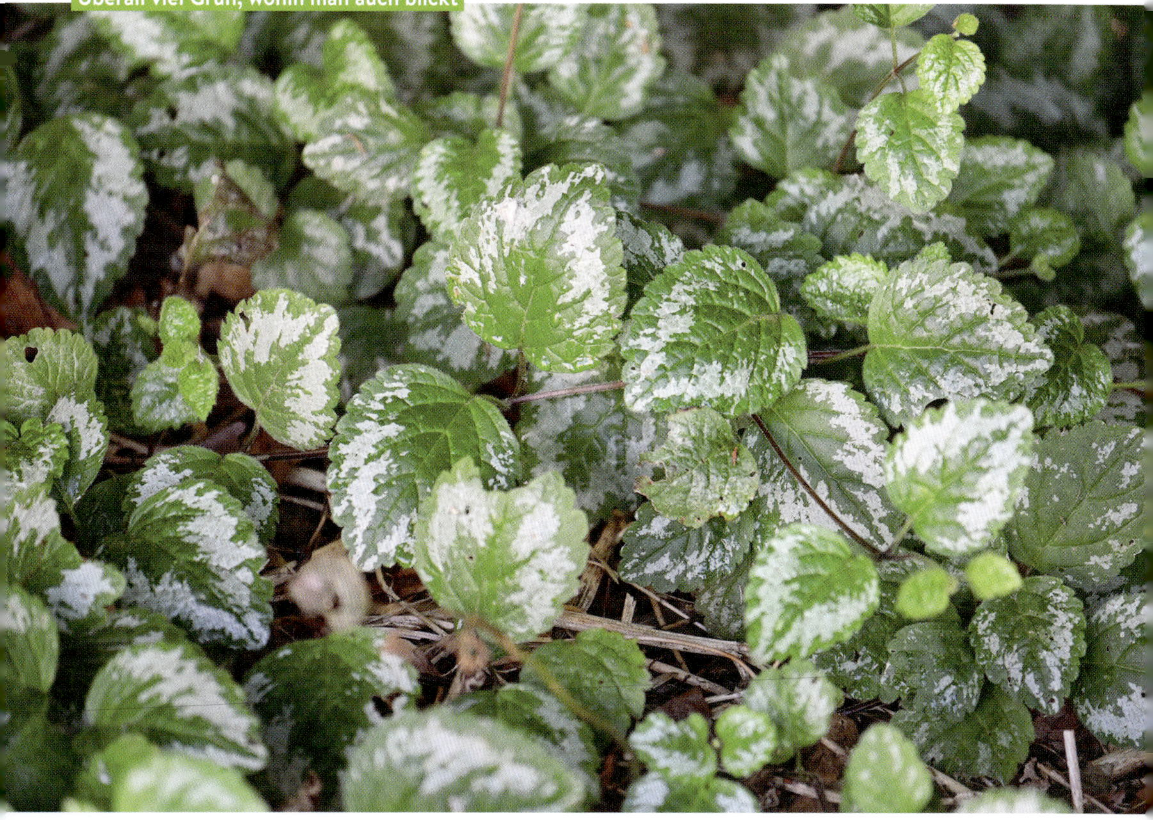

Höhe auf den Rundturm. Dieser wird heute vom Heimatverein Oedt betreut und beherbergt in seinen fünf Etagen eine kleine Ausstellung, die an Sonntagen besichtigt werden kann. Über eine enge Wendeltreppe gelangt man von der Präsentation der Geschichte der Burg Uda zur Geschichte von Oedt, während die beiden oberen Etagen dem Niersverband vorbehalten sind. Zur Niers kommen wir nachher auch noch. Nach insgesamt 123 Stufen stehen wir oben auf dem Dach und können den Rundumblick von der Aussichtsplattform genießen.

AUF ZUM BAUERNCAFÉ Nach dem Abstieg geht es aber dann endlich auf Tour. Dem kleinen Weg, der direkt am Turm in Richtung Süden durch den Wald führt, folgen wir bis zu einer T-Kreuzung, an der wir uns nach links wenden. Ein schmaler, zweispuriger Traktorweg nimmt uns mit nach rechts und wir sehen, dass wir am Ortsrand bleiben. Rechts blicken wir über die Felder und links sehen wir einige Gärten der Wohnhäuser. Geradeaus wandern wir bis zur Niederstraße, an der wir nach links in das Wohnviertel hineingehen. Jetzt noch einmal rechts und schon gehen wir geradewegs

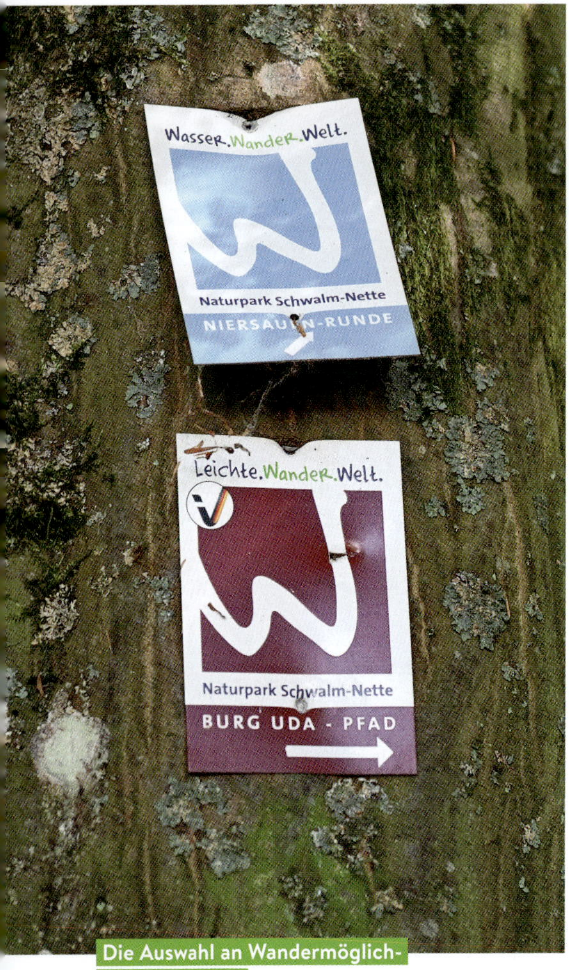

Die Auswahl an Wandermöglichkeiten ist groß.

15. und 16. Jahrhundert gab es einige Kämpfe rund um die Burganlage und so wurde sie immer wieder von wechselnden Besitzern beherrscht. Bei einer Schlacht im Dreißigjährigen Krieg gab es die letzten Kämpfe, in denen die Burg noch eine Rolle spielte. Sie wurde dabei von hessischen Truppen zerstört, und im Laufe der Jahrhunderte wurden die Überreste abgebrochen. Geblieben ist nur der Rundturm. Erst Mitte des letzten Jahrhunderts konnte man die Fundamente freilegen. Und so stehen wir heute vor den Resten des Mauerwerks und blicken in die

Tipp

BAGGERSEE TÖNISVORST

Eine weitere Wandermöglichkeit ab der Burg Uda führt in östliche Richtung aus dem Ort hinaus. Nach rund eineinhalb Kilometern erreicht man einen Baggersee, den man auch großräumig bei einer ausgiebigen Tour umrunden kann. Wer es ruhiger mag, steuert lieber die drei Panoramabänke am Westufer des Sees an und genießt dort einfach die Ruhe und den Ausblick auf das Gewässer.

auf das Auffelder Bauerncafé zu. Es ist jetzt nicht so, dass wir uns nach dieser kurzen Tour schon eine Pause verdient hätten. Aber die Speisekarte mit ihren leckeren Torten und der gemütliche Biergarten sprechen eine deutliche Sprache. Wir halten kurz inne.

EINKAUF AUF DEM GEMÜSEHOF Nach dem leckeren Mahl folgen wir dem Weg weiter und biegen an der ersten Möglichkeit rechts ab, wo uns auf der linken Seite sofort ein Gemüsehof zum Einkauf einlädt. Kartoffeln und zur richtigen Jahreszeit auch Spargel kann man hier in den Wanderrucksack packen. Eigentlich sind wir noch satt, aber der nächste Appetit kommt bestimmt. Und sehr weit tragen müssen wir unseren Einkauf ja heute nicht. Wenig später überqueren wir einen Zweigkanal und folgen ihm anschließend nach rechts zwischen den Feldern hindurch. Eine Allee, übrigens eine ehemalige Eisenbahnstrecke, verläuft quer und wir biegen an ihr nach links ab, um gleich im Anschluss die Niers zu überqueren. Hier sind wir nun schon auf dem Premium-Spazierwanderweg Niersauen-Runde.

AM NIERSUFER ENTLANG Der Niers folgen wir nach rechts beziehungsweise nach Norden und überqueren sie nach einem schnurgeraden Weg am Ufer entlang, um auf der anderen Flussseite wieder in Richtung Süden, also in die entgegengesetzte Richtung, zu spazieren. Dabei durchstreifen wir die Auen der Niers und erblicken in einiger Entfernung einen seltsamen Aussichtsturm. Dieser ist jedoch lediglich ein Kunstprojekt und kann nicht bestiegen werden. Es sind kurz darauf nur noch wenige Gehminuten, bis wir wieder in das kleine Wäldchen eintauchen und an der Burgruine Uda ankommen. Das ging irgendwie schnell, war aber sehr schön und vor allen Dingen mit leckeren Einlagen.

INFO

TOURENCHARAKTER

Leichte Wanderung durch den Wald und am Ufer der Niers

AUSGANGS-/ENDPUNKT

Parkplatz Oedt, Mühlengasse 6, 47929 Grefrath (GPS: 51.323039, 6.376634)

ANFAHRT

Mit dem Pkw auf der B9 bis Grefrath und Oedt; mit dem Bus zur Haltestelle Grefrath Oedt Kirche

TOURISTENINFORMATION

niederrhein-tourismus.de, npsn.de

EINKEHR

Auffelder Bauerncafé, Auffeld 26, 47929 Grefrath, auffelder-bauerncafe.de

leicht	01:30 Std.	4,5 km	15/15 Hm

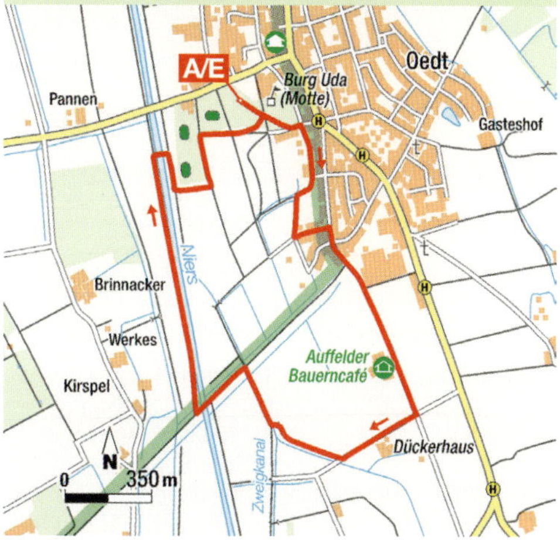

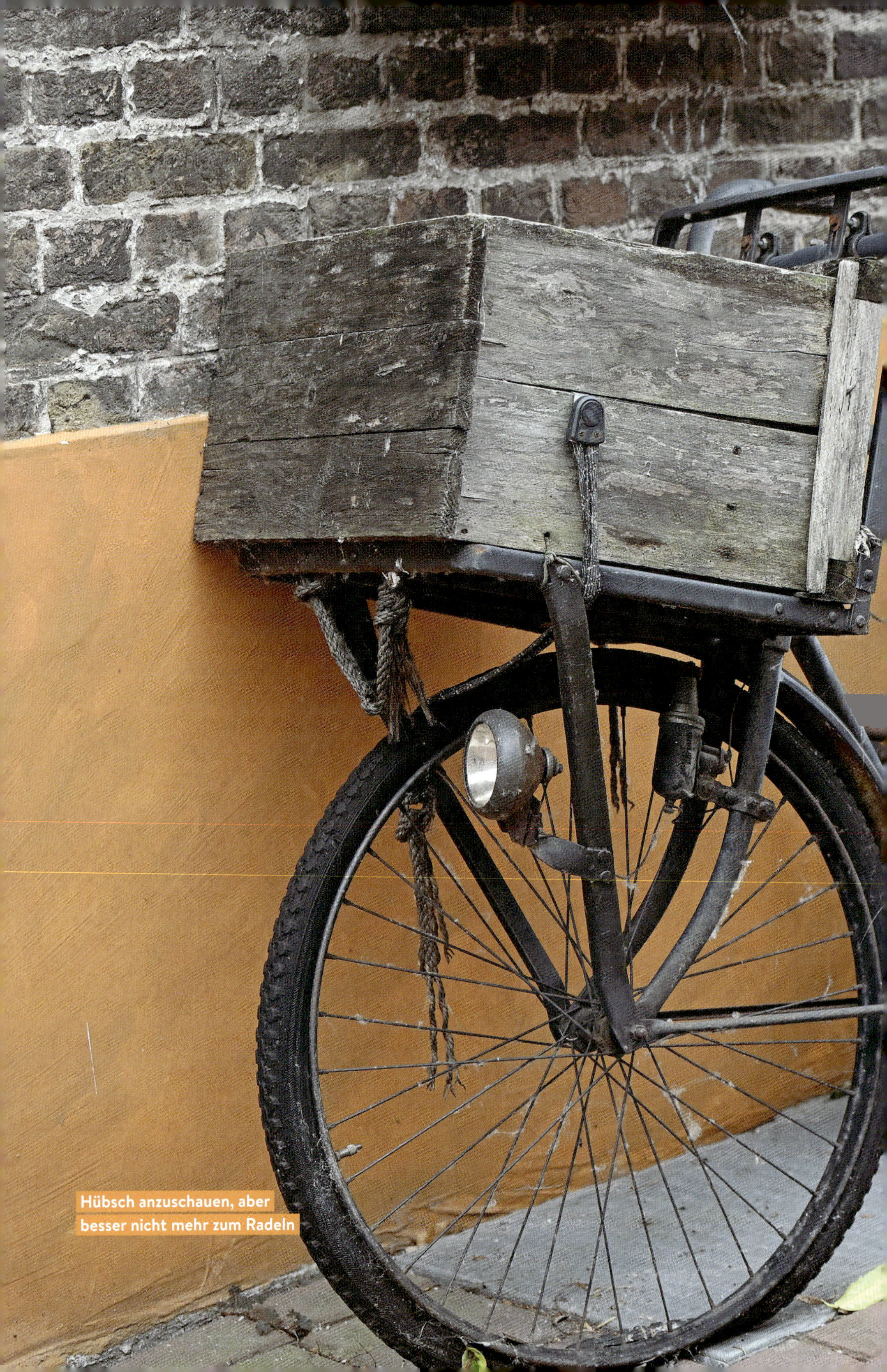

Hübsch anzuschauen, aber besser nicht mehr zum Radeln

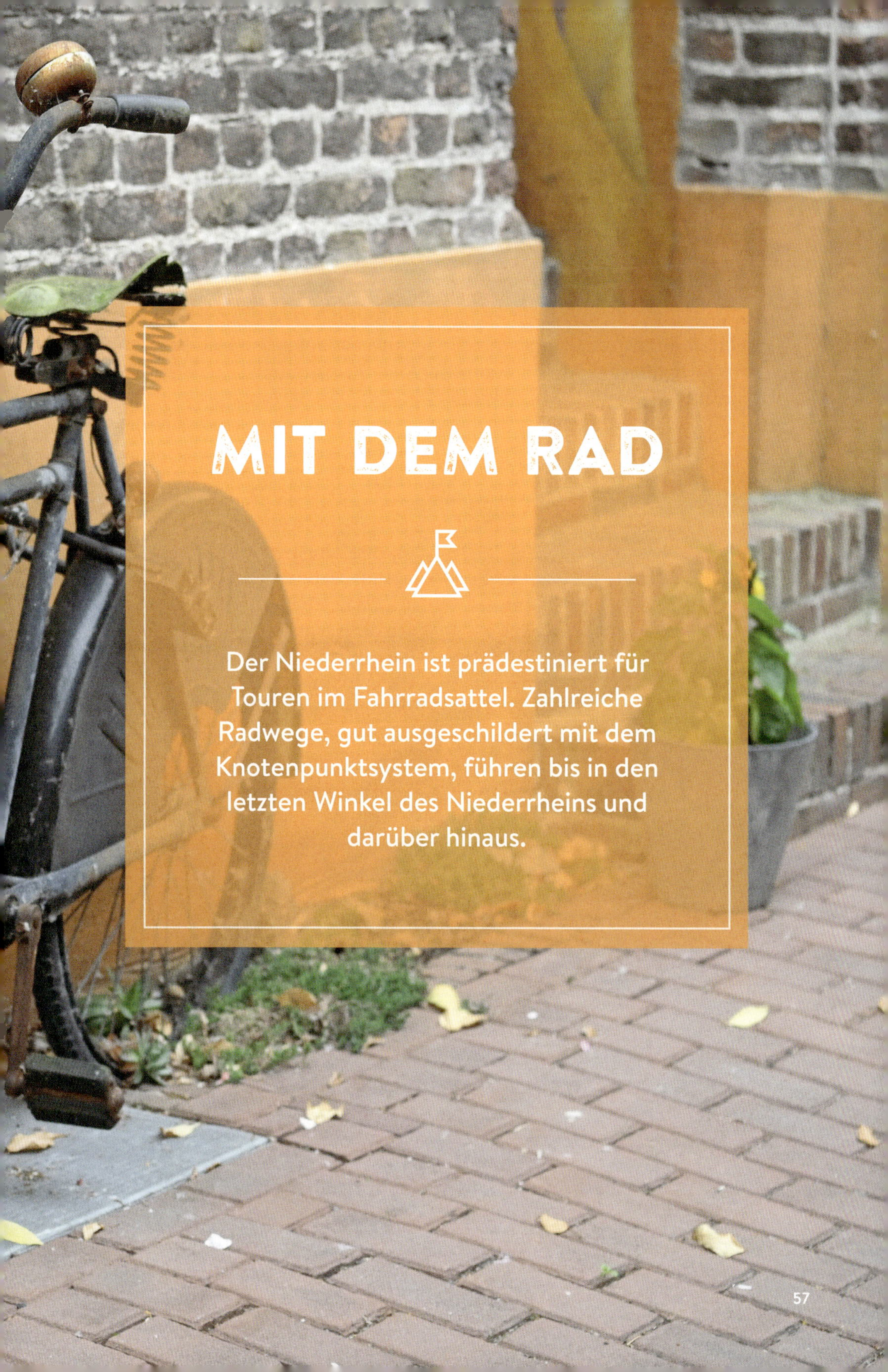

MIT DEM RAD

Der Niederrhein ist prädestiniert für Touren im Fahrradsattel. Zahlreiche Radwege, gut ausgeschildert mit dem Knotenpunktsystem, führen bis in den letzten Winkel des Niederrheins und darüber hinaus.

Radeln mit Aussichten am Dürsberg

Niederrheinische Fotostrecke

Wir gehen mit dem Rad auf Fototour. Sicherlich wird es unterwegs jede Menge zu fotografieren geben, die Strecke ist auf jeden Fall lang genug dafür. Sehenswürdigkeiten, hoffentlich Tiere, aber auch uns selber. Denn die Niederrheinische Fotostrecke führt an vier verschiedenen Bilderrahmen entlang, vor denen man sich in bester Instagram-Manier für ein Selfie postieren kann, um gleichzeitig die Landschaft hinter dem Rahmen fotografisch einzufangen.

FOTOSTRECKE AM NIEDERRHEIN Die Niederrheinische Fotostrecke wurde erst im Jahr 2022 angelegt und zählt damit zu den jüngeren Radtouren am Niederrhein. Sie besteht aus einer Hauptroute von 70 Kilometern Länge, die durch die vier Kommunen Alpen, Rheinberg, Sonsbeck und Xanten verläuft. Darüber hinaus gibt es sechs deutlich kürzere Nebenrouten, die als Schleifen von der Hauptroute abweichen und sich im Detail mit den jeweiligen Orten befassen. Diese sind zwischen 17 und 33 Kilometer

10

Auf breiten Wegen geht es durch den Wald

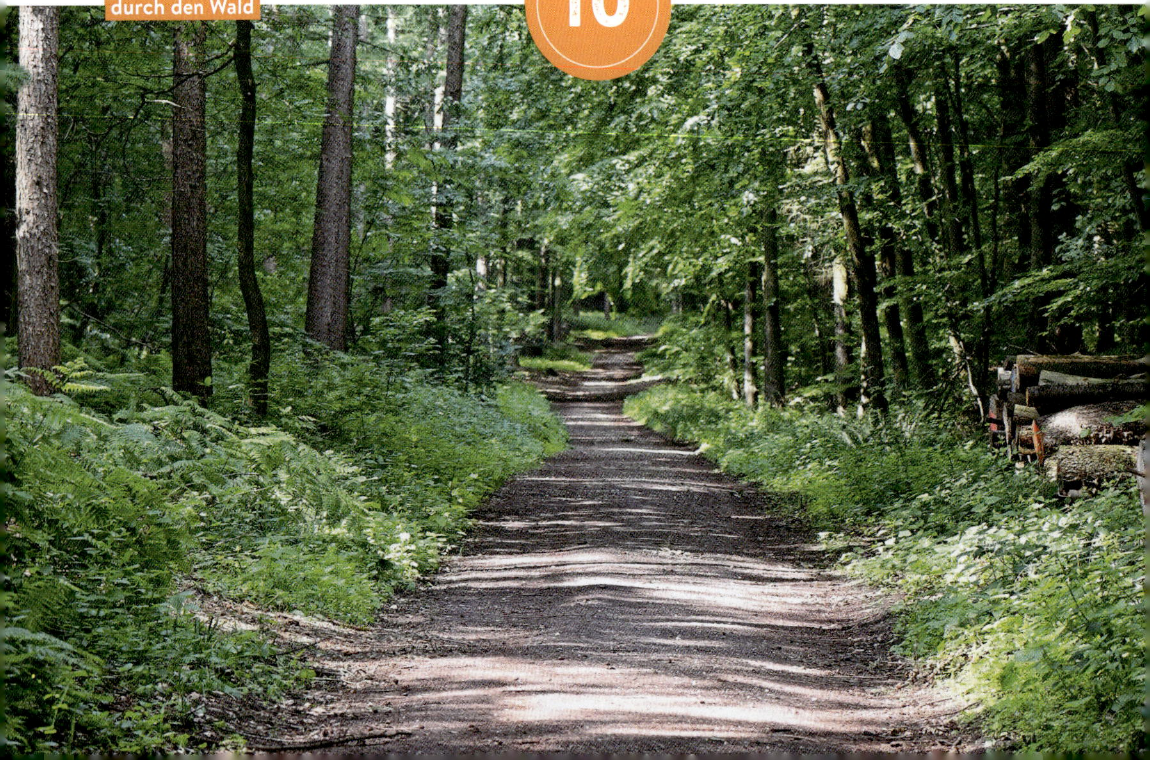

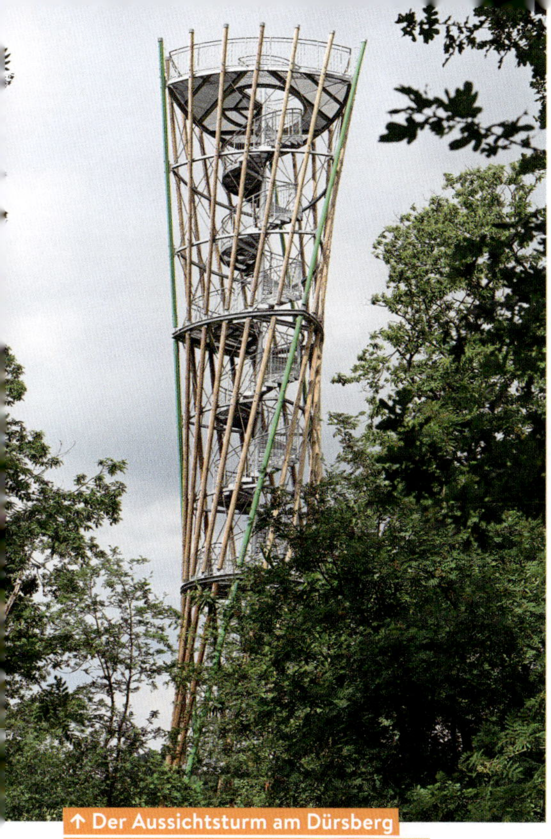

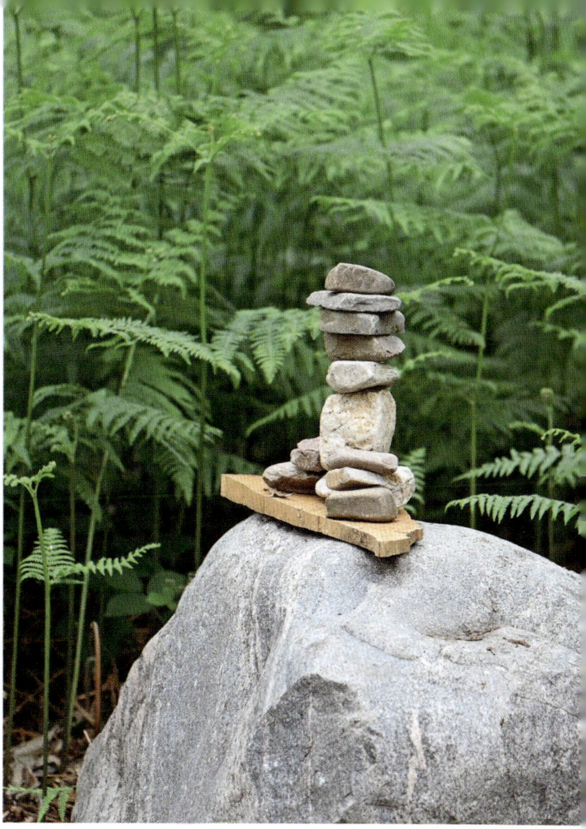

↑ Der Aussichtsturm am Dürsberg
↗ Kleine Steinmännchen am Wegrand

lang. Da es unser Plan für heute ist, den Aussichtsturm Dürsberg nördlich von Sonsbeck zu erreichen, bietet sich die 33 Kilometer lange Rundstrecke zwischen Sonsbeck und Xanten an. Sie verläuft allerdings auf weiten Teilen auf der gleichen Strecke wie die Hauptroute. Na dann lassen wir uns davon nicht abhalten, eine größere Tagestour unter die Reifen zu nehmen. Pausenmöglichkeiten gibt es genug. Im Rahmen der Erstellung der Niederrheinischen Fotostrecke wurden drei Schutzhütten sowie sieben Rast- beziehungsweise Picknickplätze neu angelegt.

UNTERWEGS MIT KNOTENPUNKT Da die Niederrheinische Fotostrecke nach dem am Niederrhein weit verbreiteten Knotenpunktsystem funktioniert, wurde auf eine zusätzliche Ausschilderung weitgehend verzichtet. Vorteil der Strecken ist dadurch, dass man sie auch miteinander kombinieren kann. So können wir unsere Radtour auf der Hauptroute durch Abzweige auf die Nebenrouten ausschweifen lassen oder auch Abkürzungen vornehmen beziehungsweise uns spontan für eine ganz andere Fotoroute entscheiden.

Wir starten mit dem Rad in Sonsbeck, dem westlichsten der vier genannten Orte, und wollen gegen den Uhrzeigersinn in Richtung Rhein und diesem dann flussabwärts nach Xanten folgen. So haben wir den Aussichtsturm, unser Wunschziel für heute, als krönenden Abschluss einer anstrengenden Radtour. Auf dem Rodekampsweg sind es nur wenige Tritte in die Pedale, bis wir die Ortschaft verlassen und uns auf dem schmalen Landwirtschaftsweg zwischen weiten Feldern befinden. Dabei steuern wir ein Windrad an, an dem wir uns nach rechts wenden. Hier sehen wir den ersten von vielen Knotenpunkten, die wir noch besuchen werden. Zwei Rastplätze beziehungsweise Sitzbänke

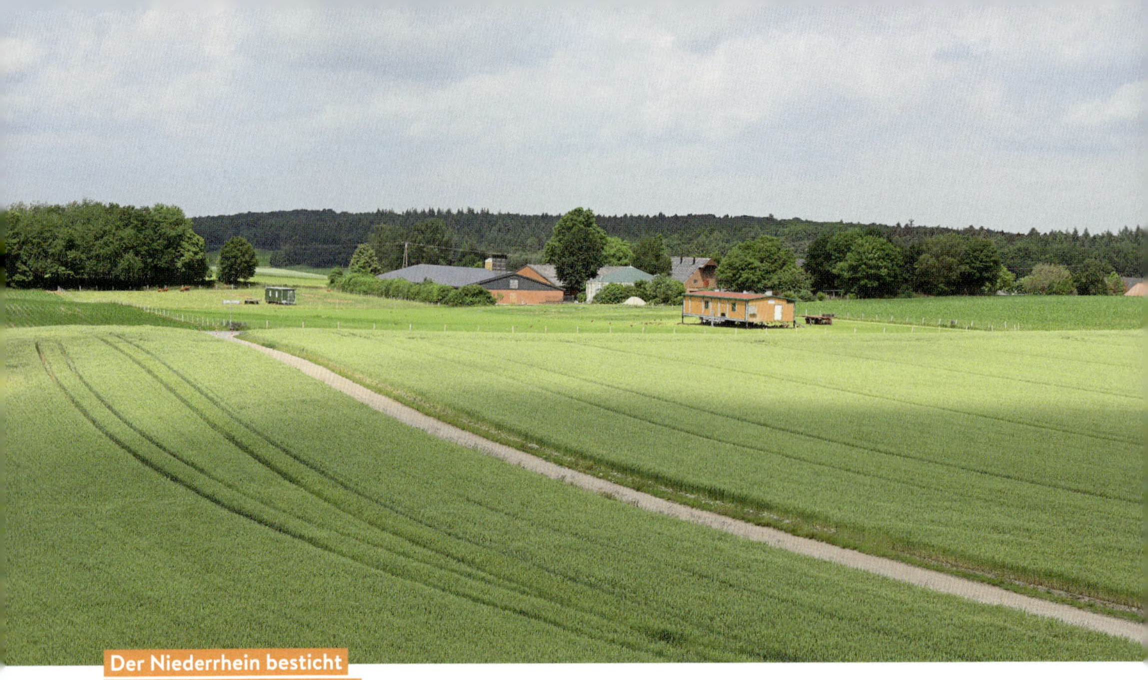

Der Niederrhein besticht durch weite Landschaften.

haben wir auf diesem kurzen Stück bereits auch schon passiert. Für uns zu früh. Wir sind ja gerade erst losgefahren. Aber da die Niederrheinische Fotostrecke von jedem Ort aus gestartet werden kann und man dann ab Xanten oder Rheinberg schon viel mehr Kilometer auf der Uhr hat, ist man froh um jede Pausenmöglichkeit.

OSSENBERGER MÜHLE Knapp sieben Kilometer haben wir zurückgelegt, da entdecken wir den ersten Bilderrahmen und zücken unsere Kamera beziehungsweise das Smartphone. Die Weite der niederrheinischen Agrarlandschaft halten wir auf dem Speicherchip fest und bemerken, dass wir zugleich am Knotenpunkt 96 stehen. Ungefähr noch mal so weit fahren wir bis zum nächsten Knotenpunkt. Er trägt die Nummer 93, befindet sich bereits in Alpen, und auf dem Weg dorthin locken zwei weitere Rastplätze zu einer Pause. Anders als der Name des Städtchens vermuten lässt, geht es hier weiterhin flach durch die Landschaft, und nach einem kurzen Besuch verlassen wir Alpen über den Knotenpunkt 92 in Richtung Millingen. Dabei durchqueren wir die Streuobstwiese am Alpener Ortsrand, streifen Millingen nur kurz und gelangen in den Ortsteil Ossenberg, wo sich links unseres Weges die Ossenberger Mühle erhebt – ebenfalls ein schönes Fotomotiv. Im Inneren gibt es aber kein Café wie an vielen anderen Mühlen,

Tipp

TRAKTORENMUSEUM

In einer Region wie dem Niederrhein ist man stets von Landwirtschaft umgeben. Warum also nicht ein Traktorenmuseum besichtigen? Es befindet sich westlich von Sonsbeck auf dem Pauenhof, der bereits im 12. Jahrhundert erwähnt wurde. Die Traktorensammlung entstand ab den 1970er-Jahren und wuchs seither auf über 120 Fahrzeuge und Landmaschinen, die in verschiedenen Hallen auf Besucher warten. Als Highlight kann man gegen Zusatzgebühr auch mal einen historischen Traktor selbst steuern.

sondern ein Geschäft für Tiernahrung. Aber auch ohne Hund sollte man einen Blick auf das Mühlengebäude werfen.

AM RHEIN ENTLANG In Rheinberg könnten wir unsere Tour mit den beiden Nebenstrecken 3 und 5 um 17 bzw. 21 Kilometer erweitern und an Knotenpunkt 7 einen weiteren Bilderrahmen besuchen, der einen Ausblick auf den Rhein ermöglicht. Wir wollen es aber nicht übertreiben und radeln ab Ossenberg über die Knotenpunkte 98, 91, 90, 61, 60, 59 und 37 bis Xanten ganz gemütlich am Flussufer entlang. An Knotenpunkt 59 treffen wir dabei sogar noch auf die 23 Kilometer lange Nebenstrecke 2. In der Innenstadt von Xanten haben wir schon den größten Teil unserer Radtour vollbracht. Eine gute Gelegenheit, in einem der vielen gastronomischen Betriebe einzukehren. Wir könnten natürlich auch die Nebenstrecke 5 noch ins Auge fassen und auf 21 Kilometern rund um die Xantener Nord- und Südsee radeln. Doch wir lassen es und bleiben unserer Hauptroute treu, die ab hier mit der letzten Nebenroute identisch ist. Außerdem folgen zwischen Xanten und dem Knotenpunkt 51 in Uedemerbruch die letzten beiden Bilderrahmen. Noch einmal richtig anstrengend wird es danach, denn dann kommt endlich die sogenannte Sonsbecker Schweiz, in der wir hin und wieder auch mal kräftiger in die Pedale treten müssen. Kurz vor Sonsbeck stoppen wir ein letztes Mal, denn auf der linken Seite erhebt sich endlich unser eigentliches Ziel – der Aussichtsturm, der nicht nur architektonisch interessant ist, sondern natürlich einen tollen Blick über die leicht hügelige Landschaft ermöglicht. Danach lassen wir das Rad fast von alleine nach Sonsbeck rollen und erreichen wieder unseren Ausgangsort.

INFO

TOURENCHARAKTER
Umfangreiche und schwierige Radtour am linken Rheinufer

AUSGANGS-/ENDPUNKT
Neutorplatz, Balberger Str. 2, 47665 Sonsbeck
(GPS: 51.611447, 6.375345)

ANFAHRT
Mit dem Pkw auf der A57 bis zur Ausfahrt Sonsbeck

TOURISTENINFORMATION
niederrhein-tourismus.de, sonsbeck.de

EINKEHR
Vielfältige Auswahl an Gastronomie in Rheinberg, Xanten und Sonsbeck

schwer	05:30 Std.	61 km	314/314 Hm

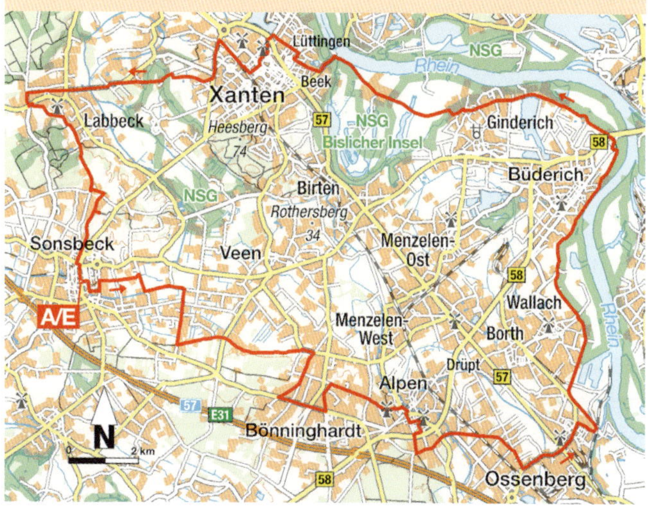

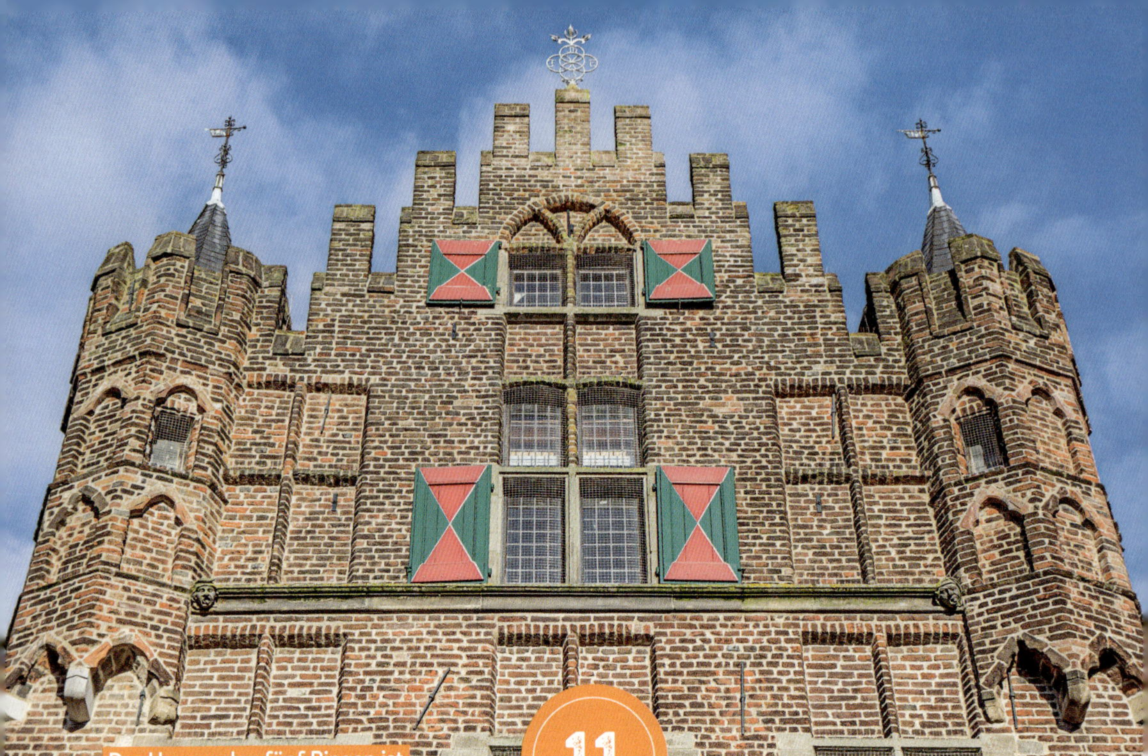

Das Haus zu den fünf Ringen ist eines der schönsten Bürgerhäuser der Region.

11

Auf den Spuren der Geschichte

Klever Reichswald

Nach interessanten Einblicken in das schöne Zentrum von Goch fahren wir mit dem Rad zum Naturschutzgebiet Niersaltarme und durchqueren anschließend den Klever Reichswald. Hier treffen wir auf tragische Geschichten und auf den Britischen Ehrenfriedhof.

HAUS ZU DEN FÜNF RINGEN Auf dem Klosterplatz von Goch wenden wir uns gleich zu Beginn unserer Radtour der ersten Sehenswürdigkeit zu, die sich stolz am Westrand des Platzes erhebt. Wir werfen einen Blick auf und in die St.-Maria-Magdalena-Kirche aus dem 14. Jahrhundert. An der Kirche schieben wir unser Rad rechts vorbei und gelangen nur wenige Augenblicke später zum Marktplatz, an dem sich zu unserer Linken mit der evangelischen Kirche ein weiteres Gotteshaus erhebt. Die Kirche wirkt fast unscheinbar und ist Teil einer Häuserreihe, die die Nordseite des Platzes begrenzt und bis zum Haus zu den fünf Ringen reicht, das auch als Patrizierhaus bezeichnet wird.

NIERS Wir überqueren schon bald den Fluss Niers, doch zuvor passieren wir noch das Steintor (ebenfalls aus dem 14. Jahrhundert). Es erinnert mit seinem Doppelturm ein klein wenig an das deutlich berühmtere Holstentor von Lübeck und wurde ebenso als Stadttor errichtet. Es ist das letzte von einstmals vier Toren des mittelalterlichen Gochs. Auf der rechten Seite sehen wir einen Uferabschnitt, der als Nierser Welle bezeichnet wird, terrassenförmig einen kleinen Ponton umschließt und ein beliebter Treffpunkt ist. Nachdem wir kurz auf der Pontonbrücke die Niers begrüßt haben, überqueren wir die Bahnhofstraße und folgen der Straße Susbrücke zur gleichnamigen Susmühle.

SUSMÜHLE Die Susmühle wurde im frühen 18. Jahrhundert erbaut und fällt heute besonders durch sein knallrotes metallenes Mühlenrad auf. Das Gebäude dient heute als Wohnhaus. Direkt an der Susmühle sehen wir, wie sich die Niers teilt. Zwei Arme der Niers umfließen fortan für fast 600 Meter die sogenannte Gocher Bucht. Zahlreiche Attraktionen in der Gocher Bucht, in erster Linie der Stadtpark, machen diese inselartige Grünanlage zu einem beliebten Ausflugsziel.

BOXTELER BAHN Hinter einem Kreisel erscheint auf der rechten Seite eine Brücke, über die wir die Niers erneut überqueren, und fortan sind wir auf dem Uferweg der Niers unterwegs. Die grüne Landschaft rechts und links des Flusses wird immer weiter, bevor wir über eine ehemalige Eisenbahnbrücke der Boxteler Bahn den Fluss erneut überqueren. Die Boxteler Bahn war eine Verbindung zwischen Boxtel in den Niederlanden und Xanten beziehungsweise Wesel, die in den 1870er-Jahren aufgenommen wurde. Eine durchgehende Verbindung gab es durch die Zerstörungen im Zweiten Weltkrieg nicht mehr und letztendlich wurde der Betrieb auf den Reststücken in Deutschland in den 1960er-Jahren eingestellt. Heute können wir die einstige Eisenbahnbrücke nutzen und gleich dahinter nach rechts abbiegen. Damit bleiben wir am Niersufer, dem wir durch eine weite Linkskurve folgen. Auf dem schmalen Pfad umrunden wir eine Baumgruppe und fahren gemütlich an zahlreichen Kopfweiden vorbei, die unseren Weg säumen.

NATUR PUR Wir passieren einen Teil des Naturschutzgebietes Niersaltarme und Mühlenteiche, das sich mit mehreren kleinen Abschnitten entlang der Niers erstreckt. Einen weiteren Bereich dieses Naturschutzgebietes erreichen wir, wenn wir geradeaus weiterradeln und an einer Linkskurve für kurze Zeit der Niers unser hinteres Schutzblech zeigen, also den Rücken zukehren. Auf der rechten Seite haben wir einen Baggersee, der zwischen Baumreihen und Teilen des Naturschutzgebietes eingebettet liegt. Wir wenden uns an der ersten Möglichkeit nach rechts, bleiben am Ufer des Sees und erreichen nach kurzer Zeit das ehemalige Kloster Graefenthal, das bereits im 13. Jahrhundert gegründet wurde und bis zur Säkularisation dem Orden der Zisterzienserinnen diente.

Viel Leid herrschte einst im Reichswald.

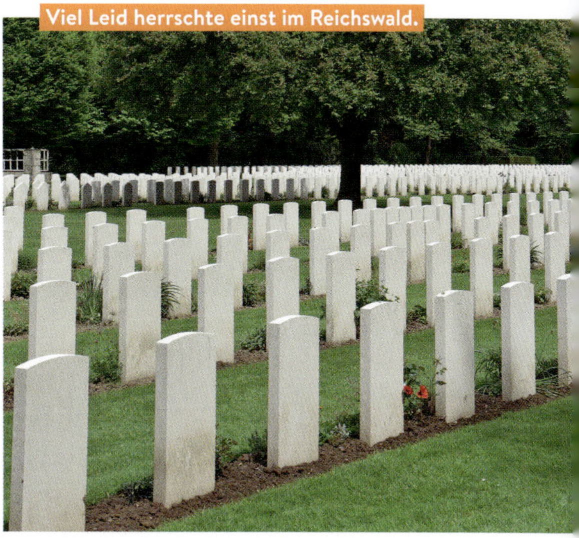

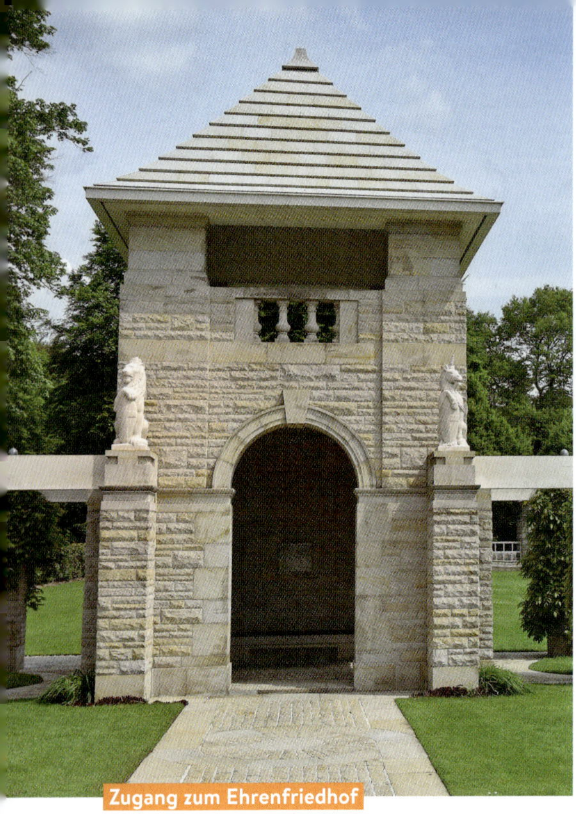

Zugang zum Ehrenfriedhof

KLEVER REICHSWALD Einige Zeit später verlassen wir die Niers für längere Zeit, und vor uns erstreckt sich der südliche Bereich des Klever Reichswaldes, den wir nun durchqueren wollen. Der Reichswald bei Kleve gilt als das größte zusammenhängende Waldgebiet am Niederrhein. Geprägt wird das Bild des Waldes von Rotbuchen, aber stellenweise findet man auch Eichen. Ein Großteil des Staatsforstes steht unter Naturschutz; dabei handelt es sich um mehrere kleine Landschaftsschutzgebiete. Der Wald ist Heimstatt für eine Vielzahl an Vogelarten, so kann man mit etwas Glück zum Beispiel den Pirol oder den Schwarzspecht beobachten.

DAS NÄCHSTE NATURSCHUTZGEBIET

Die meisten Wege im Klever Reichswald sind rechtwinklig angelegt, daher ist das Rollenlassen des Fahrrads nicht schwer und kann stellenweise sogar monoton werden. Um das zu verhindern, fahren wir auf dem breiten Waldweg geradeaus bis zum Kartenspielerweg, überqueren die Kreuzung und halten uns an der darauffolgenden Möglichkeit links. Nach fast 400 Metern biegen wir wiederum nach rechts ab und fahren auf dem folgenden Querweg halb links weiter. In diesem leichten Zickzack gelangen wir zum Naturschutzgebiet Geldenberg und wenig später zum Britischen Ehrenfriedhof. Der Britische Ehrenfriedhof im Reichswald ist die größte Kriegsgräberstätte des britischen Königreichs innerhalb Deutschlands und umfasst etwa 7600 Gräber. Zwei Türme im maurischen Stil dominieren den Eingangsbereich der Anlage, in der zahlreiche gefal-

Tipp

ST.-MARIA-MAGDALENA-KIRCHE UND HAUS ZU DEN FÜNF RINGEN

Glücklicherweise war es nachts um halb drei, als im Mai 1993 völlig überraschend der Turm der St.-Maria-Magdalena-Kirche mit einem lauten Getöse einstürzte. Zu diesem Zeitpunkt war er ein halbes Jahrtausend alt. Teile der noch bestehenden Kirche sind sogar noch älter und stammen aus dem frühen 14. Jahrhundert. Der Neubau des eingestürzten Kirchturms konnte zehn Jahre später, im Jahr 2003, gefeiert werden. Mitte des 16. Jahrhunderts wurde das Patrizierhaus am Gocher Marktplatz erbaut. Es wird auch als Haus zu den fünf Ringen bezeichnet. Die ineinander verwobenen fünf Ringe hängen über dem Torbogen und sind auch auf dem höchsten Giebel der schmucken Fassade zu sehen. Ansonsten fällt das sehenswerte Gebäude auch durch seine rot-grünen Fensterläden auf. Erbaut wurde es als adliges Wohnhaus und gilt als eines der schönsten Bürgerhäuser am Niederrhein.

lene Soldaten der sogenannten Schlacht im Reichswald ihre letzte Ruhestätte gefunden haben. Die Schlacht dauerte rund zwei Wochen und kostete im Februar 1945 fast 60 000 Menschen das Leben.

BIRTISCHER EHRENFRIEDHOF Hinter der Kriegsgräberstätte wenden wir uns nach rechts und fahren wieder in den Wald hinein, wo wir den südlichen Bereich des Reichswaldes durchqueren. Kaum wahrnehmbar rollen wir nun durch das Areal des ehemaligen Burgus Asperden, zu dem es schon im 18. Jahrhundert einige archäologische Grabungen und Münzfunde gab. An mehreren Höfen vorbei fahren wir bis zur Alten Klever Straße und gelangen bald wieder ans Ufer der Niers. Wir biegen links ab und erreichen erneut die Brücke, auf der wir zur Gocher Bucht und damit zum Stadtpark gelangen. Nach Durchquerung des Stadtparks auf dem bereits bekannten Weg wenden wir uns nach rechts auf die Brückenstraße, überqueren ein letztes Mal die Niers und rollen rechts durch den Kirchhof zurück zum Klosterplatz.

INFO

TOURENCHARAKTER
Mittelschwere Radtour durch den Wald

AUSGANGS-/ENDPUNKT
Klosterplatz, 47574 Goch
(GPS: 51.677200, 6.154105)

ANFAHRT
Auf der A57 bis zur Ausfahrt Goch

TOURISTENINFORMATION
niederrhein-tourismus.de

EINKEHR
Auswahl an Restaurants im Zentrum von Goch

mittel | 03:00 Std. | 26,5 km | 130/130 Hm

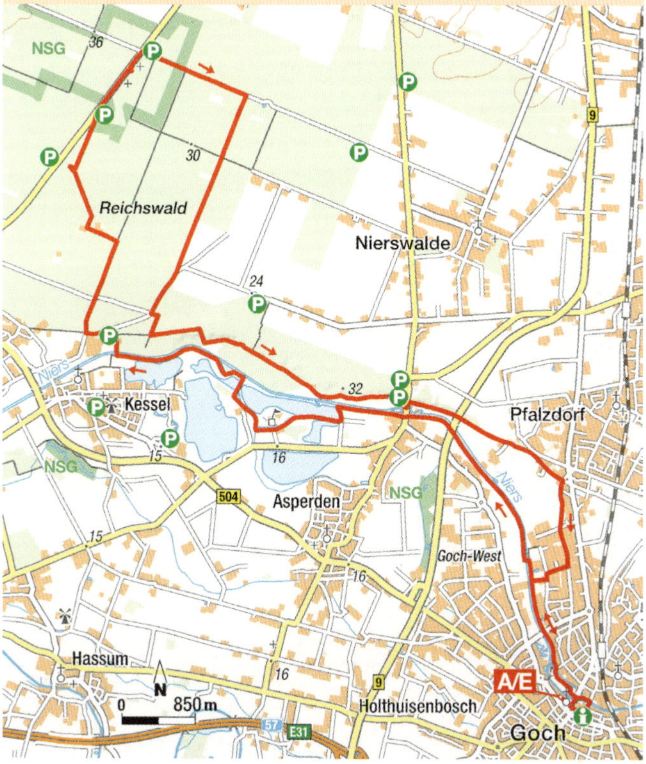

Britische Kriegsgräberstätte im Reichswald

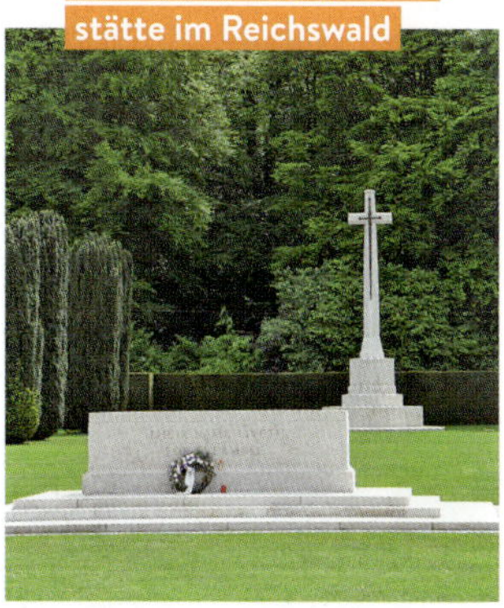

Unterwegs im Zonser Grind

Wo der Rhein über sein Ufer schwappt

Die Pappeln zittern sanft im Wind, das Wasser des Rheins plätschert gegen die Uferböschung und die Gänse schnattern auf den Wiesen. Ein malerisches Bild voller Idylle und Ruhe, und wir stecken gleich schon mittendrin auf unserer Tour an den Gestaden des Rheins. Auf schmalen Pfaden rollen wir durch ein Stück Natur, das sich jedes Jahr neu erschafft.

STÜRZELBERG Am Parkstreifen an der Oberstraße beginnen wir unsere Fahrt links an der Kirche vorbei, um die Ortschaft Stürzelberg zu verlassen. Mit Stürzelberg befinden wir uns zwischen Düsseldorf und Köln. Stürzelberg ist neben Zons ein beliebter Ausgangspunkt, um das Zonser Grind zu besuchen und zu erwandern.

AB IN DEN ZONSER GRIND Neben der Hochwasserschutzanlage fahren wir zunächst an der Oberstraße entlang und bleiben parallel zum Deich. Bei einem kurzen Gang auf die Krone bietet sich uns ein wunderbarer Ausblick auf das Naturschutzgebiet Zonser Grind. Die Rheinschlinge zwischen Stürzelberg und Zons umfasst das Naturschutzgebiet Zonser Grind. Durch die Rheinschlinge verringert sich die Fließgeschwindigkeit des Flusses deutlich, was dazu führt, dass sich an den Ufern flache Sand- beziehungsweise Kiesablagerungen gebildet haben. Nach der Schneeschmelze oder langen Regenperioden kann das Wasser nur langsam abfließen und der Zonser Grind ist daher oft überflutet. Zahlreiche Tier- und Pflanzenarten haben sich diesen periodischen Überflutungen angepasst und gehören zu den besonders schützenswerten Artengruppen. Die weite Fläche wird immer

Die Altstadt von Zons bietet attraktive Einkehrmöglichkeiten.

12

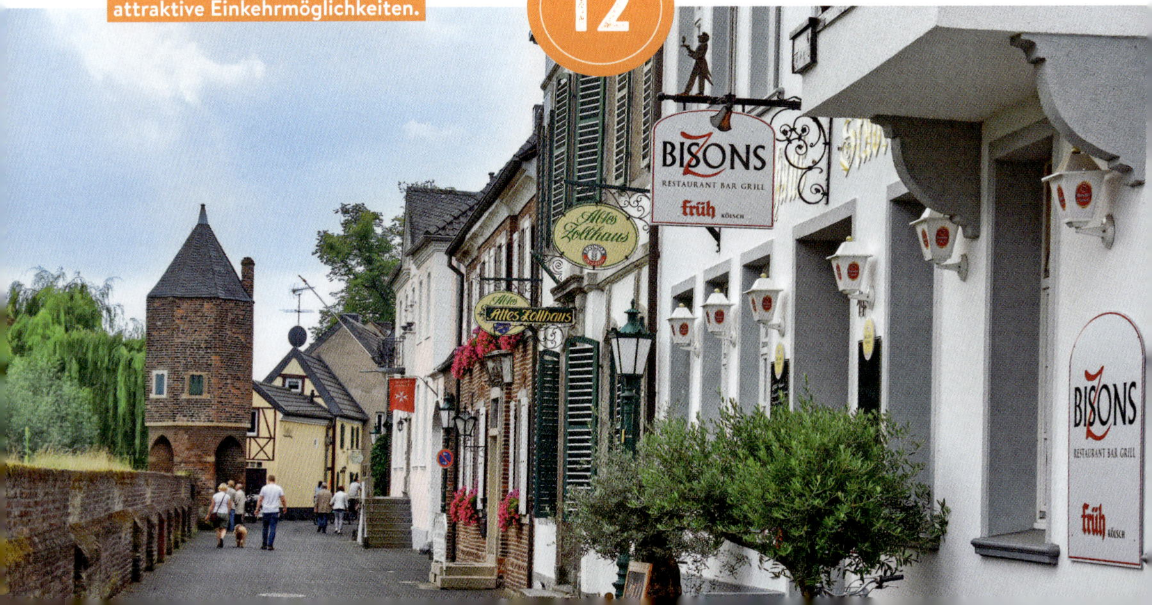

wieder von Kopfweiden und Pappelreihen unterbrochen, die für den Grind charakteristisch sind, ebenso der hier lebende Steinkauz. Wir bleiben noch ein gutes Stück auf dem schmalen Sträßchen neben dem Deich und lassen die Häuser von Stürzelberg hinter uns. Wenn wir das Ortseingangsschild von Zons erreichen, verlassen wir die Straße und rollen halb links hinab, an einer kleinen Kapelle vorbei.

HOCHWASSERGEBIET Vor dem Fähranleger schlagen wir den Lenker links ein, umrunden einen Biergarten und bleiben fortan auf dem Uferweg flussabwärts. Der unbefestigte Weg führt uns weiter nordwärts. Durch das ruhige Naturschutzgebiet fahren wir weiter gemütlich am Rheinufer entlang. Jetzt genießen wir die Ruhe des Naturschutzgebietes und begeben uns bis zu einer kleinen Kreuzung und zu einer Hochwasserschutzanlage, an der wir zum Treideldenkmal gelangen. Auf der Oberstraße geht es wieder in Richtung Stürzelberger Kirche, von wo aus es nur noch wenige Meter bis zum Ausgangspunkt sind.

INFO

TOURENCHARAKTER
Kurze Radtour auf unebenem Untergrund durch ein Naturschutzgebiet

AUSGANGS-/ENDPUNKT
Oberstraße, Stürzelberg, 41541 Dormagen (GPS: 51.141266, 6.817264)

ANFAHRT
Auf der B9 bis Dormagen-Stürzelberg

TOURISTENINFORMATION
dormagen.de

EINKEHR
Fährhaus Pitt Jupp, Grind 6, 41541 Dormagen, faehrhaus-pitt-jupp.de

Die Skulptur erinnert an das Treideln am Rhein.

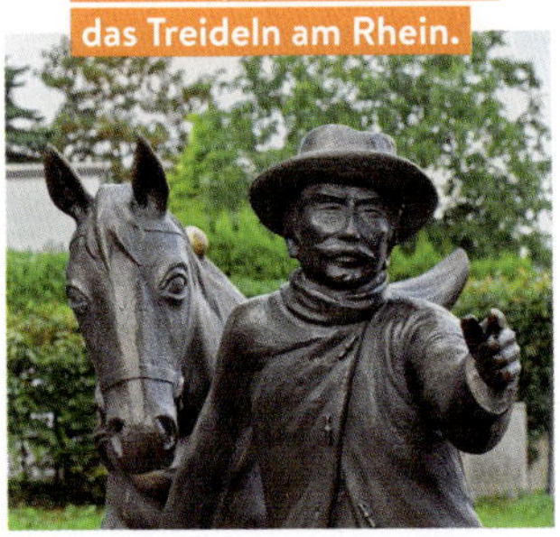

leicht | 01:00 Std. | 9,5 km | 42/42 Hm

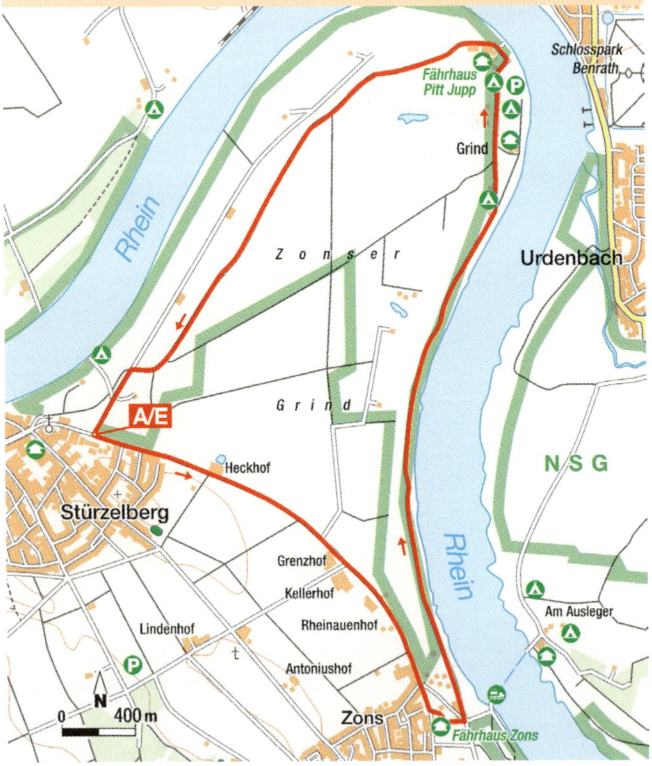

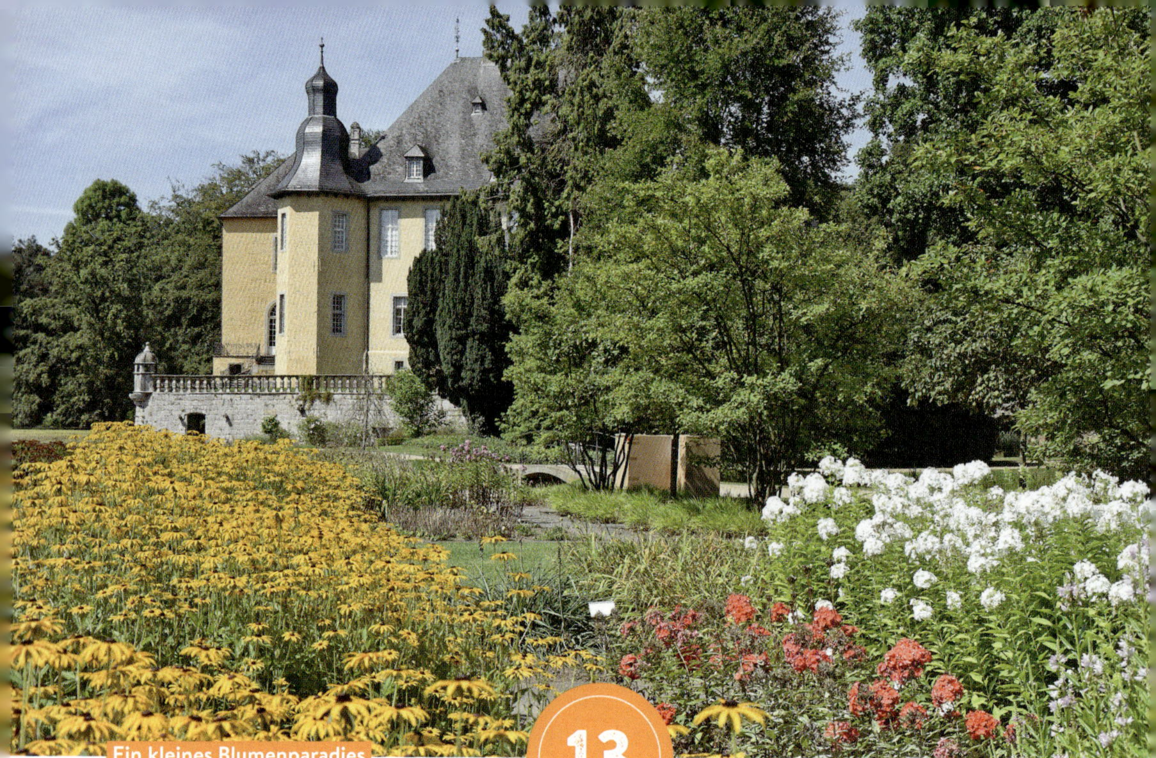

Ein kleines Blumenparadies erstreckt sich rund um Schloss Dyck.

13

Kultur und Natur auf einer Tour

Unterwegs am Schloss Dyck

Eine kurze, aber schöne Radtour, auf der wir auch in den Genuss von Kultur gelangen. Die einfache Fahrt durch die fast flache Landschaft führt nur einmal kurz auf einen kleinen Berg und bringt uns später noch zum Nikolauskloster.

OBSTVERKAUF Wir stellen unser Fahrzeug ab und beschließen, vor der Tour zunächst das Schloss zu besichtigen. Es sieht schon vor dem herrschaftlichen Gebäude interessant aus. An einem großen Obstverkauf zwischen Parkplatz und Schloss bleiben wir stehen und schauen uns als Erstes die wichtigen Vitamine für die Wanderung an. Beim Schauen bleibt es natürlich nicht. Wie gut, dass wir eine Packtasche am Rad haben, um für die Tour ein bisschen Obst einkaufen zu können. Den Rest für Zuhause wollen wir nach dem Ausflug kaufen. Wäre ja unpraktisch, es ins Auto zu legen, wo es in der Sommerhitze weich und gammelig wird. Nur ein paar Schritte schieben wir das Rad und schon stehen wir am Schloss Dyck.

SCHLOSS DYCK Stolz präsentiert sich Schloss Dyck mit einer Hochburg und zwei

Vorburgen, die sich im stillen Wasser des sie umgebenden Wassergrabens spiegeln. Ein Mann namens Hermannus de Dicco war vermutlich der erste Besitzer der Burg, die im ausgehenden 11. Jahrhundert zum ersten Mal erwähnt wurde. Das vierflügelige Schloss mit seinen Ecktürmen und einem beinahe quadratischen Innenhof besitzt darüber hinaus seit dem Ende des 18. Jahrhunderts noch einen Englischen Garten, der einen vorherigen Barockgarten ersetzte. Dieser war nicht nur Teil der Landesgartenschau 2002, sondern gehört auch zur Straße der Gartenkunst zwischen Rhein und Maas, die bei den Vorbereitungen zur Landesgartenschau als Touristikstraße geschaffen wurde und seither zahlreiche herrschaftliche Häuser und Parklandschaften miteinander verbindet. Schloss Dyck ist zudem bei vielen Menschen als Filmkulisse der Vorabendserie »Verbotene Liebe« bekannt, die Ende der 1990er-Jahre hier gedreht wurde.

Tipp

SKIHALLE NEUSS

Während man bei angenehmen 26 Grad durch die Landschaft bei Schloss Dyck wandert, wedeln in einem seltsam anmutenden Bauwerk einige Skifahrer die Piste hinab. Der Vorteil einer Skihalle liegt klar auf der Hand: Es kann Skisport betrieben werden, ohne in entsprechende Regionen fahren zu müssen. Damit das Ambiente in der Skihalle auch weitestgehend der Realität alpiner Landschaften entspricht, wird man in Sesselliften nach oben befördert, kann sich auch auf einem Rodelkurs versuchen und hat nach der Abfahrt natürlich die Möglichkeit, in einem der verschiedenen gastronomischen Einrichtungen Aprés-Ski zu betreiben.

ZWISCHEN DEN FELDERN Nach einem ausführlichen Besuch und Rundgang fahren wir zur Straße zurück und wenden uns nach links. Auf dem Rad- und Fußweg rollen wir ein kurzes Stück parallel zur Straße, bis wir den kleinen Ort Steinforth durchquert haben. Am letzten Hofgebäude biegen wir rechts ab, lassen die Straße hinter uns und halten uns am Kommerweg halb links, um zwischen den Feldern geradeaus zu fahren. Unser nächstes Zwischenziel auf dieser Tour

↓ Man möchte sich gleich zu Tisch begeben.

↘ Wasserspiele im Schlosspark

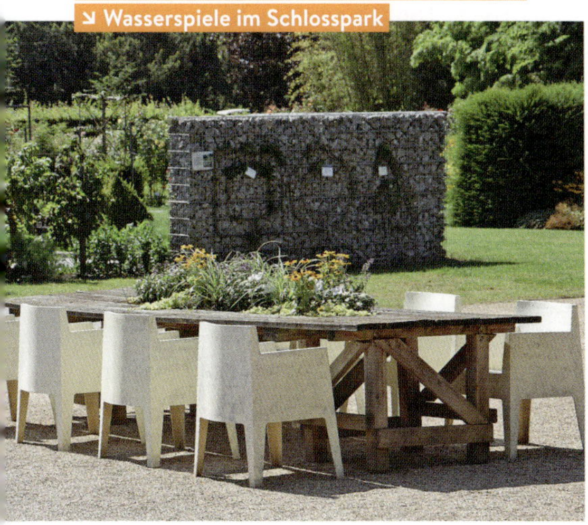

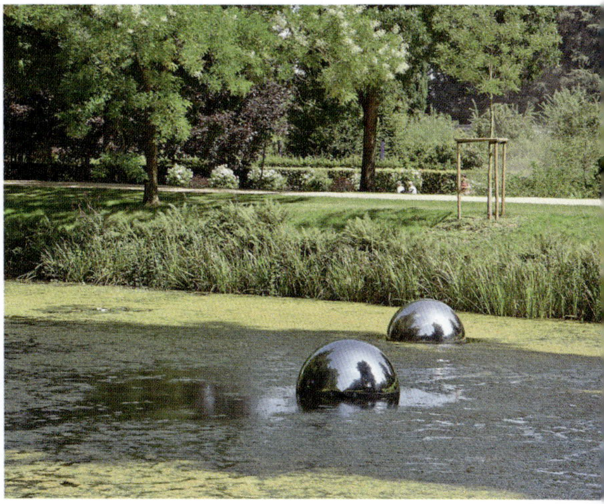

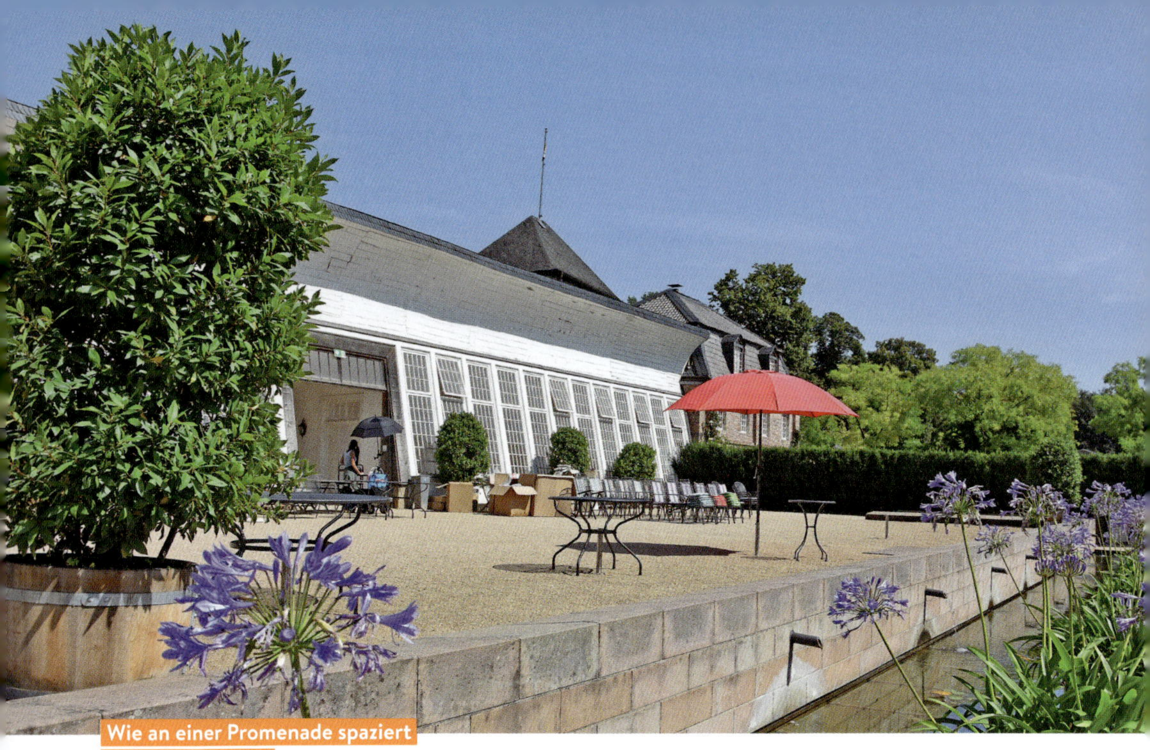

Wie an einer Promenade spaziert man hier entlang.

haben wir dabei direkt vor uns und schon fest im Blick.

LIEDBERG Das Naturschutzgebiet Quarzitkuppe Liedberg wurde 1991 unter Schutz gestellt. In der Begründung werden die seltenen Tierarten und die bis zu 200 Jahre alten Buchen und Eichen genannt. Die Quarzitkuppe ist mit ihren 20 Metern Höhe eine auffällige Landmarke in der ansonsten überwiegend flachen Umgebung. Früher wurde die Kuppe auch als Steinbruch genutzt, heute ist sie – abgesehen vom gleichnamigen Schloss Quarzit – beinahe vollständig unbebaut und komplett bewaldetet. Neben alten Buchen, Eichen und auch üblicherweise frei stehenden Linden können wir im Naturschutzgebiet auch Robinien finden. Bei der Wanderung durch das Gebiet ist das Klopfen eines Spechtes obligatorisch. Zahlreiche der alten Bäume besitzen Höhlen des Buntspechts und so manches Klopfen vernehmen auch wir.

FUSSFALLSTATIONEN Wir fahren durch den Wald vom Hügel hinab, streifen kurz die Wohnhäuser von Liedberg und biegen vor der Landstraße nach rechts ab. Über die Straße namens Schlich gelangen wir in den gleichnamigen Weiler und verlassen diesen hinter einer Gärtnerei nach rechts. Erneut geht es für uns ganz ohne Schatten zwischen den Feldern entlang und wir sehen einige Fußfallstationen. Diese Andachtsstationen, von denen es üblicherweise sieben an der Zahl gibt, lassen wir heute aber mal aus und bleiben auf dem Weg stets geradeaus. Hinter dem Hahnerhof überqueren wir erneut eine Straße und befinden uns gleich darauf am Nikolauskloster.

NIKOLAUSKLOSTER Schon im 12. Jahrhundert soll es an der Stelle des heutigen Klostergebäudes eine Kapelle gegeben haben. Erwähnt wurde sie zum ersten Mal im Jahr 1398 und nur kurze Zeit darauf vom Eremit Heinrich von der Blume in Beschlag genommen. Ihm schlossen sich weitere Personen an, aus denen die Gründung des

Klosters hervorging. Bis zur Säkularisation wurde das Klostergebäude stetig erweitert und erhielt schon früh seine heutige Gestalt. Nachdem es zwischenzeitlich als Vorratskammer und als Ackerbauschule genutzt wurde, konnte im Jahr 1860 wieder der erste Gottesdienst abgehalten werden. Im hinteren Teil des Gartens befindet sich etwas versteckt unter hohen Bäumen eine prächtig angelegte Mariengrotte, die wir auch noch besuchen.

RÜCKKEHR ZUM SCHLOSS Nach dem Klosterbesuch verläuft unsere Fahrt zum Abschluss unserer Tour ähnlich wie zu Beginn. Wir sind nämlich wieder auf dem Fuß- und Radweg neben der Straße unterwegs und erreichen nach wenigen Augenblicken den Ausgangspunkt. Bevor wir aber ins Auto steigen, halten wir noch einmal am Obsthändler an und decken uns mit vitaminreichen Produkten ein.

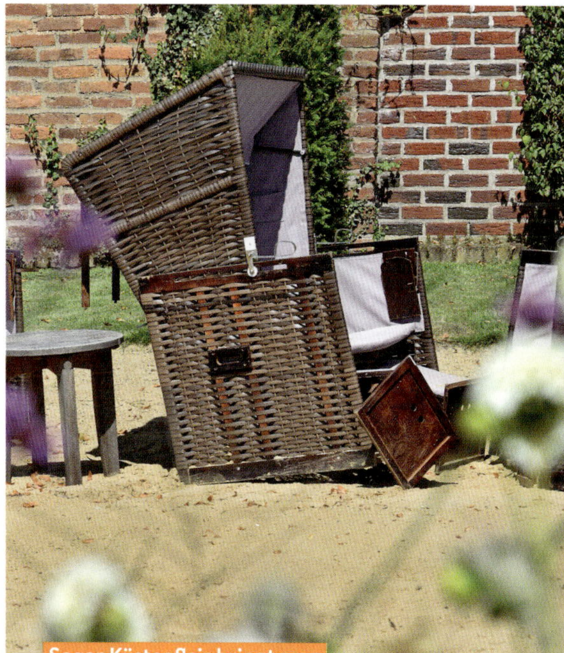

Sogar Küstenflair bringt man am Schloss mit ein.

INFO

TOURENCHARAKTER
Leichte Radtour zwischen Feldern

AUSGANGS-/ENDPUNKT
Parkplatz am Schloss Dyck, L32, 41363 Jüchen (GPS: 51.1439599, 6.56514028)

ANFAHRT
Mit dem Pkw über die A46 und die B230

TOURISTENINFORMATION
juechen.de

EINKEHR
Liedberger Landgasthaus, Landstraße 19, 41352 Korschenbroich, llgh.de

leicht	01:00 Std.	8,5 km	50/50 Hm

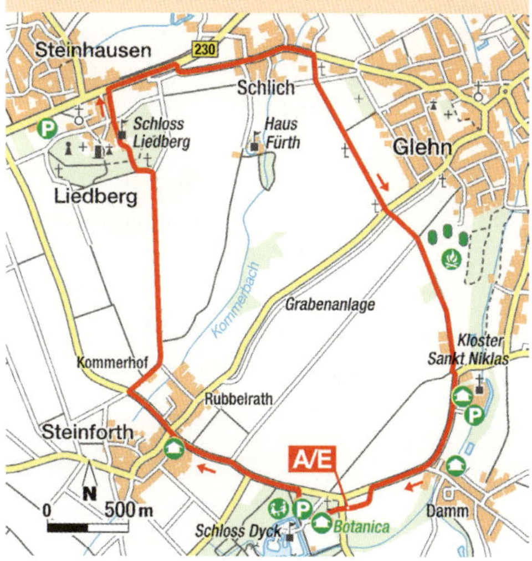

Von Schloss Moyland nach Louisendorf

Naturtour mit Genuss

Vom Fahrrad aus blicken wir zunächst auf den Wisseler See und wenig später auf die nie genutzten Kühltürme am Wunderland Kalkar. Schloss Moyland und das ungewöhnlich angelegte Örtchen Louisendorf runden diese Tour ab.

14

Zugang zum Schloss Moyland

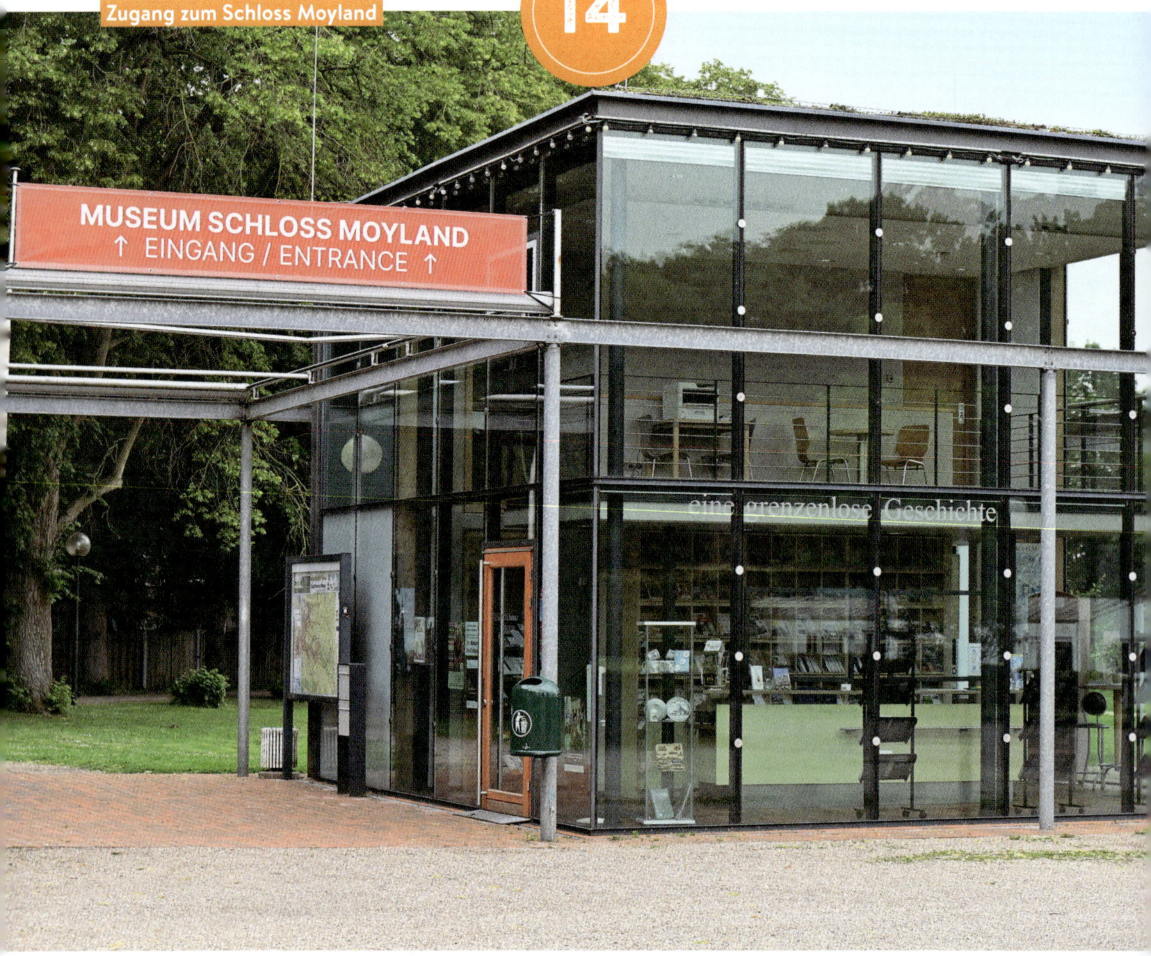

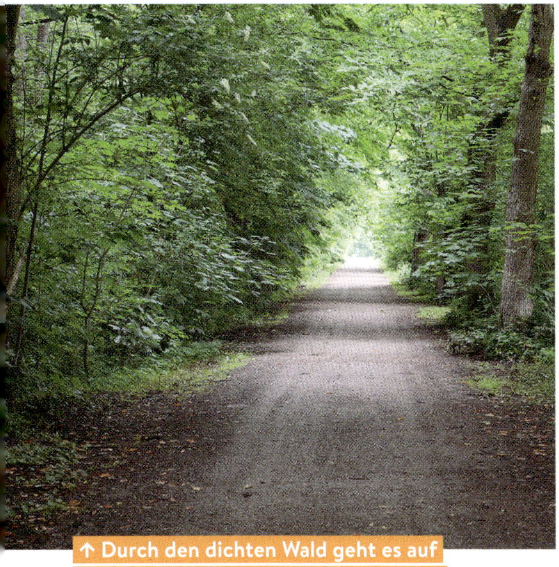

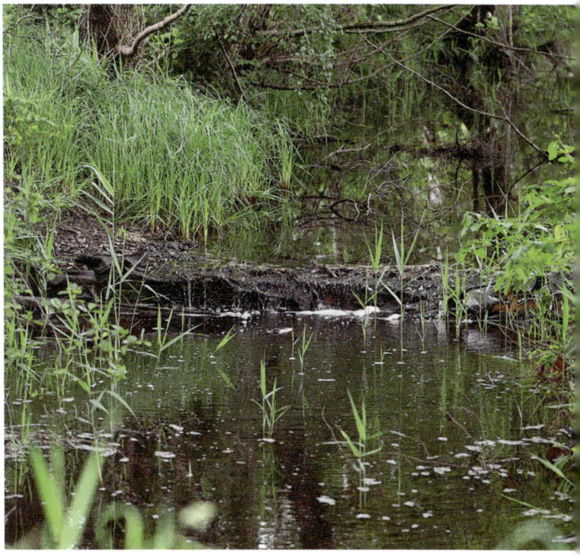

↑ Durch den dichten Wald geht es auf breiten Wegen ... ↗ ... und an manchen Gewässern vorbei.

KALKARER MÜHLE Auf dem Parkplatz begeben wir uns auf einem der beiden Wege zum Jakobuswall, der neben dem Leybach verläuft. Halb links erkennen wir schon gleich die erste Sehenswürdigkeit, die Kalkarer Mühle, die zugleich die größte Windmühle am Niederrhein ist. Den Besuch der Mühle heben wir uns für den Abschluss der Radtour auf und überqueren daher nicht den Fluss, sondern wenden uns am Jakobuswall nach rechts.

WASSER UNTERWEGS Über einen leichten Linksbogen fahren wir am Ortsrand von Kalkar entlang und gelangen zu einer T-Kreuzung. Linker Hand haben wir eine kleine Brücke, die sich über den Flusslauf spannt, während vor uns in wenigen Metern Entfernung der Leybach auf den Stadtgraben trifft. Beide Wasserläufe umschließen die Stadt Kalkar. Während das Wasser östlich von Kalkar als Leybach vorbeifließt, wird es im Westen als Stadtgraben bezeichnet. Beide vereinen sich an dieser Stelle wieder und fließen nun gemeinsam als Kalflack zum Rhein. Entlang einiger Kopfweiden folgen wir eben dieser Kalflack und wenden uns nach rechts. Die Kalflack verlässt uns später mit einer deutlichen Linkskurve, an der unser Weg noch ein kurzes Stück bis zur Straße Am Wisseler See geradeaus verläuft. Wir überqueren die Straße, passieren einen Parkplatz und gelangen nach wenigen Pedalumdrehungen zum Ufer des Wisseler Sees.

WISSELER SEE Am Ende des Wegs gelangen wir zur Mühlenstraße und sehen nicht erst jetzt auf der rechten Seite den markanten Kühlturm vom Wunderland Kalkar. Wer Lust auf Freizeitvergnügen im Wunderland hat und gleichzeitig einen kleinen Abstecher zum Rheinufer vornehmen möchte, hat von hier aus die Möglichkeit dazu. Bis zum Eingang des Wunderlandes wäre das eine kurze Wegstrecke von rund eineinhalb Kilometern. Für uns kommt das nicht infrage und so biegen wir an der Mühlenstraße nach links ab und verzichten auf den Besuch des Wunderlandes.

KALFLACK Auf unserem weiteren Weg passieren wir einen Campingplatz und treffen auf die Kalflack. Es gibt nur eine

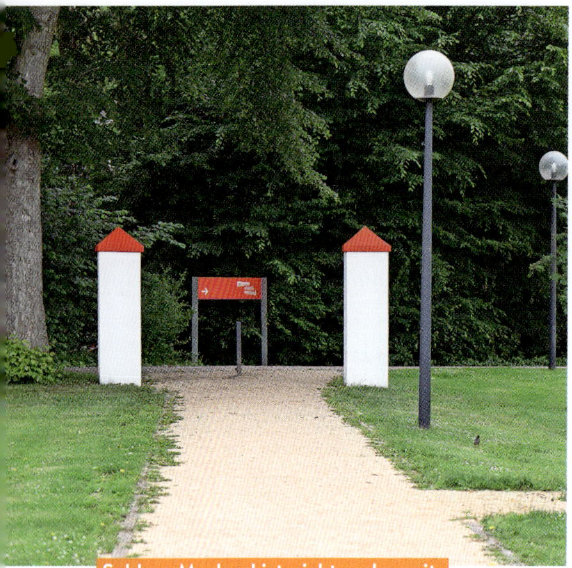

Schloss Moyland ist nicht mehr weit.

Wohnmobilstellplatz und erreichen gleich dahinter den Zugang zum Tourismusbüro von Bedburg-Hau, dem sogenannten Info-Center Moyland. Hier erhalten wir nicht nur ausreichende Informationen zum Schloss Moyland, sondern können es auch gleich besuchen, denn es liegt direkt dahinter.

SCHLOSS MOYLAND Nach einer umfangreichen Besichtigung von Schloss Moyland, einer kurzen Shoppingtour im dazugehörigen Museumsshop und einer Einkehr im Café geht es zurück zur Moyländer Allee und wir wenden uns nach rechts. Wir überqueren den Kreisverkehr und fahren mit Vorsicht am Straßenrand entlang, da wir hier stellenweise nicht mit einem Radweg

Möglichkeit, den Fluss zu überqueren: Wir fahren auf dem Rad- und Fußweg neben der Landstraße geradeaus, lassen den Campingplatz links liegen und blicken später von der Brücke auf den schmalen Fluss hinab. Am anschließenden Kreisverkehr wenden wir uns nach rechts und folgen der Sommerlandstraße. Während der Tour entlang der Allee fällt uns halb links das Gebäude eines ehemaligen Klosters auf. Dieses wurde Mitte des 19. Jahrhunderts gestiftet und beherbergt heute eine Seniorenresidenz.

UNTERWEGS IN DER NATUR An der Zufahrt zum Kloster biegen wir links ab, fahren an dem Wegekreuz hinter dem Parkplatz vorbei und wenden uns nach rechts, wo uns ein nur schmaler Pfad erwartet. Auf diesem umrunden wir einen Teil des Golfplatzes zu unserer Linken, fahren parallel zur Moyländer Allee und entdecken an der zweiten scharfen Linkskurve einen weiteren kleinen Pfad, der uns zur Straße bringt. Auf der anderen Straßenseite folgen wir dem Rad- und Fußweg nach links. Wir passieren einen

Tipp

KALKAR

Die niederrheinische Stadt Kalkar wurde im frühen 13. Jahrhundert gegründet und erhielt schon wenige Jahre später die Stadtrechte. Im Mittelalter zählte man mehr als 5000 Einwohner und war damit bevölkerungsstärker als viele andere damalige Städte, die heute bedeutender sind. Erhalten geblieben ist aus der Zeit noch ein teilweise mittelalterliches Stadtzentrum rund um den Marktplatz. In der zweiten Hälfte des 18. Jahrhunderts wurde die Kalkarer Mühle erbaut. Genutzt wurden hierfür Steine des einstigen Hanselaerer Tores, das gleichzeitig wegen Baufälligkeit abgerissen wurde. In den ersten Jahren diente sie als Lohmühle für eine Ledermanufaktur, wurde aber schon bald als Getreidemühle verwendet. Mit einer Gesamthöhe von 36 Metern ist sie recht hoch und konnte damals den Wind über den Dächern von Kalkar gut einfangen.

gesegnet sind. Der Weg führt uns an weiten Feldern vorbei, die gelegentlich von wenigen Häusern und Höfen unterbrochen werden, bis Louisendorf. Der Ort präsentiert sich mit einem kuriosen Grundriss, denn im Wesentlichen besteht er aus vier Zufahrtsstraßen, die auf eine quadratische Grünfläche zulaufen. Auf dem Louisenplatz befindet sich genau in der Mitte die Elisabethkirche, und die Straßen, die den Platz umrahmen, sind genau in Nord-Süd- und Ost-West-Richtung ausgerichtet.

LOUISENDORF In kaum einem anderen Ort wäre der Begriff Rundgang daher so fehl am Platze wie in Louisendorf. Doch natürlich werfen wir einen Blick in das Gotteshaus, verlassen dann aber geradeaus auf der Hauptstraße den Ort Louisendorf. Straßennamen wie Mössekiep und Behrnenweg bringen uns zu einem Bahntrassenradweg und damit nach Kalkar zurück. Wir fahren auf dem Radweg bis zur Gocher Straße. Dort erhebt sich zu unserer Rechten die St.-Pankratius-Kirche, an der wir links abbiegen. Über den Kreisverkehr hinweg passieren wir den Stadtpark, der als Grünanlage mit einem Teich die Altstadt von Kalkar im Westen begrenzt. Wir überqueren den Stadtgraben und gelangen zur mächtigen St.-Nicolai-Kirche sowie zum Marktplatz, an dessen Ostseite sich das nicht minder interessante Rathaus anschließt. An dem Backsteinbau aus dem 15. Jahrhundert radeln wir rechts vorbei, liebäugeln gleich dahinter mit einem Besuch im Städtischen Museum und erreichen wenig später die Kalkarer Mühle wieder. Sie weist uns darauf hin, dass wir direkt im Anschluss unseren Ausgangspunkt erreicht haben.

INFO

TOURENCHARAKTER

Leichte Radtour durch die landwirtschaftlich geprägte Region

AUSGANGS-/ENDPUNKT

Parkplatz Im Schwanenhorst, 47546 Kalkar (GPS: 51.7399444, 6.29698723)

ANFAHRT

Mit dem Pkw auf der B57 oder B67 nach Kalkar

TOURISTENINFORMATION

niederrhein-tourismus.de, moyland.de

EINKEHR

Ratskeller Kalkar, Markt 20, 47546 Kalkar, ratskeller-kalkar.com

leicht | **04:00 Std.** | **24 km** | **92/92 Hm**

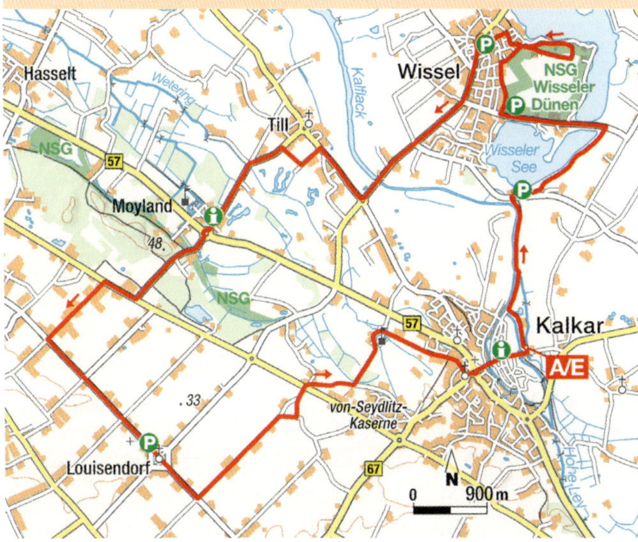

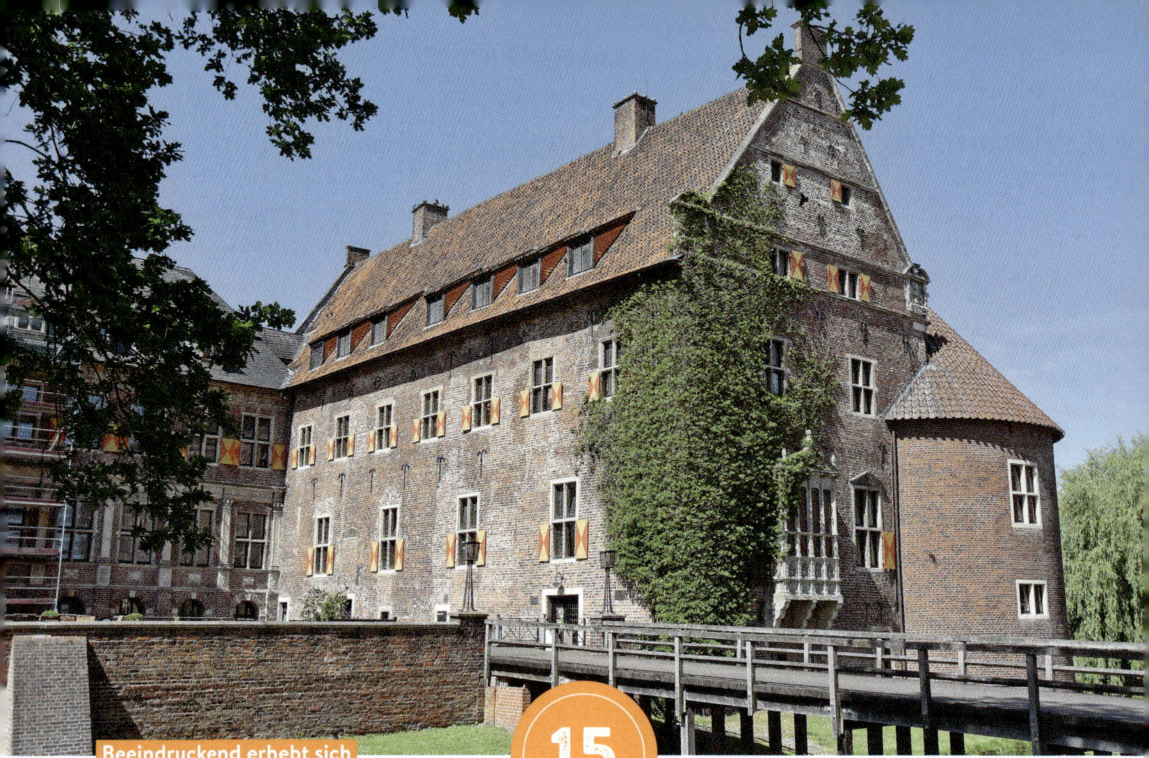

Beeindruckend erhebt sich Schloss Raesfeld am Rande des Ortes.

15

Radeltour durch die Dämmerberge

Schloss Raesfeld

Eine Radtour am Naturschutzgebiet Dämmerwald führt zum Teufelsstein, einem über eine Million Jahre alten Felsen mit Legende. Auf dem Weg durch das Naturschutzgebiet erlebt man die Natur mit Vögeln, Picknickplätzen und Angelteichen. Ein Zickzackkurs durch die Landschaft bietet immer wieder Rastmöglichkeiten.

TEUFELSSTEIN Beim Wanderparkplatz am Naturschutzgebiet Dämmerwald könnte es naheliegen, dass wir in den Wald hineinradeln und einem der vielen Wege folgen. Doch weit gefehlt. Bevor wir uns auf den Weg machen, das Naturschutzgebiet zu erkunden, bleiben wir an der Malberger Straße. Wir kehren dem Wald sogar den Rücken zu und wenden uns nach links, somit in östliche Richtung. Nach wenigen Pedalumdrehungen folgt auf der gegenüberliegenden Seite eine kleine Straße, die halb rechts abzweigt. Diese befahren wir zwischen zwei Feldern hindurch, und aufgrund des

Straßennamens Zum Teufelsstein ahnen wir, was da gleich kommt. Schon bald sehen wir ihn dann auch auf der linken Seite, den Teufelsstein. Etwas über zwei Meter misst er in der Höhe und 2,70 Meter in der Länge. Die Löcher im Stein entstanden durch die Krallen des Teufels. Zumindest will es die Legende so, dass der Teufel etwas gegen eines der Gotteshäuser in der Gegend hatte und den Felsen hierher warf. Getroffen hat er offensichtlich nicht. Man kann natürlich auch wissenschaftlich an die Sache herangehen und sich der Vermutung anschließen, dass der Stein ein Andenken an die Eiszeit ist. Immerhin bringt es der aus nordischem Granit bestehende Fels auf ein Alter von über eine Million Jahren. Aber die Sache mit dem Teufel klingt doch irgendwie spannender.

NATURSCHUTZGEBIET Wir folgen dem Weg am Gehöft vorbei und radeln nun endlich in das Naturschutzgebiet Dämmerwald hinein. An einer Schranke vorbei, lassen wir das Rad auf dem Schultenweg geradeaus durch den dichten und gemütlichen Wald rollen und erreichen nach 950 Metern den dritten nach rechts abzweigenden Weg. Diesem folgen wir, schlagen aber gleich an der nächsten Möglichkeit den Lenker wieder nach links ein, um weiter nach Norden zu fahren. Mit einem etwas geübten Auge erkennen wir nicht nur die Amseln, die vor uns auf dem Weg sitzen oder sich durch Raschelbewegungen rechts und links im Unterholz bemerkbar machen, sondern sehen auch Eichelhäher und hören Spechte. Mit diesen Eindrücken erreichen wir den nördlichen Rand des Dämmerwaldes, wo wir an einem Feldrand halb rechts weiterfahren. Ein schmaler Pfad führt wenig später wieder rechts in den Wald hinein, bis wir zu einer Gabelung gelangen. Hier biegen wir halb links auf den Hülsenweg ab, um den westlichen Bereich des Naturschutzgebietes vorläufig zu verlassen.

DÄMMERWALD Abermals passieren wir eine Schranke, lassen die Häuser auf der rechten Seite unberücksichtigt und haben am Ende einer kleinen Lichtung die Mög-

↓ Welche Kontraste: links die historische Schlossanlage … ↘ … und rechts der moderne Glasbau des Naturparkhauses

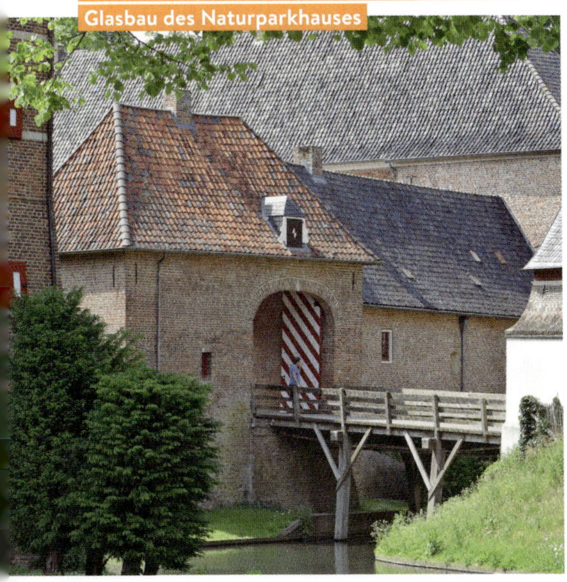

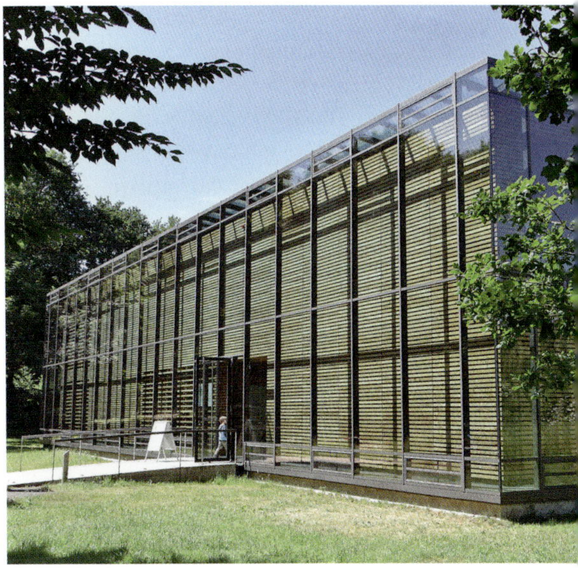

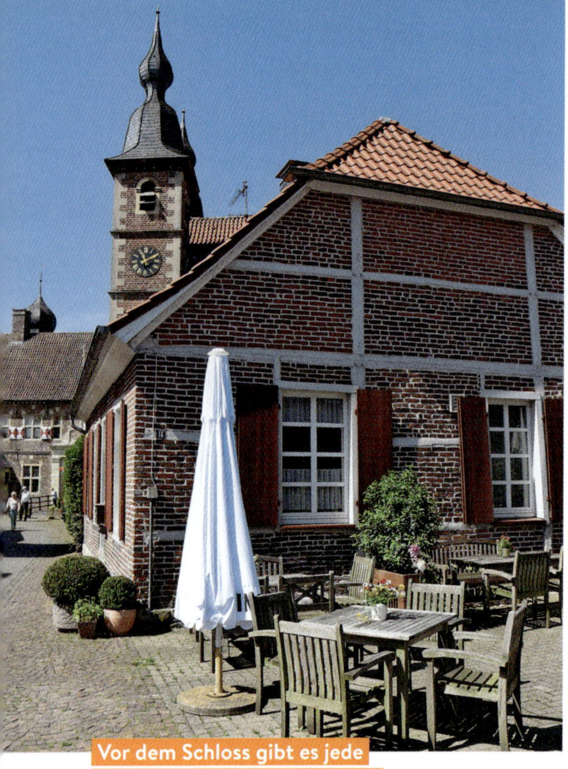
Vor dem Schloss gibt es jede Menge Einkehrmöglichkeiten.

rechts in den Wald hinein. Wir fahren an mehreren Lichtungen vorbei, sehen auf der linken Seite ein Forsthaus und stehen wenig später vor einem von insgesamt zwei Fischteichen. Zwischen diesen beiden begeben wir uns hindurch, passieren ein weiteres kleines Gewässer und gelangen zum sogenannten Langen Teich, an dessen Ufer wir geradeaus durch den Wald radeln, bis dieser sich lichtet und wir freien Blick auf das Schloss Raesfeld haben. Nach einer Besichtigung und Einkehr im Schloss Raesfeld machen wir uns auf den Weg zurück zum Dämmerwald. Auf der Südseite des Langen Teichs, der sich um das Schloss erstreckt, befindet sich das Naturparkhaus, dem wir noch einen Besuch abstatten und an dem wir neben dem Toilichkeit, an einem Picknickplatz eine kurze Pause einzulegen. Hogefeldstraße, Im Birkenschladt, Dämmerwalder Straße und Laurenzweg heißen die Wege, die uns durch die Landschaft führen. Mit einem schweifenden Blick über die Felder um uns herum will unser Zickzackkurs nicht enden. Gleich an der ersten Möglichkeit biegen wir schon wieder nach rechts in das Sträßchen Mölmsfeld ab, wo wir am Ende, genauer gesagt am Klusenweg, einen weiteren Rastplatz finden.

TIERGARTEN Ein weiterer Picknickplatz und ein kleiner Angelteich begegnen uns an einer Kreuzung, an der wir halb links weiterfahren. Auf dem Lehmbrockweg erreichen wir nach kurzer Zeit die Überreste einer alten Wassermühle, die an einem weiteren Rastplatz malerisch in die Höhe ragen. Gleichzeitig berühren wir hier halb rechts das Naturschutzgebiet Tiergarten am Schloss Raesfeld und folgen dem Weg halb

Tipp

DÄMMERWALD

Der Dämmerwald ist ein beliebtes und wichtiges Naherholungsgebiet für die Bevölkerung. Denn er ist eines der wenigen unzerschnittenen Waldgebiete der Region und bringt es auf eine Breite von fast sieben Kilometern. In Nord-Süd-Ausdehnung sind es immerhin noch über drei Kilometer, die man zurücklegen muss, um den Dämmerwald zu durchqueren. Die Bäume im Dämmerwald sind teilweise über 100 Jahre alt. Bei den meisten handelt es sich um Eichen und Buchen. Gelegentlich sieht man aber auch Kiefern, Lärchen und Fichten. Um das Ursprüngliche des Forstes zu erhalten, wird Totholz in einigen Fällen stehen gelassen, um damit Lebensraum für Kleintiere zu erhalten. In den etwas feuchteren Bereichen im Nordosten des Waldes kann man auch den seltenen Moorfrosch erleben.

lettenhäuschen mit dem Rad wieder in den Wald hineinrollen.

WELLBROCKQUELLE An einer T-Kreuzung biegen wir links ab und halten uns an der ersten Gabelung halb rechts. Wir gelangen zu einer Kreuzung, an der wir geradeaus fahren, doch schon nach wenigen Metern macht uns der Abzweig zur Wellbrockquelle neugierig. Diesen kleinen Bogen nehmen wir noch mit und sehen schon bald einen Granitfindling, aus dem durch zwei Löcher das Wasser hervorquillt. Zurück auf dem Hauptweg halten wir uns rechts bis zur nächsten Kreuzung, an der wir wiederum nach links in Richtung Süden abbiegen. Der als Maxstraße bezeichnete Weg bringt uns durch den Wald und schließlich aus ihm heraus. Wir biegen nach rechts ab, um schon bald den Lehmbrockweg wiederzuerkennen. An diesem drehen wir den Lenker nach links, gelangen erneut zu der Kreuzung mit dem Picknickplatz und dem Angelteich und fahren auf dem bereits bekannten Sträßchen Elsfort geradeaus, um wieder zu unserem Ausgangspunkt zurückzukehren.

INFO

TOURENCHARAKTER
Mittelschwere Radtour auf teils schmalen Waldpfaden

AUSGANGS-/ENDPUNKT
Wanderparkplatz Teufelsstein, Malberger Str. 105, 46514 Schermbeck (GPS: 51.716095, 6.753623)

ANFAHRT
Mit dem Pkw auf der B58 oder B70 und weiter auf kleinen Landstraßen

TOURISTENINFORMATION
niederrhein-tourismus.de

EINKEHR
Gasthof Pannebäcker, Malberger Str. 49, 46514 Schermbeck, gasthof-pannebaecker.de

Reiher trifft man unterwegs immer wieder an.

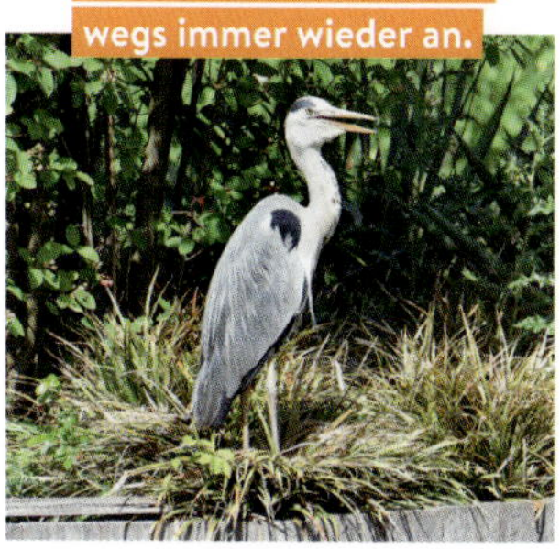

mittel | 03:30 Std. | 22 km | 153/153 Hm

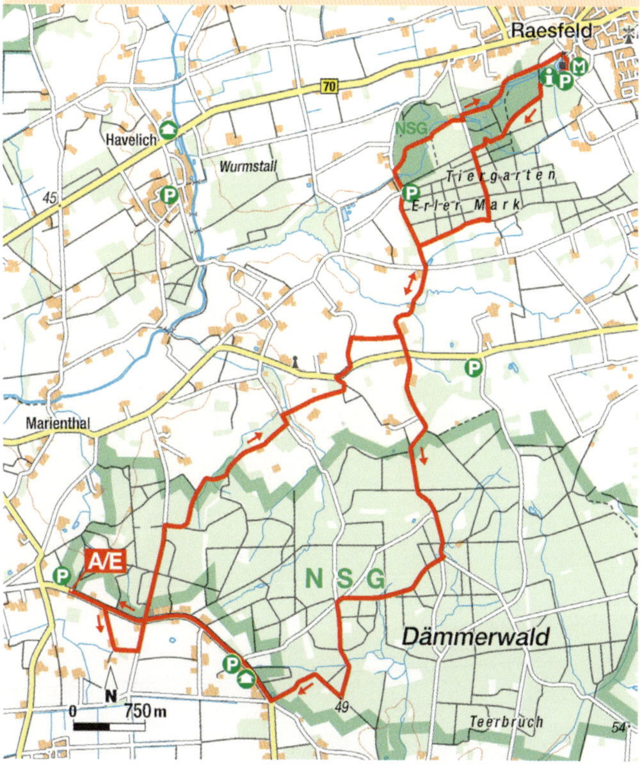

Der Rhein und das Hochwasser

Schenkenschanz

Mit dieser Route haben wir die Chance zu einer Kombitour, das heißt, wir können unsere Radtour durch das Naturschutzgebiet bei Schenkenschanz noch um eine Option verlängern und aus der kurzen Vormittagsrunde einen Tagesausflug gestalten.

GRIETHAUSEN Durch das Rheintor passieren wir den als Hochwasserschutz erbauten Rheindeich, hinter dem wir auf der wenig befahrenen Straße den Altrhein überqueren. Auf der linken Seite sehen wir die markante ehemalige Griethauser Eisenbahnbrücke. Züge, die über diese Brücke fuhren, wechselten am Rheinufer auf die Fähre über. Diese als Trajekt bezeichnete Eisenbahnfährverbindung bestand an dieser Stelle von 1865 bis 1912. Sowohl die Brücke als auch die Fähre waren somit Teil einer Zugverbindung zwischen Köln und den Häfen an der niederländischen Nordseeküste. Auf der anderen Rheinseite kann man den einstigen Verlauf der Eisenbahnstrecke noch in der Landschaft erkennen.

NATURSCHUTZGEBIET SALMORTH Wir fahren geradeaus weiter und ignorieren das wenig ansehnliche Ölwerk auf der rechten Seite, an dem wir direkt das Rheinufer er-

16

Kleiner Segelhafen auf dem Griethauser Altrhein

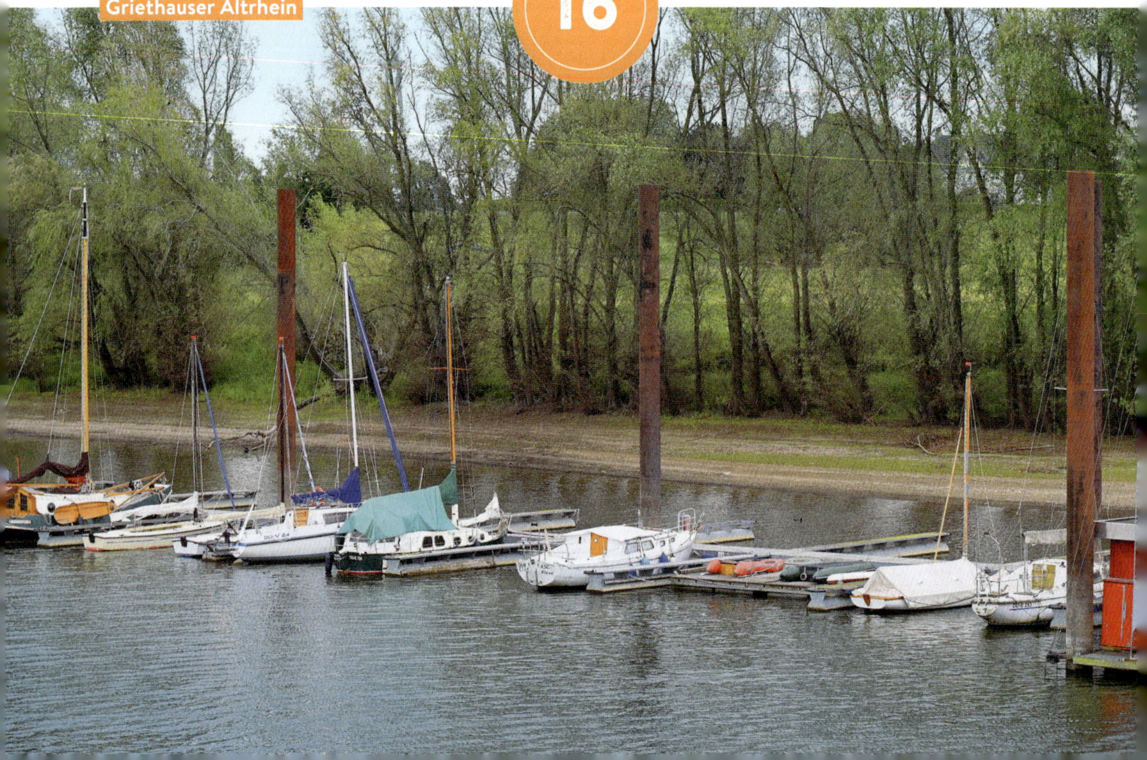

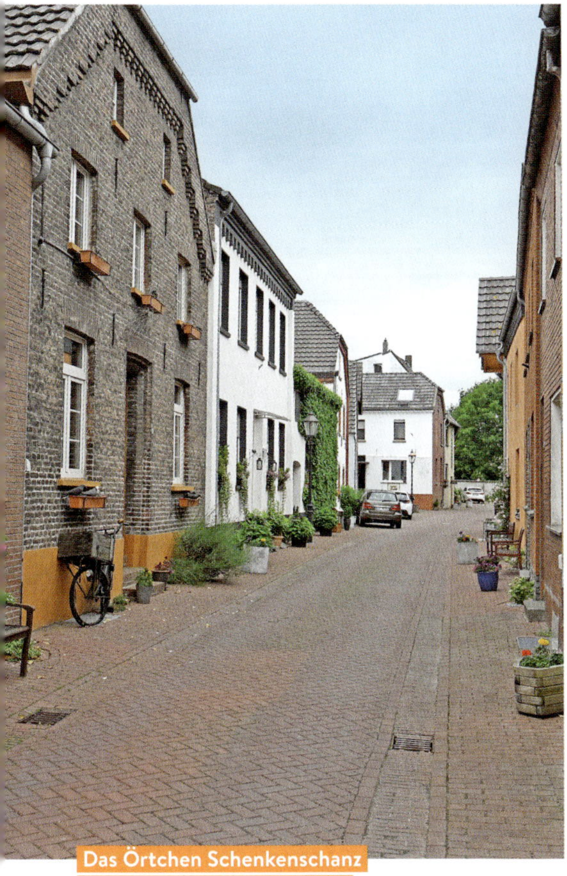

Das Örtchen Schenkenschanz hat man schnell durchquert.

Tipp

SCHENKENSCHANZ

Schenkenschanz ist eine kleine Ortschaft mit gerade einmal rund 100 Einwohnern, die mitten im Überschwemmungsgebiet des Rheins gegründet wurde und früher fast alljährlich vom Rheinhochwasser im Frühjahr umspült wurde. Durch Regulierungsmaßnahmen kommt dies heute nur noch bei Unwettern vor, doch die Schutzmauern sind natürlich immer zu sehen, und so wirken die wenigen Häuser von Schenkenschanz, als wären sie von einer Stadtmauer umgeben. Über 1000 Hektar Fläche umfasst das im Jahr 1987 angelegte Naturschutzgebiet Salmorth, das sich mit einer sehr offenen Landschaft präsentiert. Unterbrochen wird es nur von wenigen Gehölzen und kleinen Wäldchen. Zusammen mit dem Uferbereich des Griethauser Altrheins bietet das Naturschutzgebiet ideale Brutbedingungen für den Rotschenkel, den Großen Brachvogel und die Uferschnepfe, die teilweise zu den bedrohten Watvögeln gezählt werden.

reichen. Mit einem Linksbogen radeln wir parallel zum Rheinufer entlang und schauen dabei den Schiffen hinterher, die an dieser Stelle die Grenze zu den Niederlanden überqueren. Der Rhein ist ab hier für die nächsten siebeneinhalb Kilometer Grenzfluss und alles, was wir am gegenüberliegenden Rheinufer sehen, gehört zu den Niederlanden. Fuhren wir seit dem Rheintor am Deich immer direkt am Rande des Naturschutzgebietes Salmorth entlang, so durchqueren wir dieses nun. Wir haben immer wieder Gelegenheit, nach rechts auf einen der vielen Trampelpfade abzubiegen, die uns direkt bis zum Wasser des Rheins bringen, wo sich das Kies- und Sandufer ausbreitet.

IDYLLISCHES SCHENKENSCHANZ In der Ferne erkennen wir bereits den Kirchturm von Schenkenschanz, wohin wir schon wenig später gelangen werden. Wir durchqueren das gemütliche Schenkenschanz, das auch ohne Hochwasser ein wenig an eine Insel erinnert. Im Zentrum der schmalen Straße werfen wir einen Blick nach links zur Kirche, die wir schon vor einiger Zeit aus der Entfernung ausgemacht haben. An der Hochwasserschutzmauer fahren wir vorbei, verlassen den Ort und halten uns auf der wenig befahrenen Zufahrtsstraße nach rechts. Während Schafe, Kühe und Wildgänse sich die weiten Flächen um uns herum teilen, erreichen wir einen Abzweig nach links. Wir radeln auf der Martin-Schenk-Straße am

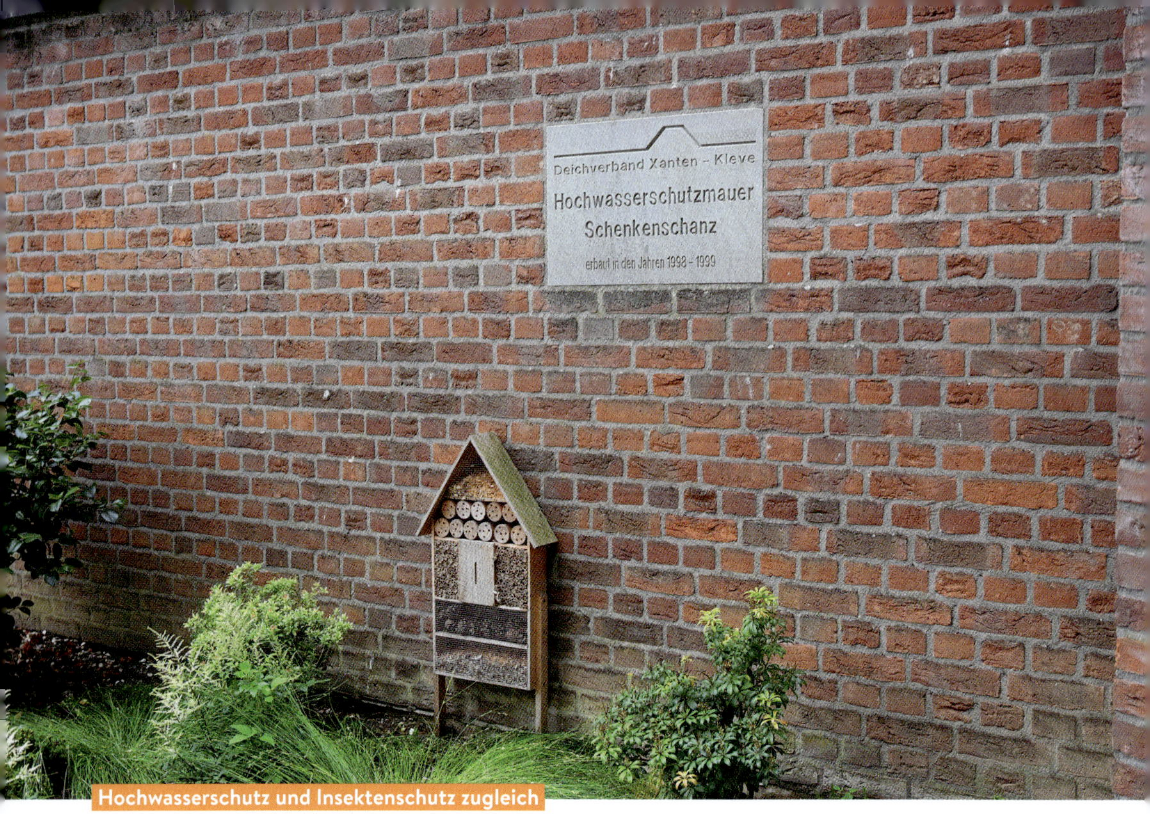

Hochwasserschutz und Insektenschutz zugleich

Ufer des Altrheins entlang und genießen die Idylle in diesem Naturschutzgebiet, bis wir wieder auf die uns bekannte Rheinstraße treffen. An dieser biegen wir rechts ab, durchqueren abermals das Rheintor und wenden uns gleich hinter dem Deich nach rechts. Kaum in die Pedale getreten und schon erreichen wir einen Picknickplatz am südlichen Brückenkopf der Riethauser Brücke. Hier bietet sich eine gute Gelegenheit für eine Pause, bevor wir uns aufmachen, den Forstgarten von Kleve zu erkunden.

SPOYKANAL Wir überqueren die Straße Wehrpöhl und folgen dem schnurgeraden Weg, der auf der einstigen Bahntrasse geschaffen wurde, und auf dem wir Griethausen bald schon verlassen. Einige Minuten sind wir auf dem geraden Rad- und Fußweg unterwegs, bis wir nach Überquerung der Briener Straße bereits mitten in Kleve am Spoykanal stehen. Wir wenden uns nach links und folgen dem Leinpfad am Ufer entlang bis zu einem Großparkplatz auf der linken Seite. Hier biegen wir rechts ab, überqueren den Kanal und befinden uns am Ausgangspunkt der Draisinenbahn, die uns die Möglichkeit bieten würde, unsere Füße auszuruhen und vom Klever Zentrum nach Kronenburg und weiter nach Groesbeek in den Niederlanden zu fahren.

PRINZ-MORITZ-KANAL Doch wir entscheiden uns, parallel zum Bahngleis zu fahren und den Fahrgästen der Draisine hinterherzuschauen. Dabei kommen wir am sogenannten Klösterchen vorbei, wie die Kapuzinerkirche zu unserer Linken genannt wird. Wenig später fahren wir am Parkplatz Forstgarten nach rechts, überqueren die Wasserburgallee und finden uns im gleichnamigen Forstgarten wieder. An einem Spielplatz und zwei kleinen Wassergräben vorbei erreichen wir die Joseph-Beuys-Allee, wo wir zwei quadratische Vogelinseln erblicken. Zu unserer Linken sehen wir die Skulptur Eiserner Mann und einige Springbrunnen, die an einem bewaldeten Hang ein wunderbares Bild abgeben und zusammen mit dem Prinz-Moritz-Kanal eine schöne Sichtachse bilden.

IM ZICKZACK ZURÜCK Auf der anderen Seite des Kanals breitet sich der Tierpark aus, dem wir einen Besuch abstatten könnten, doch für heute soll es genug sein. Daher wenden wir uns nach rechts und fahren zunächst am Wasser des Kanals entlang, bis wir wieder die Gleisanlage der Draisine erreichen. Diese überqueren wir und verlassen den Wassergraben nach halb rechts, um gleich darauf die Straße Landwehr zu überqueren. Auf der anderen Straßenseite fahren wir gemütlich unter dichten Baumkronen an der Wasserburg vorbei bis zur Spyckstraße. Ein wenig Zickzack und zwischen einigen Feldern hindurch gelangen wir zurück zum Spoykanal. Gleich am Ortseingang gabelt sich die Straße und wir halten uns halb links, um auf der Oberstraße wieder zurück zu unserem Ausgangspunkt zu gelangen.

INFO

TOURENCHARAKTER
Leichte Radtour auf befestigten Wegen durch ein Naturschutzgebiet

AUSGANGS-/ENDPUNKT
Rheinstraße, Griethausen, 47533 Kleve (GPS: 51.824253, 6.167596)

ANFAHRT
Mit dem Pkw auf der B220n nach Griethausen

TOURISTENINFORMATION
kleve.de

EINKEHR
Verschiedene Einkehrmöglichkeiten in Kleve

Bei der Tour wird man immer wieder beobachtet.

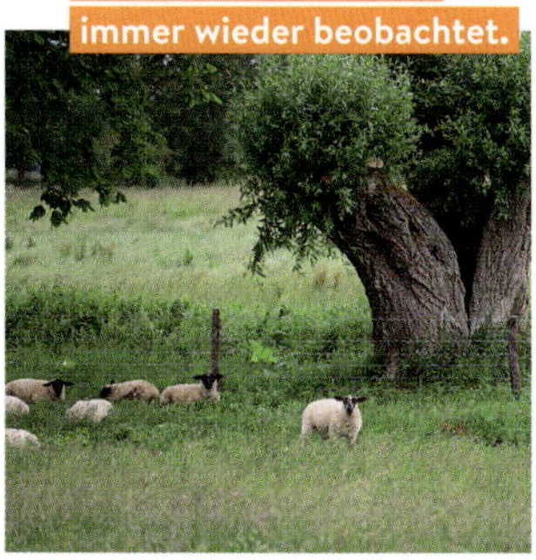

leicht | 03:30 Std. | 24 km | 75/75 Hm

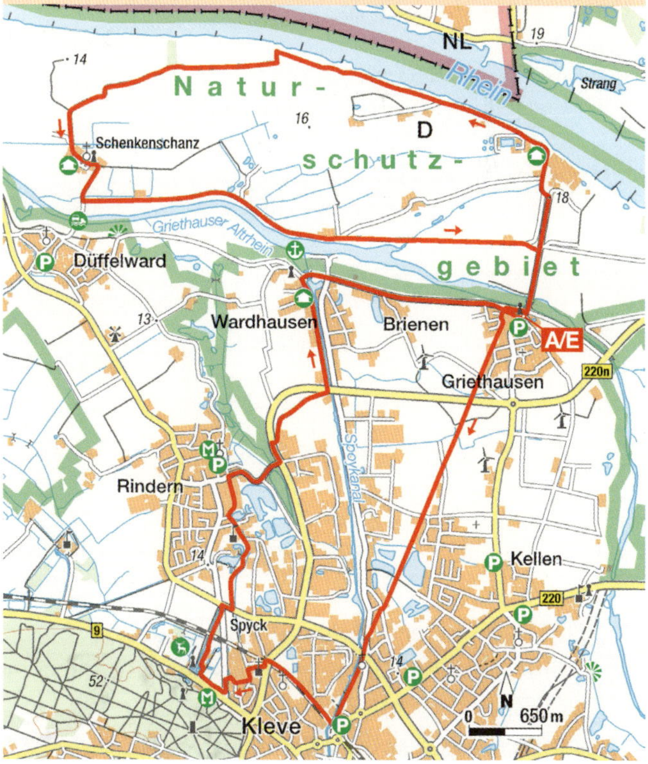

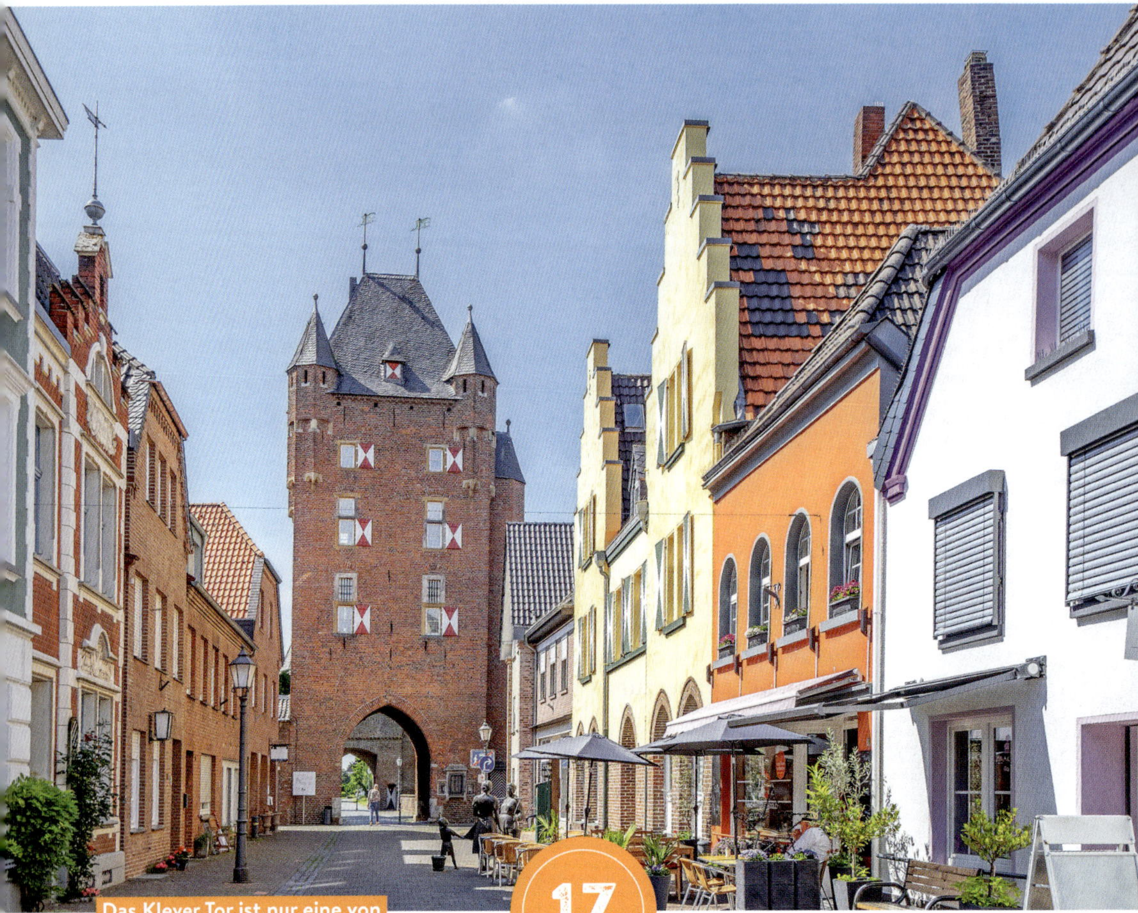

Das Klever Tor ist nur eine von mehreren Sehenswürdigkeiten in Xanten.

17

Entspannte Radrunde um den Wald

Uedemer Hochwald

Die Tour beginnt in Xanten, einem der bedeutendsten Orte am Niederrhein. Auf einem Bahntrassenradweg folgen wir der einstigen Bahnstrecke, die Xanten mit Kalkar verband. Unterwegs kommen wir an verschiedenen interessanten Orten vorbei, wie dem Archäologischen Park oder dem Ort Marienbaum, der seit fast 600 Jahren ein Pilgerziel ist.

BAHNTRASSENTOUR Xanten ist einer der bedeutendsten Orte am Niederrhein. Kein Wunder also, dass wir auch auf dieser Tour in der alten Römerstadt starten. Aber diesmal wollen wir uns gar nicht so sehr auf Xanten konzentrieren und lassen die Innenstadt mit ihrem vielfältigen Angebot schnell hinter uns. Den Westwall überquerend radeln wir durch die Hagenbuschstraße flott zum Xantener Bahnhof und halten uns dort rechts. Kurz hinter einem Parkplatz verläuft die Straße nach links. Wir halten uns jedoch geradeaus und folgen dem Bahntrassenradweg. Im Jahr 1989 verkehrte der letzte Zug auf diesem Abschnitt, der einst Xanten mit Kalkar verband. Bis zum Jahr 2011 dauerte es, ehe aus der alten Bahnstrecke ein Radweg wurde. Das Projekt war nicht ganz unumstritten. Verständlicherweise, denn sind wir ehrlich: In weniger als 300 Metern Entfernung verläuft parallel zur alten Bahntrasse die Bundesstraße, die dort ebenfalls an ihrem Fahrbahnrand einen gut ausgebauten Radweg bietet. Das ist vielleicht mit ein Grund dafür, dass man auf dem Bahntrassenradweg nicht durchgehend nach Kalkar fahren kann, so wie es einst der Zug tat. Schade eigentlich, aber eine Alternative ist gegeben.

Tipp

ARCHÄOLOGIEPARK XANTEN

Bei einer Reise durch die Region Niederrhein und vor allen Dingen beim Aufenthalt in Xanten muss man den Archäologiepark auf jeden Fall gesehen haben. Die Anlage befindet sich auf dem Areal der einstigen Colonia Ulpia Traiana, die als eine der bedeutendsten römischen Siedlungen in Deutschland gilt. Einige der freigelegten Gebäude wurden rekonstruiert. Dazu zählen der beeindruckende Hafentempel, aber auch verschiedene Handwerkerhäuser sowie eine römische Herberge. Das Highlight ist jedoch das Amphitheater gleich neben der römischen Stadtmauer. Dieses wird heute auch immer wieder für verschiedene Veranstaltungen genutzt.

↓ Im Sommer ist der Wald wunderbar kühl.
↘ Man teilt sich den Wald mit anderen hoch zu Ross.

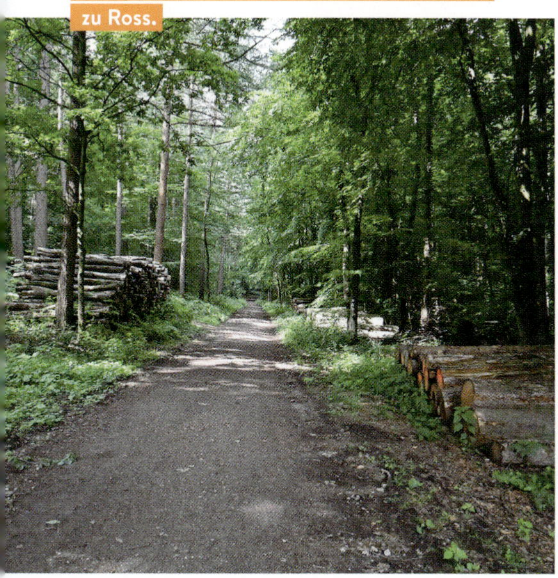

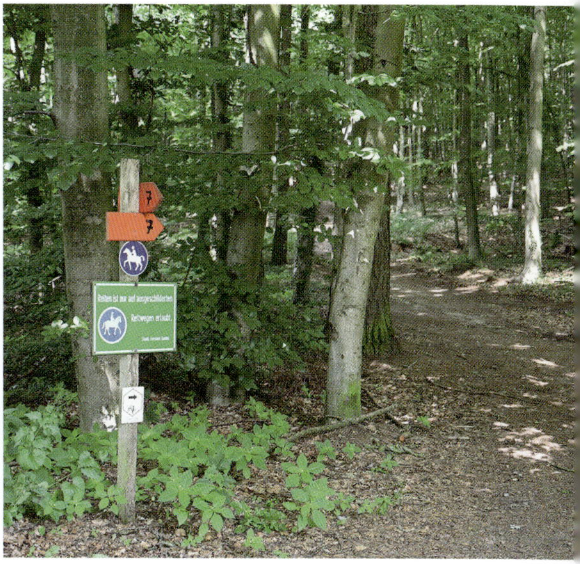

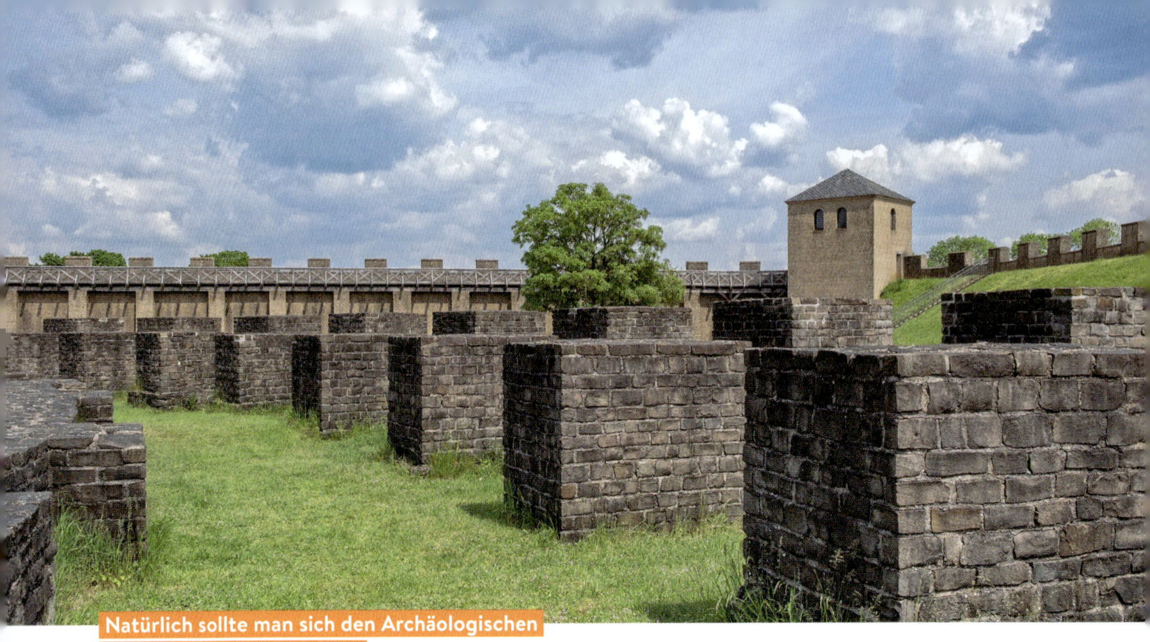

Natürlich sollte man sich den Archäologischen Park nicht entgehen lassen.

KLOSTERBESUCH Gleich zu Beginn der Bahntrasse passieren wir Haus Erprath auf der linken Seite, während sich zu unserer Rechten der Archäologische Park ausbreitet und wir bis zu den Großen Thermen des Römermuseums blicken können. Keine zwei Kilometer hinter der Stadt der Römer erreichen wir die wenig befahrene Willicher Straße. Hier legen wir einen kurzen Abstecher ein und schlagen den Lenker nach links. Denn so kommen wir zu einem Kloster, das noch gar nicht so alt ist. Es wurde vor etwas mehr als 100 Jahren von Franziskanern aus Dorsten gegründet. Irgendwann gab es aber nur noch einen Ordensbruder und es wurde überlegt, wie man das Kloster weiter nutzen könne. Eine christliche Gemeinschaft junger Menschen, die ursprünglich in Brasilien entstanden ist, zog ein und gründete als Sozialprojekt die Fazenda da Esperança, ein Café in wirklich schöner Lage, das zu einer erholsamen Pause einlädt.

WALLFAHRTSORT MARIENBAUM In unmittelbarer Nähe könnten wir noch die Überreste der Burg Moermter besuchen. Sie befinden sich direkt am Ufer der Willichschen Ley. Doch der Weg ist sumpfig, matschig und zugewachsen. Wir lassen es bleiben, vielleicht ein anderes Mal. Also zurück zur Bahntrasse, auf der wir nach links abbiegen und weiter in Richtung Uedemer Hochwald Fahrt aufnehmen. Doch zuvor kommt der nächste kleine Ort. Marienbaum ist ein Ortsteil von Xanten und behauptet von sich selbst, er sei der älteste aktive Wallfahrtsort am Niederrhein. Immerhin ist Marienbaum schon seit fast 600 Jahren ein Pilgerziel. Der Grund hierfür war eine Marienstatue, die von einem gelähmten Hirten in einer Baumkrone entdeckt worden sei und der anschließend genesen konnte. Wenige Jahre später errichtete man an dieser Stelle eine Kapelle, aus der im Laufe der Jahrhunderte die heutige Wallfahrtskirche St. Mariä Himmelfahrt entstand. Heute wird der Ort im Rahmen von Wallfahrten von mehr als 15 000 Gläubigen pro Jahr besucht.

UEDEMER HOCHWALD Hinter Marienbaum können wir noch ein Stück auf dem Bahnradweg bleiben, bis dieser am Fahrradknotenpunkt Nummer 62 endet. Hier halten wir uns nun also links und folgen den schmalen landwirtschaftlichen Wegen zwischen den Feldern hindurch. Dabei haben wir stets den Uedemer Hochwald auf der linken Seite im Blick und tauchen nach einiger Zeit auch in ihn ein. Heute steht der Wald zu Teilen unter Naturschutz oder befindet sich in Landschaftsschutzgebieten. Wir könnten sowohl mit dem Rad als auch zu Fuß etliche Kilometer im Wald zurücklegen. Interessant, gleichzeitig aber auch tragisch, ist ein Blick in die Geschichte. So befinden sich im westlichen Teil Hügelgräber, die auf einen Zeitraum von vor über 2500 Jahren datiert werden. Vor einigen Jahren wurden bei archäologischen Untersuchungen außerdem Kastelle und Lager der Römer gefunden. Viele Jahrhunderte später fanden auch im Uedemer Hochwald schwere Kämpfe im Zweiten Weltkrieg statt, die als Teil der »Operation Blockbuster« dazu dienten, die Schlacht im Reichswald von Kleve zu gewinnen.

ALLEENRADWEG Wir durchqueren den südlichen Teil des Uedemer Hochwalds, wobei wir den höchsten Punkt unserer Tour passieren. Die Bezeichnung Hochwald kommt nicht von ungefähr. Etwas Wadenmuskulatur ist hilfreich, wenn man an dieser Stelle kräftiger in die Pedale treten muss. Gleich dahinter stoßen wir auf den Knotenpunkt 51 und wenden uns in östliche Richtung nach links. Von nun an geht unsere Reise fast schnurgerade durch die Landschaft des Niederrheins. Im Landgut am Hochwald überlegen wir kurz, ob wir uns eine kleine Auszeit gönnen sollen, danach folgen wir dem sogenannten Alleenradweg, der uns durch ein weiteres kleines Wäldchen bringt. Am Knotenpunkt 47 haben wir wieder den Ortsrand von Xanten erreicht und rollen über Boxtelstraße und Sonsbecker Straße langsam wieder in den Stadtkern.

INFO

TOURENCHARAKTER
Leichte Radtour auf einem Bahntrassenradweg und am Waldrand entlang

AUSGANGS-/ENDPUNKT
Parkplatz Ostwall, 46509 Xanten (GPS: 51.663118, 6.455393)

ANFAHRT
Mit dem Pkw auf der B57 bis Xanten

TOURISTENINFORMATION
xanten.de

EINKEHR
Diverse Einkehrmöglichkeiten im Zentrum von Xanten

leicht	03:30 Std.	25 km	129/129 Hm

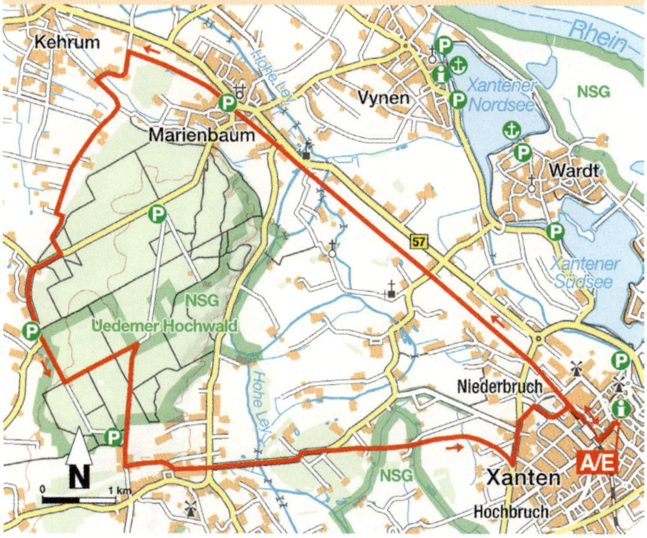

Barock am Niederrhein

Terrassengarten Kamp-Lintfort

Die Tour beginnt am Kloster Kamp, führt an mehreren Picknickplätzen vorbei und lässt uns in einen Wald eintauchen. Auf dem Weg durch Felder passieren wir den Förderturm einer ehemaligen Zeche, radeln an einem Biolandhof vorbei und besuchen zum Abschluss Kloster Kamp.

18

Eindrucksvoll ist die Anlage von Kloster Kamp.

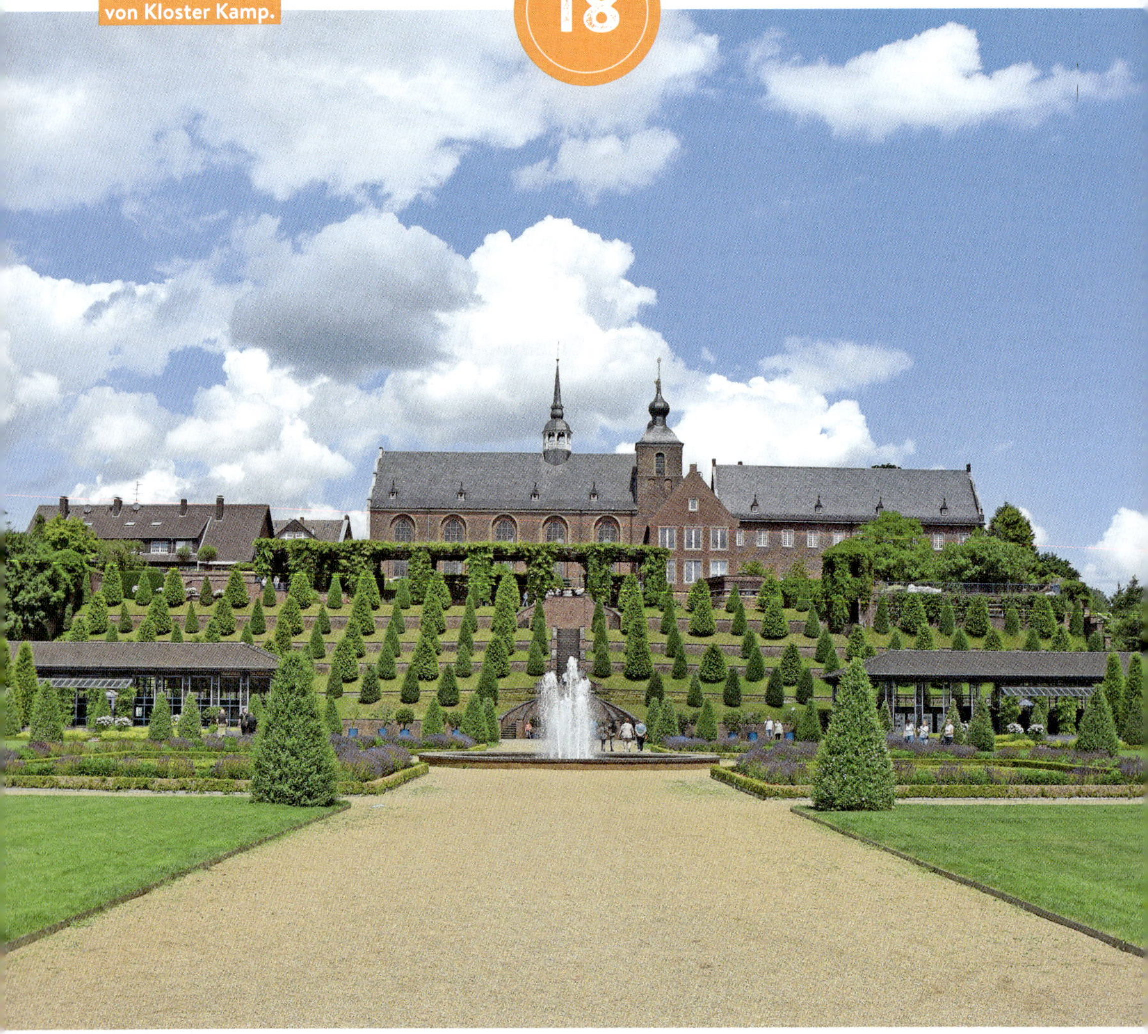

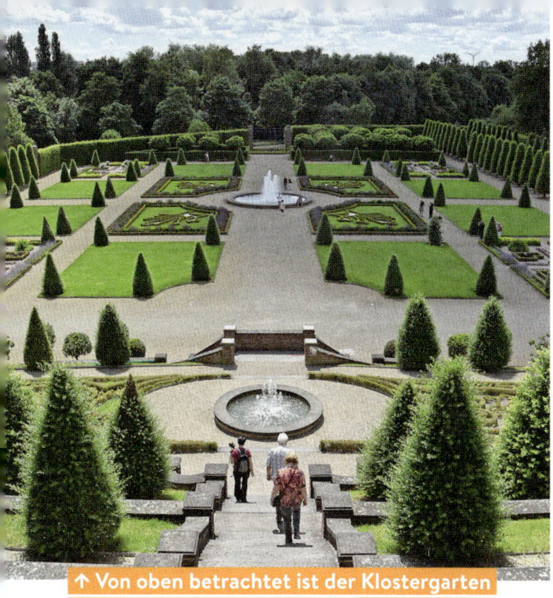

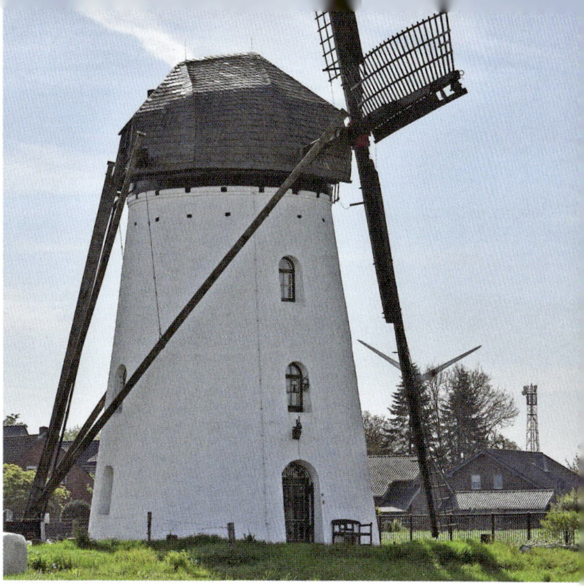

↑ Von oben betrachtet ist der Klostergarten ein Augenschmaus. ↗ Eine der vielen Windmühlen am Niederrhein

START AM KLOSTER KAMP Natürlich lockt gleich zu Beginn der Radtour ein Besuch des Klosters Kamp. Doch die Anlage der ehemaligen Abtei steht nun seit 900 Jahren, da kann sie noch ein bisschen auf uns warten, und wir bewahren uns damit das Highlight der Tour für den Schluss auf. Auf dem Fuß- und Radweg neben der Rheurdter Straße überqueren wir zunächst die Rheinberger Straße und wenden uns an der kleinen Niersenberger Straße nach links. Auf der linken Seite sehen wir ein Kriegerdenkmal, das den Beginn des angrenzenden deutschen Soldatenfriedhofs markiert. Nach Ende des Zweiten Weltkriegs wurden aus provisorischen Kriegsgräberstätten exakt 1756 Tote hierhergebracht. 1954 wurde der Friedhof eingeweiht und ist seither ihre letzte Ruhestätte. Jedes Kreuz steht für zwei Verstorbene. Den größten Anteil nehmen deutsche Soldaten aus dem Zweiten Weltkrieg ein. Doch auch über 100 Bombenopfer und ein russischer Soldat des Ersten Weltkriegs liegen hier begraben.

Tipp

HOERSTGEN

Das Dorf Hoerstgen gehört als Stadtteil zu Kamp-Lintfort. Markant ist die kleine evangelische Kirche mitten im Ort. Besonders auffällig war die evangelische Gemeinde von Hoerstgen jedoch im Mittelalter, denn die gesamte Region unterstand damals dem Kurfürstentum Köln. Nur in Hoerstgen wurde die Reformation eingeführt, was die Ortschaft religiös zu einer Insel machte. Sehenswert im Innern der Kirche ist eine barocke Weidtmann-Orgel aus der ersten Hälfte des 18. Jahrhunderts.

SCHATTEN IM WALD Hinter dem Kriegerdenkmal biegen wir links ab, passieren den Zugang zum Friedhof auf der rechten Seite und fahren durch den Wald bis zum Parkplatz eines Golfclubs. Gleich dahinter sehen wir halb links einen Pfad in den angrenzenden Wald hineinführen. Auf diesem bleiben wir in Waldrandnähe, bis an einer Kreuzung ein Weg nach rechts abzweigt und uns durch den Wald zu einem Picknickplatz bringt. Nach einer geruhsamen Pause überqueren wir die Altfelder Straße und fahren gerade-

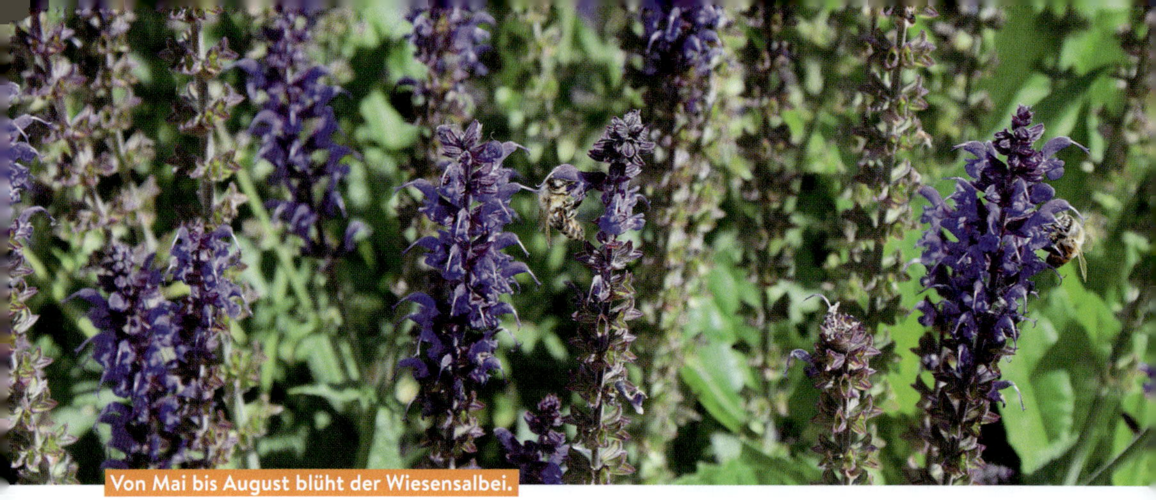

Von Mai bis August blüht der Wiesensalbei.

aus. Wir tauchen kurze Zeit darauf in einen Schatten spendenden Wald ein und halten uns gleich an der ersten Kreuzung links, um näher am Waldrand entlangzufahren.

ISSUMER FLEUTH Dabei sind wir parallel zum Issumer Fleuth unterwegs, der in rund 100 Meter Abstand links von uns durch die grüne Landschaft fließt. Er ist gut an der Baumreihe zu erkennen, die ihn begleitet. An einer Wegkreuzung mit einer einfachen Rastmöglichkeit zweigt links unser Weg ab und führt uns nicht nur unmittelbar aus dem Wald heraus, sondern lässt uns kurz darauf auch den Wassergraben überqueren. Am Ende des Wegs wenden wir uns links in die Braustraße und folgen diesem wenig befahrenen Sträßchen durch die Felder, die wiederum nur von wenigen Häusern unterbrochen werden. Dabei blicken wir geradewegs auf den Förderturm von Schacht 4 der ehemaligen Zeche Friedrich Heinrich.

EINKAUF AUF DEM HOF Dem Lauf der Peterstraße folgen wir durch einige Kurven, sehen dabei auf der linken Seite mehrere Kopfweiden, die den Lauf des kaum erkennbaren Hörstgener Kendel anzeigen. Die dazugehörige gleichnamige Ortschaft Hörstgen erreichen wir wenig später. Mit einem Blick auf das hiesige Gotteshaus mit ihrem rotweißen Kirchturm fahren wir rechts herum und biegen schräg gegenüber der Kirche links in einen kleinen Weg ein. Er bringt uns wenig später zur Schloßallee, die wir überqueren, um auf dem Radweg nach links abzubiegen. Schon bald werden wir auf den Biolandhof Frohnenbruch aufmerksam, der sich zu unserer Linken in einem alten Rittersitz präsentiert. Wir füllen unsere Packtasche mit ein paar Biolebensmitteln auf und und fahren anschließend weiter entlang der Schloßallee. Während der Umrundung des Hofes überqueren wir den Wasserlauf des Nenneper Fleuth.

OERMTER BERG Hinter einer Rechtskurve blicken wir auf die Häuser von Sevelen und durchqueren diesen Ort erstaunlich flott. Vor uns erkennen wir eine quer verlaufende Baumreihe. Sie markiert die Trasse der einstmals geplanten Bahnstrecke zwischen Geldern und Meerbeck, die als sogenannte strategische Bahn konzipiert war. Gleich hinter dem ursprünglich geplanten Bahndamm wenden wir uns nach links und gelangen wenig später zur Parklandschaft des Oermter Bergs. Auf einem Rundweg können wir Rot- und Damwild in einem Wildgehege beobachten und gelangen wenig später durch eine Rechtskurve hindurch zum Parkplatz dieses beliebten Ausflugsziels. Auf den Straßen Niederend, Klotenstraße und Spanische

Straße gelangen wir wieder zum einstmals geplanten Bahndamm, den wir passieren. Hinter dem folgenden Hof zweigt halb links erneut ein zweispuriger Feldweg ab, auf dem wir abermals zwischen Feldern und Baumreihen hindurchradeln. Etwas ruckelig, aber es funktioniert. An seinem Ende befinden wir uns auf dem Breiten Weg und biegen rechts ab. An der Bergstraße stehen wir vor dem als Dachsberg bezeichneten Waldfriedhof, wenden uns nach links und biegen in der Mühlenstraße ebenfalls nach links ab.

HOCHZEITSWIESE AM ENDPUNKT Die einmündende Eugeniastraße auf der linken Seite ignorieren wir. Sie erinnert mit ihrem Namen jedoch an die Fossa Eugeniana, die hier in unmittelbarer Nähe ihren Verlauf hat beziehungsweise hatte. Hinter den vier Wohnhäusern auf der rechten Seite wenden wir uns nach rechts und folgen dem Feldweg über den Issumer Fleuth hinweg bis zu einem Waldrand. Hier biegen wir erneut nach rechts ab und überqueren wenig später die Rheurdter Straße. Im folgenden Waldstück halten wir uns abermals rechts und gelangen so ganz bequem und automatisch zu dem Höhepunkt dieser Tour, dem Kloster Kamp. Nach der Besichtigung des Klosterareals folgen wir dem am Terrassengarten abzweigenden Weg zurück zur Hochzeitswiese, auf der Brautpaare einen Obstbaum pflanzen können, und befinden uns damit wieder am Ausgangspunkt.

INFO

TOURENCHARAKTER
Einfache Tour auf breiten Waldwegen

AUSGANGS-/ENDPUNKT
Parkplatz Kloster Kamp, 47475 Kamp-Lintfort (GPS: 51.503208, 6.515355)

ANFAHRT
Mit dem Pkw auf der B510 bis Kamp-Lintfort

TOURISTENINFORMATION
kamp-lintfort-tourismus.de

EINKEHR
Haus Alte Schmiede, Abteiplatz 15, 47475 Kamp-Lintfort; Haus Bieger, Abteiplatz 11, 47475 Kamp-Lintfort, hausbieger.de

leicht | 03:00 Std. | 20 km | 128/128 Hm

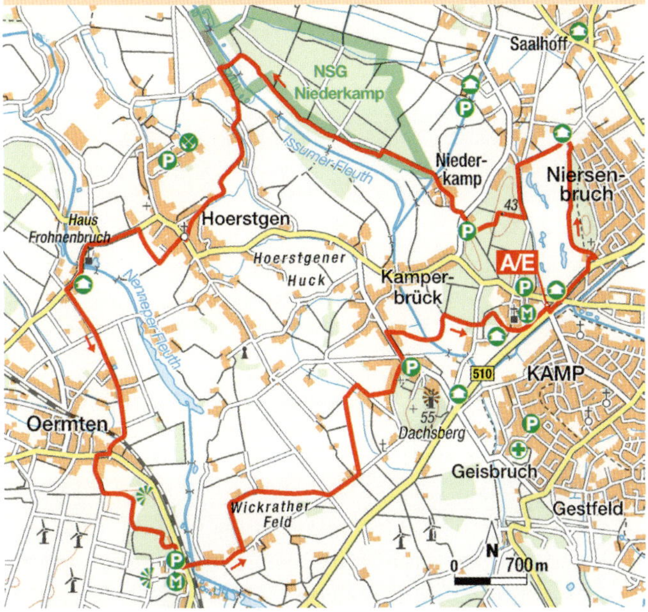

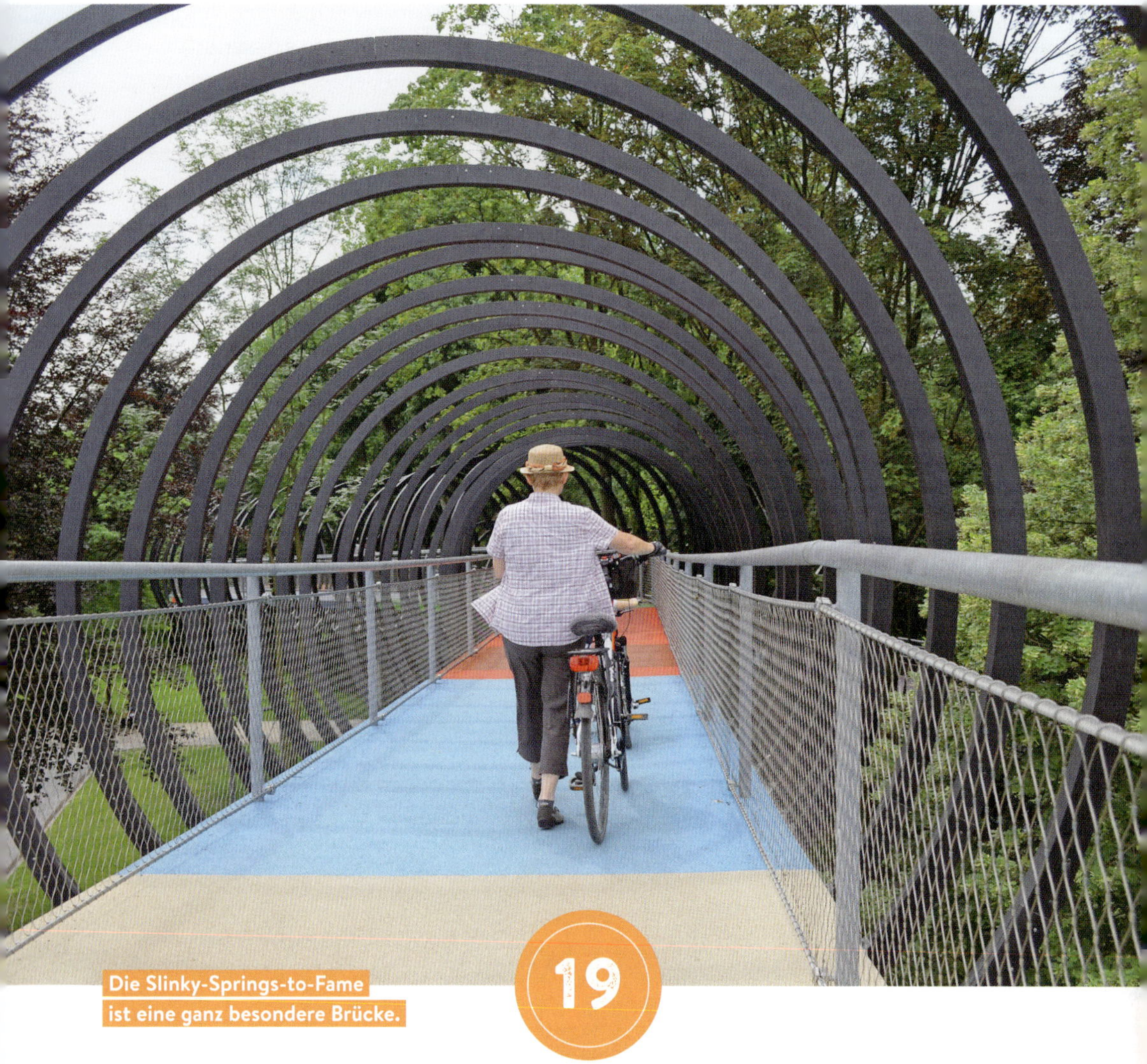

Die Slinky-Springs-to-Fame ist eine ganz besondere Brücke.

19

Rückkehr der Natur

Landschaftspark Duisburg

Der Grüne Pfad in Duisburg-Meiderich bietet eine schöne Radtour durch die ehemalige Industrielandschaft. Hier lernen wir eine interessante Industriegeschichte kennen, einschließlich eines begehbaren Hochofens. Die Tour ist geprägt von viel Grün und bietet immer wieder Einblicke in die vergangene Zeit.

GRÜNER PFAD Den kleinen Bahnhof in Duisburg-Meiderich verlassen wir nach Norden hin, zur ruhigeren Seite, um im dortigen Wohnviertel gleich nach links in die Augustastraße einzubiegen. Dieser folgen wir bis zu einem Kreisverkehr, den wir über die Baustraße und unter der dortigen Eisenbahnbrücke hindurch verlassen. Von dort sind es nur 250 Meter, bis wir auf der linken Seite eine ehemalige Bahntrasse erreichen, die den Namen Grüner Pfad trägt. Auf dem Grünen Pfad radeln wir nun ganz gemütlich schnurgeradeaus und nach nur eineinhalb Kilometern erheben sich auf der linken Seite die Gebäude der ehemaligen Kraftzentrale und des ehemaligen Hauptschalthauses vom einstigen Hüttenwerk. Eine beeindruckende, riesige Anlage!

LANDSCHAFTSPARK DUISBURG Der Landschaftspark Duisburg-Nord gehört zu den touristischen Highlights der Region und ist ein wichtiges Industriekulturdenkmal sowie ein Zeuge des hiesigen Strukturwandels. Er erstreckt sich auf einer Fläche von fast 200 Quadratmetern auf dem Gelände des stillgelegten Hüttenwerks, das zur Thyssen-Gruppe gehörte. Dort, wo früher fünf Hochöfen der 1901 gegründeten Hütte mit voller Kraft arbeiteten, lernen seit 1994 die Landschaftsparkbesucher die interessante Industriegeschichte und Technik kennen.

Tipp

SCHLOSS OBERHAUSEN

Zum Kaisergarten gehört auch Schloss Oberhausen, das mit seinem rosafarbenen Anstrich unverwechselbar ist. Es handelt sich dabei um einen klassizistischen Gebäudekomplex, zu dem ein dreiflügeliges Herrenhaus sowie ein ehemaliges Wirtschaftsgebäude, das sogenannte Kleine Schloss, gehören. Das Schloss beherbergt heute das Kunstmuseum Ludwig Galerie Schloss Oberhausen. Der Name geht auf das Sammlerehepaar aus Aachen zurück, Peter und Irene Ludwig, die sich schon in den 80er-Jahren in Oberhausen für die Kunst aus der DDR einsetzten. Die Sammlung des Ehepaars umfasst zahlreiche Kunstobjekte aus verschiedenen Epochen, von der Antike über das Mittelalter und den Barock bis in die heutige Zeit.

↓ Am Abend ist der Landschaftspark farbenfroh illuminiert. ↘ Einst Industrie und heute ein Landschaftspark

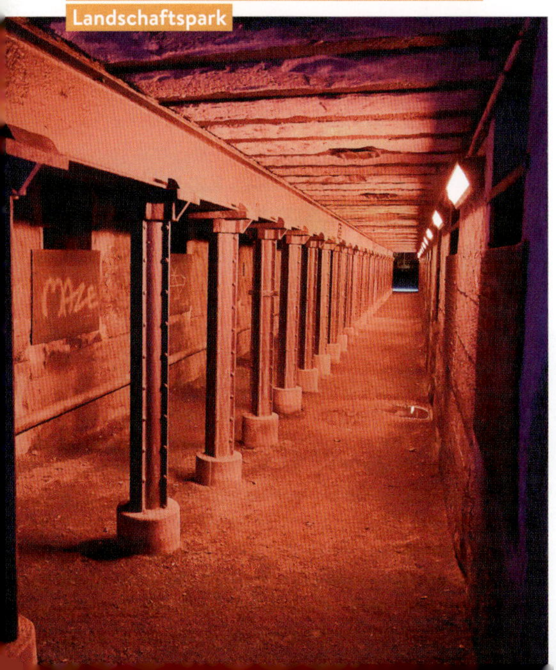

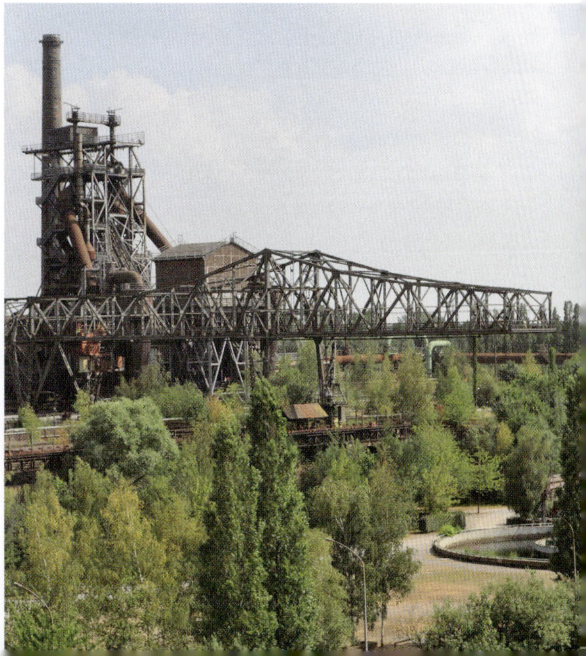

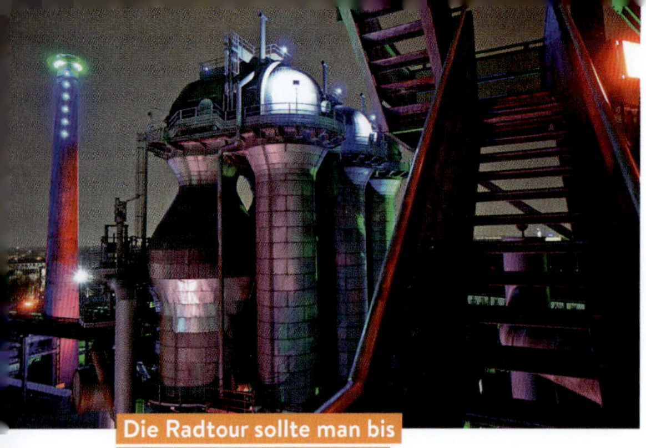

Die Radtour sollte man bis in den Abend ausdehnen.

Einer der Öfen, der 1973 erbaute Ofen Nr. 5, ist begehbar und bietet eine herrliche Aussicht über die Stadt Duisburg und weite Teile des Ruhrgebiets. Das Fahrrad schließen wir ab und erklimmen die zahlreichen Stufen. Auf dem Parkgelände befindet sich außerdem noch ein mit Wasser gefüllter Gasometer, der von einem Tauchverein genutzt wird. Freunde des Klettersports kommen in den ehemaligen Kohlebunkeranlagen auf ihre Kosten, weshalb sich hier auch der Deutsche Alpenverein angesiedelt hat. Und von einem Hügel im nördlichen Bereich des Geländes erhält man einen guten Ausblick auf die ehemalige Industrieanlage inklusive Bunkergärten, Spielplatz und Hochöfen.

AUF ALTER BAHNTRASSE UNTERWEGS

Am Landschaftspark überquert der Grüne Pfad die Emscherstraße und verläuft geradewegs weiter geradeaus. Dabei werden wir auf unserer Weiterfahrt rechts und links überwiegend vom Grün begleitet. Der Grüne Pfad war einst eine Bahntrasse der sogenannten Emschertalbahn, die noch bis 1987 verkehrte und mehrere industrielle Anlagen mit den Häfen in Duisburg verband. Wie bei vielen anderen Bahntrassenradwegen, sieht man auch hier noch gelegentlich Signalschilder und ähnliche Einrichtungen die an die vergangene Zeit erinnern. Kurz nach Unterquerung einer Autobahnbrücke gelangen wir an das Ufer der schmalen Emscher. Vor der Emscher wenden wir uns nach rechts und folgen dem Verlauf des Radwegs unter einer weiteren Autobahnbrücke hindurch bis zum Radknotenpunkt 10. An der Lindnerstraße schlagen wir den Lenker nach links ein, um gleich im Anschluss vor dem folgenden Niederrheinstadion von Rot-Weiß Oberhausen rechts zum Rhein-Herne-Kanal zu gelangen.

RHEIN-HERNE-KANAL Am Kanal entlang blicken wir auf den ebenso imposanten Gasometer und haben gleich dahinter das Gelände des Centro erreicht. Eigentlich handelt es sich in erster Linie lediglich um ein Einkaufszentrum, das auf einem ehemaligen Industriegelände in den 1990er-Jahren erbaut wurde. Im näheren Umfeld befinden sich gleich mehrere weitere Sehenswürdigkeiten, Kultur- und Freizeiteinrichtungen sowie Orte, die einen Aufenthalt lohnen.

SLINKY-SPRINGS-TO-FAME Es beginnt schon gleich am Rhein-Herne-Kanal, den wir über die Slinky-Springs-to-Fame-Brücke überqueren – allerdings schiebend. Diese farbenfrohe Fußgängerbrücke erinnert an die Spiralen, die man einst als Kinderspielzeug von Treppenstufe zu Treppenstufe »herunterlaufen« ließ. Kein Wunder also, dass diese Brücke nicht nur ein echter Hingucker ist, sondern auch eine deutliche Schwingung verursacht, wenn man sie überquert. Gleich auf der anderen Seite des Kanals erstreckt sich der Stadtpark von Oberhausen mit seinem 30 Hektar großen Kaisergarten. Er verfügt über ein ausgedehntes Netz von Wegen rund um einen kleinen kostenfreien Tierpark. Neben Hirschen, Rehen und Wildschweinen trifft man auf Waschbären, Ziegen, Schafe und Pferde, die sich in ihren Tiergehegen beobachten und füttern lassen. Auch Storche, Eulen sowie zahlreiche Wasservögel bereichern das Gelände und hinterlassen unvergessliche Eindrücke.

GASOMETER OBERHAUSEN Nur wenige Pedalumdrehungen sind es bis zum Wahrzeichen der Stadt, dem Gasometer. Das heutige bedeutende Industriedenkmal wurde zwischen 1927 und 1929 für Gichtgas der Gutehoffnungshütte, eines der wichtigsten Maschinenbauunternehmen im Revier, erbaut. Vom Bautyp her gehört er zu Scheibengasbehältern, in denen üblicherweise eine Gasdruckplatte auf dem Gas schwimmt. Durch ihr Eigengewicht hält sie den Gasdruck in einem Gasometer konstant. Der Gasometer Oberhausen ist 117 Meter hoch und hat einen Durchmesser von fast 70 Metern, womit er einer der größten in Europa war. Anfang der 90er-Jahre wurde er in eine Ausstellungshalle umgewandelt, bei der die Gasdruckplatte in einer Höhe von etwa vier Metern fest fixiert wurde; seither dient sie als Ausstellungsfläche. Im Inneren fährt ein Glaspanorama-Aufzug durch die riesige Halle bis zu einer Aussichtsplattform auf dem Dach. Schon die Fahrt ist ein wahres Erlebnis, beeindruckend aber dann erst recht der Blick vom Dach des Gasometers, von dem aus man das Ruhrgebiet überblickt.

INFO

mittel | 02:00 Std. | 11 km | 61/61 Hm

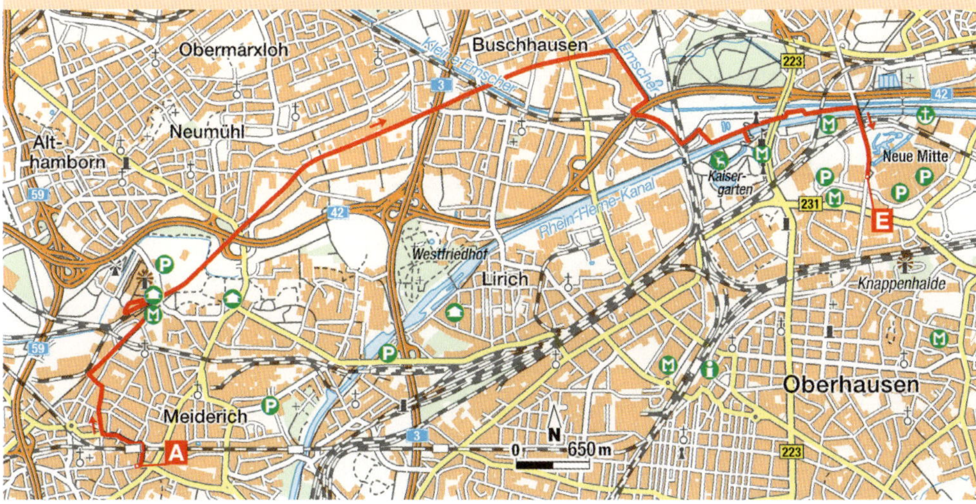

TOURENCHARAKTER

Mittelschwere Radtour auf einer ehemaligen Bahntrasse, teils aber auch durch städtisches Gebiet

AUSGANGSPUNKT

Von-der-Mark-Straße, 47137 Duisburg-Meiderich
(GPS: 51.46759195, 6.779975731)

ENDPUNKT

Arenastraße, 46047 Oberhausen
(GPS: 51.492794, 6.870224)

ANFAHRT

Mit dem Pkw auf der A59 bis zur Ausfahrt Duisburg-Meiderich; mit dem Zug zum Bahnhof Duisburg-Meiderich

TOURISTENINFORMATION

duisburg.de

EINKEHR

Diverse Einkehrmöglichkeiten am Centro Oberhausen

Zu Besuch am Konfluenzpunkt

Vom Mercator-Denkmal zum Kleinbahnmuseum

Eine inspirierende Fahrradtour durch die Landschaft des Kreises Heinsberg erwartet uns. Die Fahrt ist vollgepackt mit historischen, geografischen und kulturellen Sehenswürdigkeiten, die uns jede Menge Abenteuer und Entdeckungen bieten werden.

KONFLUENZPUNKT Eine lockere Fahrradtour, auf der wir im Verhältnis zur Streckenlänge jede Menge zu sehen bekommen, steht uns bevor. An der St.-Nikolaus-Kirche in Gangelt schwingen wir das Bein über das Fahrrad und wollen gerade in die Pedale treten, als wir noch eben schnell die niedliche Skulpturengruppe an der Nordseite des Gotteshauses zu sehen bekommen. Dabei handelt es sich nicht um sakrale Figuren, wie man angesichts des Standortes annehmen könnte. Vielmehr besteht die kleine Gruppe aus einer Vielzahl von Schafen mit ihrem Schäfer. Der Hintergrund für diese Skulptur ist uns nicht ganz klar, aber sie ist niedlich und zaubert ein Lächeln ins Gesicht.

GERHARD MERCATOR Mit diesem Lächeln radeln wir los und fahren auf der Heinsberger Straße bis zu einem Kreisverkehr, an dem wir die vierte Ausfahrt nehmen. Die Hanxler Straße verlassen wir

Ein Konfluenzpunkt besteht aus dem Schnittpunkt ganzzahliger Koordinaten.

20

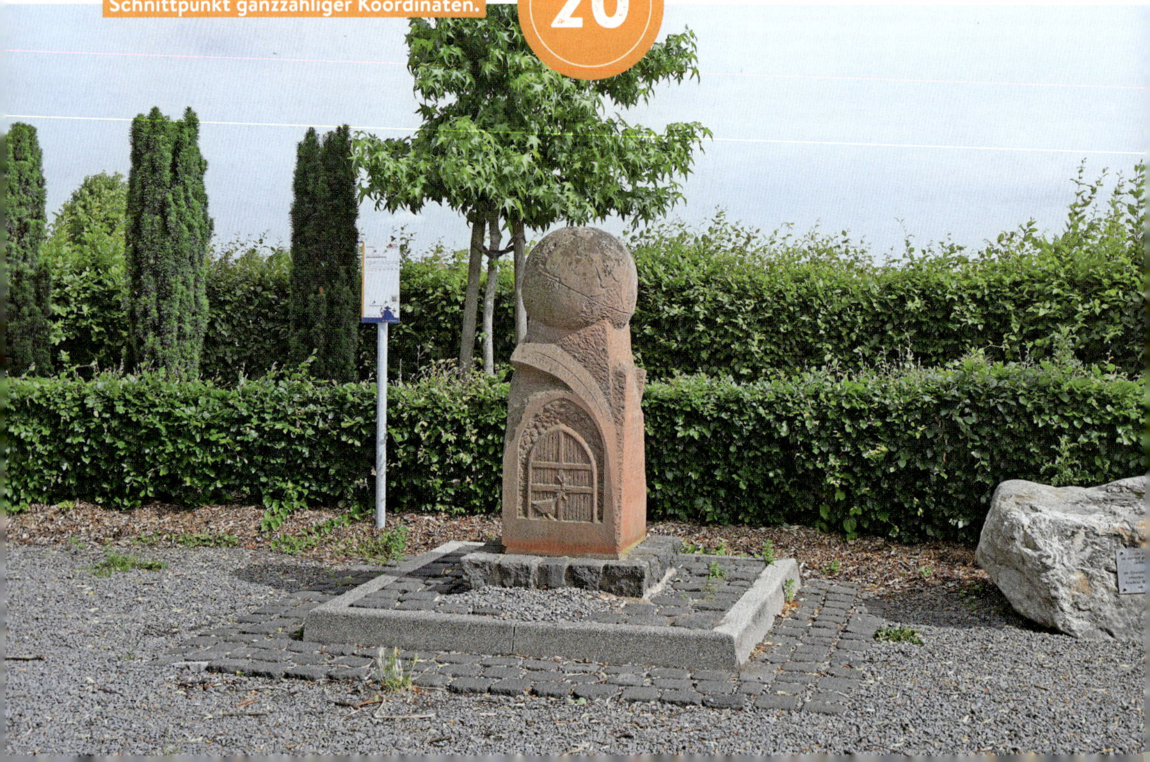

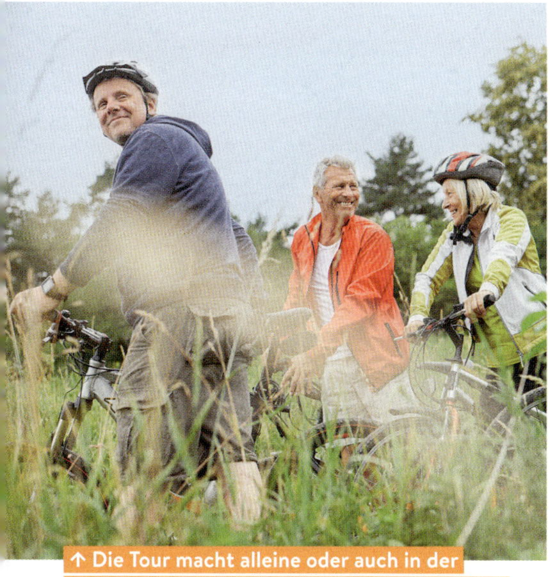

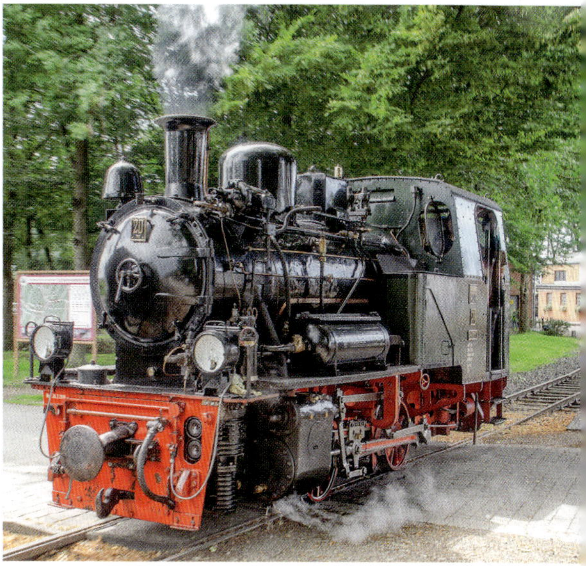

↑ Die Tour macht alleine oder auch in der Gruppe Spaß. ↗ Mit der Selfkantbahn geht es gemächlich durch die gleichnamige Region.

daraufhin gleich nach links in die Lindenstraße, wo wir nicht nur den Ort verlassen, sondern auch gleichzeitig die erste Sehenswürdigkeit zu Gesicht bekommen. Auf der rechten Seite stoppen wir nämlich an einem kleinen Picknickplatz, der nach Gerhard Mercator benannt ist. Mercator war im 16. Jahrhundert ein bedeutender Geograf und Kartograf. Ihm haben wir zahlreiche historische Landkarten und Globen zu verdanken. Er wurde zwar in Flandern geboren, verbrachte aber die meiste Zeit seines Lebens in Duisburg, wo er schließlich auch verstarb. Der sogenannte Mercatorpunkt erinnert an sein Wirken als Geograf, doch warum ausgerechnet hier am Ortsrand von Gangelt? Die Erklärung ist eigentlich recht einfach, wenn man weiß, was ein Konfluenzpunkt ist. Diese geografischen Punkte sind das Zusammentreffen von ganzzahligen Längen- und Breitengraden. Innerhalb Deutschlands gibt es davon 48. Zwei der deutschen Konfluenzpunkte befinden sich im bebauten Gebiet. Alle anderen liegen in Wäldern und auf Feldern. Dieser eine hier liegt am Ortsrand von Gangelt auf einem Feld und markiert die Kreuzung vom 51. Breitengrad Nord mit dem 6. Längengrad Ost. Kein Wunder also, dass dieser interessante geografische Punkt nach einem der bedeutendsten Geografen benannt wurde.

Tipp

SELFKANTBAHN

Sieben Jahrzehnte lang dienten sogenannte Kleinbahnen dazu, den ländlichen Raum an einen öffentlichen Nahverkehr anzuschließen. Doch in den 1970er-Jahren kam das Aus für diese Art von Zug, ein paar Enthusiasten retteten jedoch den Streckenabschnitt zwischen Schierwaldenrath und Gillrath, der nun Teil des Kleinbahnmuseums ist. Auf der fünfeinhalb Kilometer langen Strecke verkehren nun an ausgewählten Terminen die Dampfzüge der Selfkantbahn und nehmen Passagiere mit.

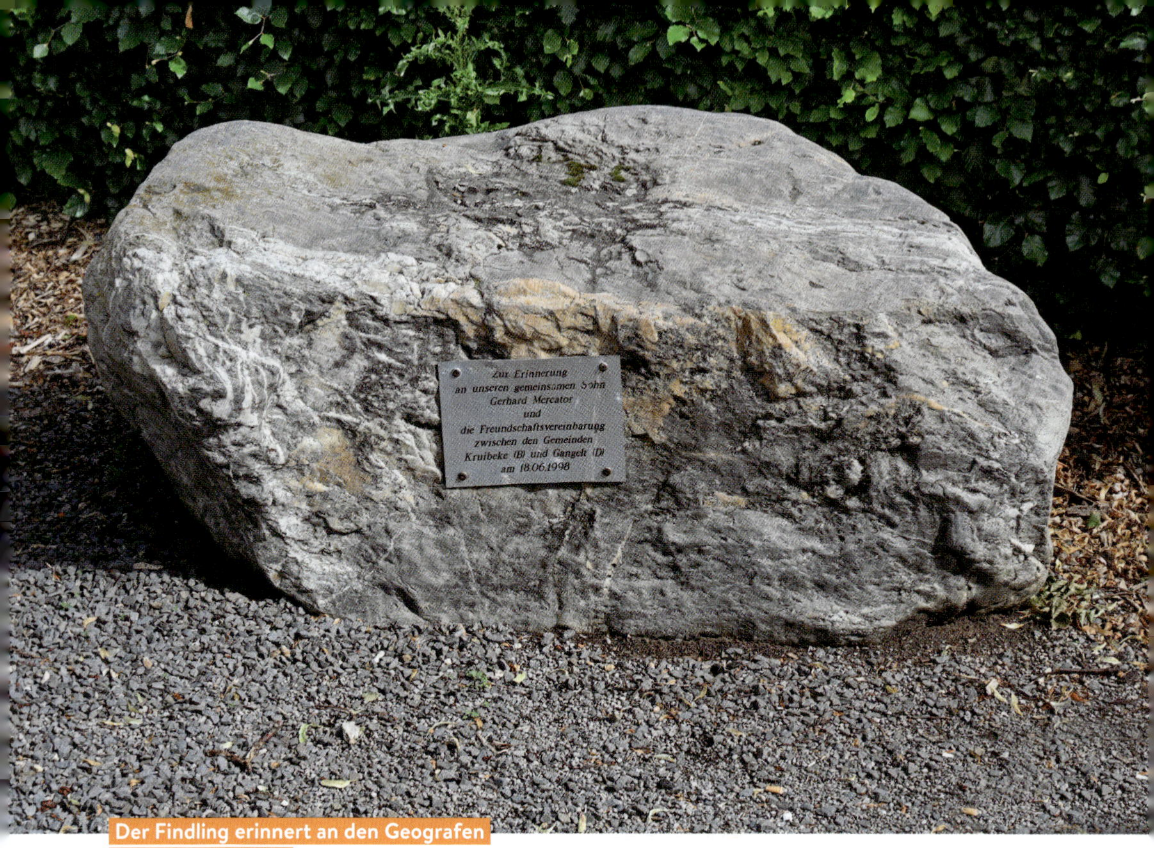

Der Findling erinnert an den Geografen Gerhard Mercator.

KAPELLE SCHÜMM Nach dieser kleinen Pause und dem geografischen Exkurs folgen wir dem schmalen Sträßchen weiter nach Norden, überqueren auf einer Brücke die Ringstraße um Gangelt herum und radeln zwischen einer weiten, aus Feldern bestehenden Landschaft bis zu einer kleinen Ziegelsteinkapelle, an der wir gerne innehalten und einen Blick hineinwerfen. Gleich darauf folgt die nächste Überquerung, dieses Mal über die B56, und schon befinden wir uns in Schümm, wo wir eine weitere Kapelle besuchen können. Das Radwegenetz der Region führt uns weiter nach Norden, bis wir an der Straße Am Damm herauskommen. Dort befindet sich der Knotenpunkt 55 des niederrheinischen Knotenpunktsystems. Dieses System, auch gerne »Radeln nach Zahlen« genannt, hat man sich ein wenig von den benachbarten Niederlanden abgeschaut; es dient zur besseren Orientierung. Bei der Planung einer Radtour kann man so relativ einfach von einem Knotenpunkt zum nächsten radeln, indem man vorab die Knotenpunkte von einer Übersichtskarte abschreibt oder abfotografiert und schließlich der Beschilderung dorthin folgt.

KLEINBAHNMUSEUM SELFKANT Wir nutzen diese hilfreiche Beschilderung und halten uns rechts, um zum Knotenpunkt mit der Nummer 56 zu gelangen. Dafür durchqueren wir den Ortsteil Langbroich und sind auf der Bergstraße geradewegs gen Osten unterwegs, wo wir nach einigen Feldern rechts und links die St.-Anna-Kirche in Schierwaldenrath erreichen. Am Dorfplatz schlagen wir den Lenker nach rechts ein und lassen das Rad bis zur nächsten Sehenswürdigkeit rollen, dem Kleinbahnmuseum Selfkant, für das wir extra ein wenig Zeit eingeplant haben.

RADELN NACH ZAHLEN Nach der Fahrt mit dem Zug und einem kurzen Besuch im Museum schwingen wir uns wieder in den Sattel und folgen auf den letzten Kilometern der Tour dem Radwegenetz NRW. Das bringt uns über die B56 hinweg in den Nachbarort Birgden. Dort könnten wir noch die Dauerausstellung im Dorf- und Feuerwehrmuseum besichtigen. Doch für heute belassen wir es bei der Radtour mit historischer Eisenbahnfahrt. Das Radwegenetz bringt uns wieder aus dem Ort hinaus, und wir folgen in der Tat dem Motto »Radeln nach Zahlen«. Denn der Knotenpunkt 57 ist unser letztes Zwischenziel, bevor wir von dort am Rodebach entlang und mit Blick auf die Grenze zum Nachbarland Niederlande auf der linken Seite gemütlich durch die Auen radeln. Am Knotenpunkt 51 wenden wir uns abschließend nach rechts und radeln mit kräftigen Tritten in die Pedale deutlich bergauf am Wohnmobilstellplatz vorbei in das Zentrum von Gangelt, wo wir nach einer wunderbaren Runde unseren Ausgangspunkt an der Schäferskulptur wiederentdecken.

INFO

TOURENCHARAKTER
Gemütliche und einfache Fahrt auf Radwegen

AUSGANGS-/ENDPUNKT
Parkplatz Hanxler Straße, 52538 Gangelt (GPS: 50.995674, 5.999479)

ANFAHRT
Mit dem Pkw auf der B56 bis Gangelt

TOURISTENINFORMATION
gangelt.de

EINKEHR
Restaurant Zweiländer-Eck, Sittarder Str. 17, 52538 Gangelt, zweilaendereck-restaurant.de

leicht	02:30 Std.	17,5 km	75/75 Hm

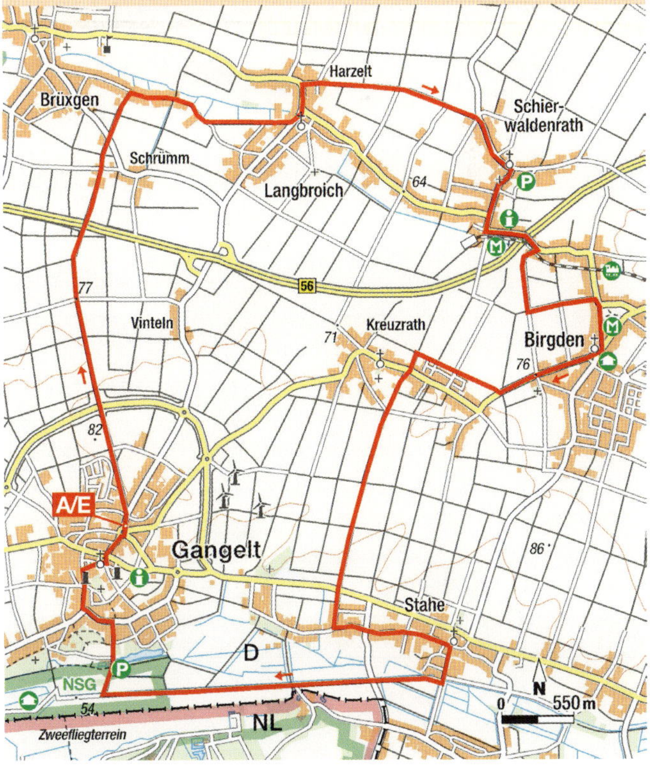

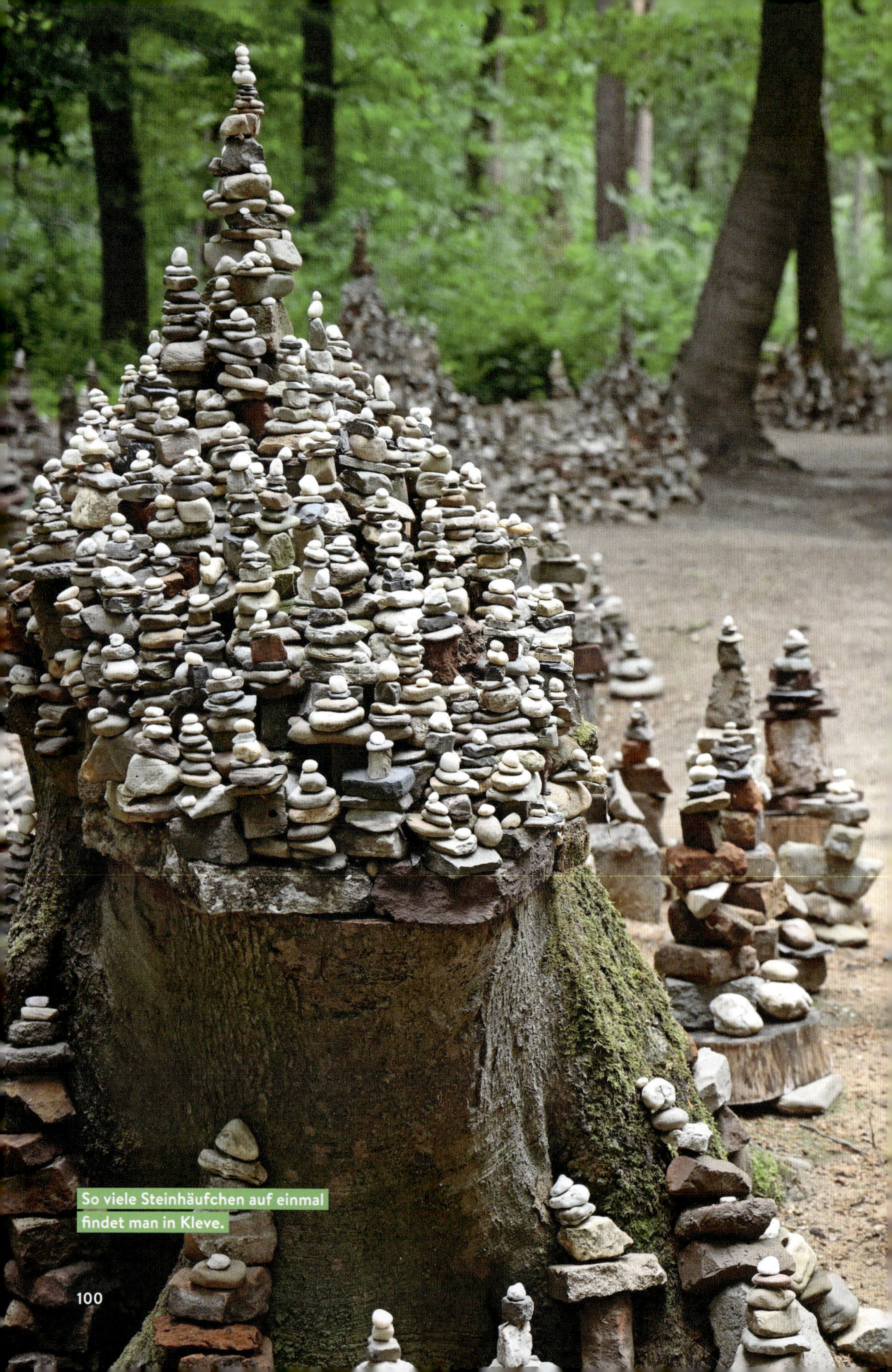

So viele Steinhäufchen auf einmal findet man in Kleve.

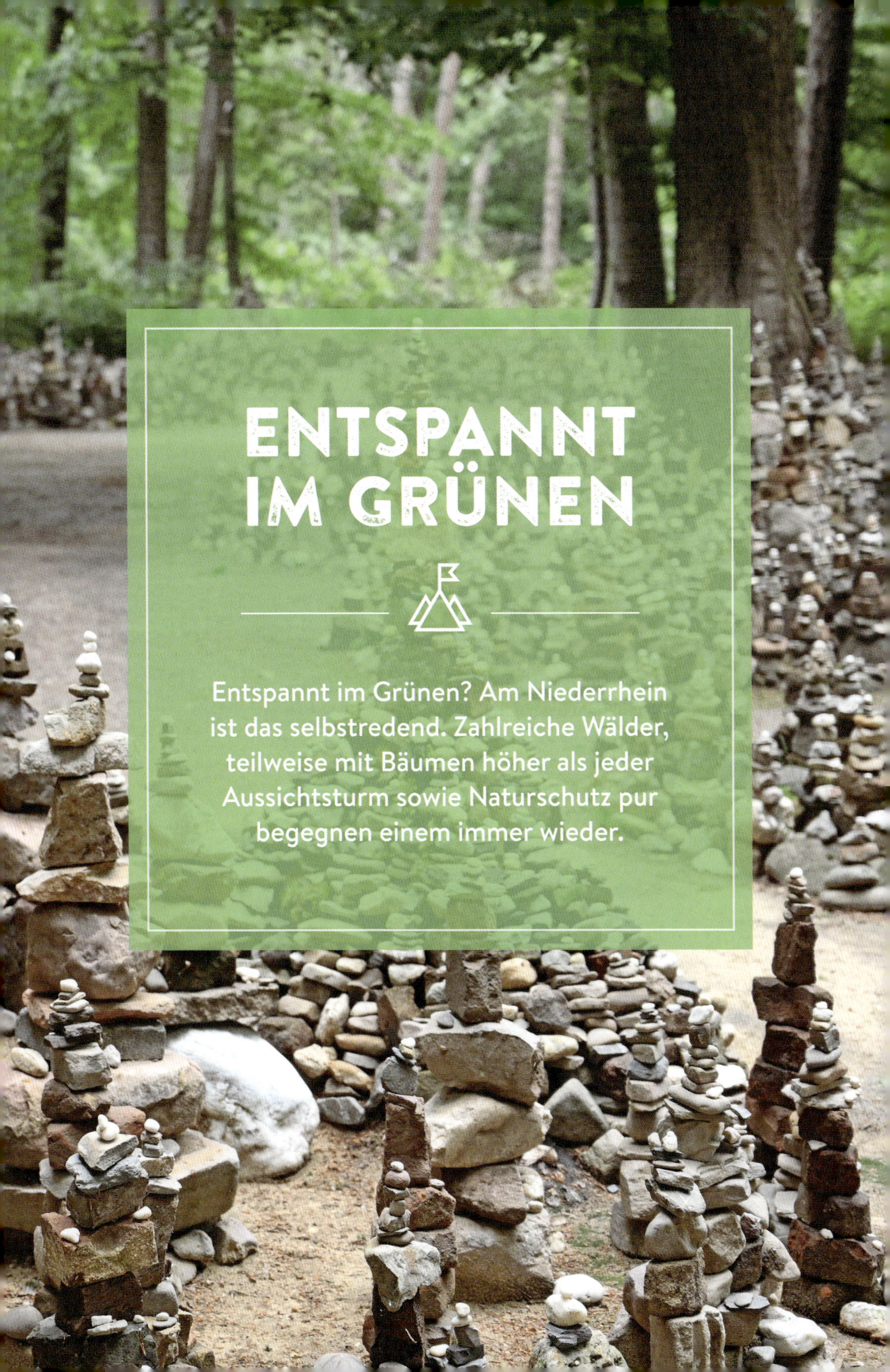

ENTSPANNT IM GRÜNEN

Entspannt im Grünen? Am Niederrhein ist das selbstredend. Zahlreiche Wälder, teilweise mit Bäumen höher als jeder Aussichtsturm sowie Naturschutz pur begegnen einem immer wieder.

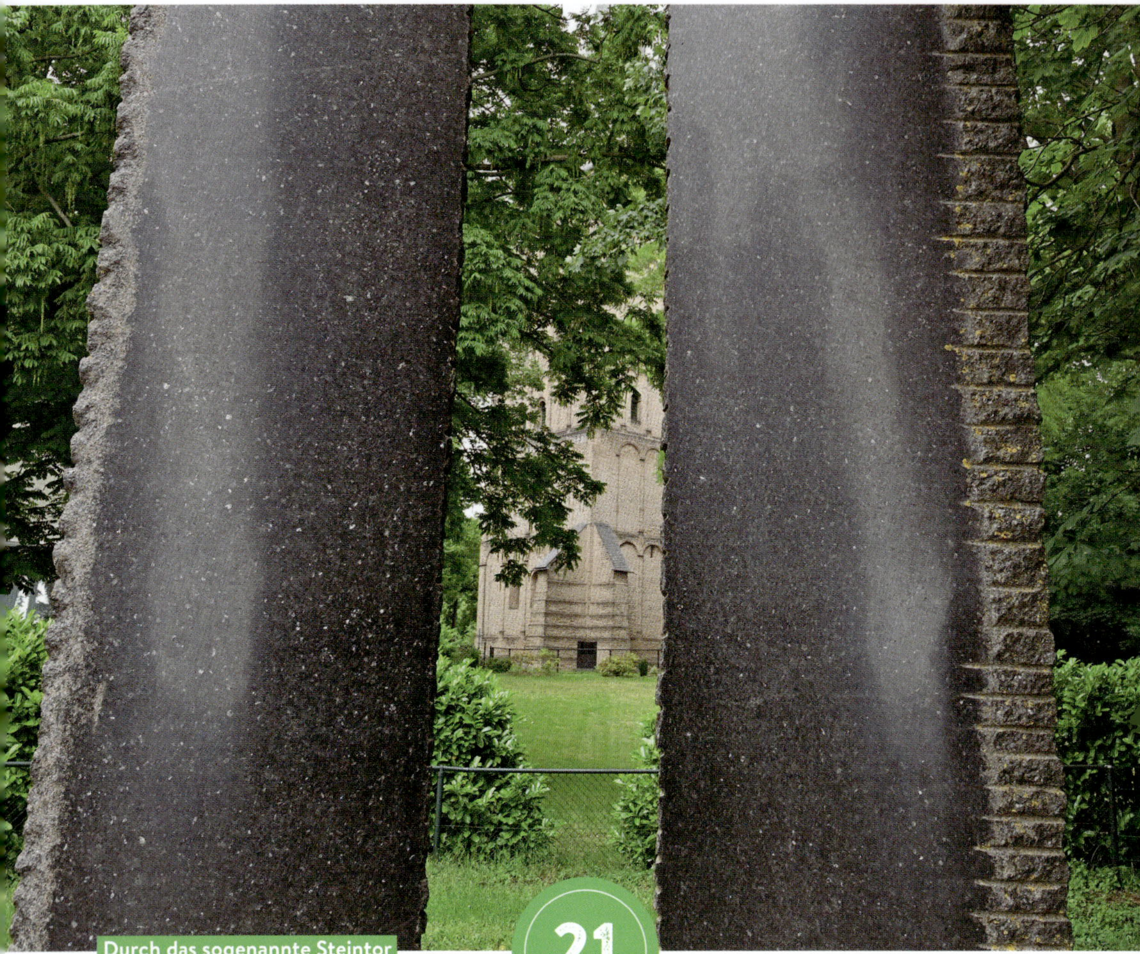

Durch das sogenannte Steintor blickt man zur Kirche.

21

Rhein, so weit das Auge reicht

St. Vitus Hochelten

Eine besondere Tour erleben wir auf einer Wanderung bei Emmerich. Sie bringt uns durch die angrenzenden Niederlanden und lässt uns sogar ein paar Höhenmeter erklimmen. Dabei lernen wir einen kleinen Teil des sogenannten Pieterpads kennen, eines beliebten niederländischen Fernwanderwegs. Wieder zurück in Deutschland, gelangen wir nach Hoch Elten. Dort ist der Name Programm und wir steigen einige Meter in die Höhe.

ELTEN Unsere Wanderung beginnt auf dem Parkplatz im Zentrum von Elten, einem Stadtteil von Emmerich. Direkt neben dem Parkplatz verläuft die B8. Nur noch dreieinhalb Kilometer nach Norden und auf der Bundesstraße würde man die Niederlande erreichen. Dort befindet sich der Ausgangspunkt für eine Reise auf einer der längsten Bundesstraßen Deutschlands. Die B8 endet nämlich nach über 800 Kilometern Wegstrecke erst in Passau ganz im Südwesten Deutschlands. Wir haben aber für heute weder so eine weite Strecke vor uns noch wollen wir mit dem Auto fahren. Vielmehr lassen wir das hier stehen und begeben uns nun zu Fuß in die Niederlande. Doch zuvor werfen wir noch einen Blick auf und in die stattliche Kirche St. Martinus auf der anderen Straßenseite. Sie stammt aus der Mitte des 15. Jahrhunderts und wurde im Stil der Spätgotik errichtet. Die beiden Glocken, die noch heute zu hören sind, sind nur unwesentlich jünger. Eine stammt aus dem Jahr 1473, die andere wurde im Jahr 1512 gegossen. Gegenüber der Kirche gehen wir nun in die Schmidtstraße hinein, wandern am Parkplatz auf dem Eltener Markt vorbei und überqueren schon nach kurzer Zeit die Sandstraße.

WINDMÜHLE Nur ein paar Häuser streifen wir auf der Stokkumer Straße, bis wir auf der linken Seite unter den Flügeln eine Holländerwindmühle stehen sehen. Sie wurde im Jahr 1846 erbaut und 1990 umfassend restauriert. Hinter der Mühle bleiben wir der Stokkumer Straße noch einige Zeit treu und passieren als Nächstes den örtlichen Friedhof. Mit diesem verlassen wir jedoch Elten und tauchen nun in einen Wald ein. Auf dem kleinen, kaum befahrenen Asphaltsträßchen wandern wir stets geradeaus und überqueren eine Brücke.

PIETERPAD IN ACHTERHOEK Welkom in de Nederland. Genauer gesagt befinden wir uns nun in der niederländischen Provinz Gelderland und dort wiederum im sogenannten Achterhoek. Auf der Asphaltstraße gehen wir durch eine Rechtskurve leicht bergab und biegen, sobald wir den Wald verlassen, nach links an der Holzbarriere auf

↓ Auf einem schmalen Pfad geht es bergab. ↘ Wem reißt in der Natur denn der Geduldsfaden?

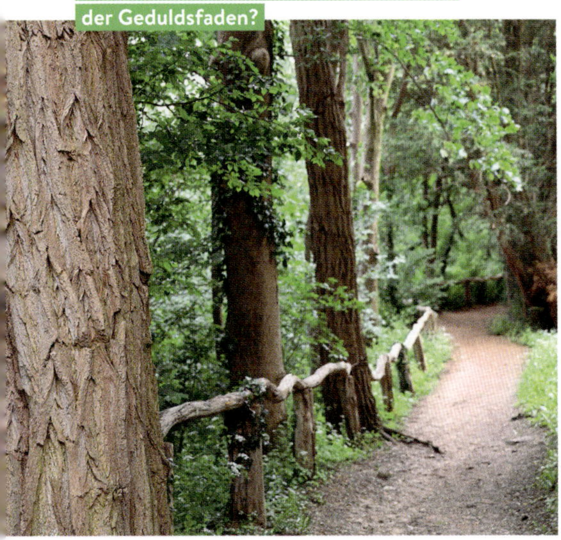

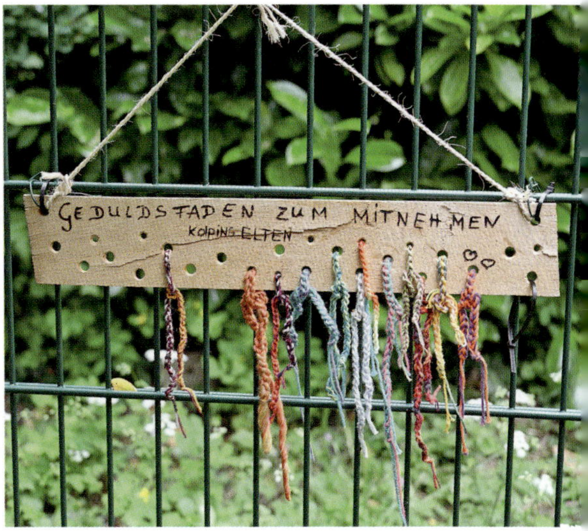

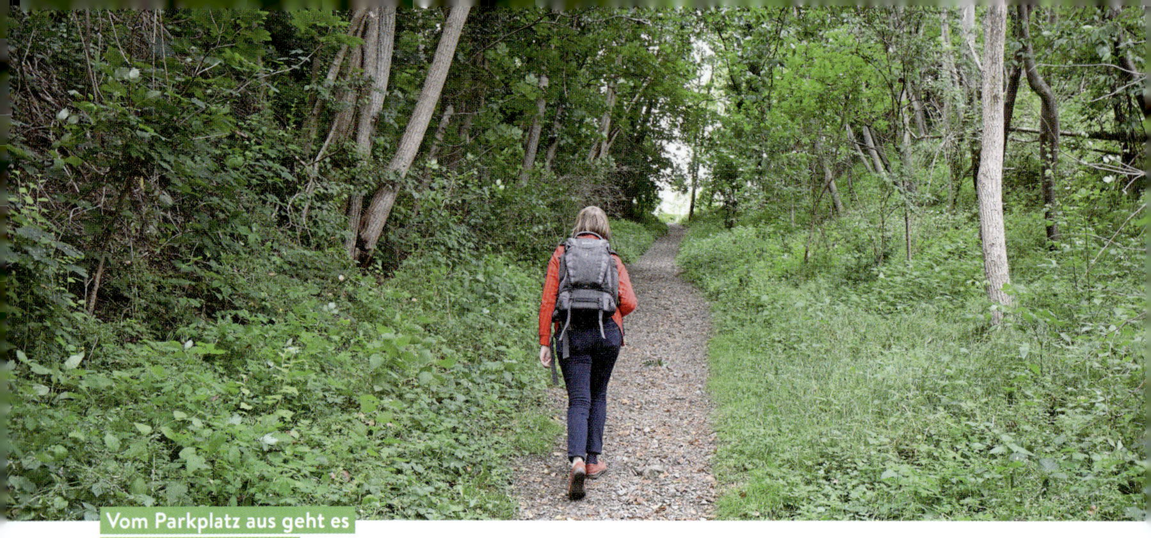

Vom Parkplatz aus geht es erstmal in die Höhe.

den wurzeligen Waldweg ab. Ein Hinweisschild verrät uns, dass wir uns gleichzeitig auf dem Pieterpad befinden. Übrigens nicht erst hier, sondern schon kurz vor der Brücke, also noch auf deutschem Boden, haben wir den niederländischen Wanderweg betreten. Wir folgen dem Pieterpad nicht nur durch den Wald, sondern auch durch eine wunderschöne Heidelandschaft, durch die uns der Wanderweg leicht kurvig führt. Knorrige Bäume wechseln sich mit dichten Gräsern ab, die sich im Wind wiegen. Wir genießen die Ruhe der Natur auf dem ganz sanft ansteigenden Weg und erreichen einen Querweg, an dem der Pieterpad uns nach links verlässt.

HULZENBERG Wir wollen lieber rechts abbiegen und folgen dem weiter aufwärts führenden Weg bis zum Hulzenberg. Auf einem der höchsten Punkte der Region hat man einen 21 Meter hohen hölzernen Turm errichtet, der uns nicht nur beste Rundumsichten bis nach Deutschland ermöglicht, sondern nach dem Aufstieg auch eine gute Gelegenheit für eine Rast bietet. Nach der Pause verlassen wir den Turm und wenden uns vor ihm halb rechts, also in südöstliche Richtung, um weiter durch den Wald zu wandern. Pferdekoppeln und Hinweisschilder zu den örtlichen Campingplätzen säumen unseren Weg, bis wir an eine Kreuzung mit einer kleinen Kapelle gelangen.

Tipp

ACHTERHOEK UND DER PIETERPAD

Als Achterhoek wird eine Landschaft in der niederländischen Provinz Gelderland bezeichnet, die zehn Gemeinden östlich der Ijssel umfasst. Zum ersten Mal wurde der Begriff in einem Gedicht des niederländischen Dichters Willem Sluyter im 17. Jahrhundert benutzt. Zu der Zeit waren noch die gesamten Niederlande mit Achterhoek gemeint. Der Pieterpad ist ein 485 Kilometer langer Fernwanderweg, der die Niederlande fast vom nördlichsten bis fast zum südlichsten Punkt des Landes durchquert. Nur für wenige Kilometer, nämlich genau an dieser Stelle unserer Wanderung, berührt der Pieterpad auch deutschen Boden. Die Idee zu diesem Wanderweg kam von zwei Freunden, die an den beiden Enden des heutigen Wegs wohnten und sich überlegten, wie man diese beiden Orte miteinander verbinden könnte.

Wir biegen links ab und wandern auf dem Eltenseweg durch den Süden von Stokkum. Anschließend lohnt sich noch ein Abstecher zum rund einen Kilometer entfernten Kasteel Huis Bergh.

SCHLOSS HUIS BERGH Um dieses zu besuchen, wandern wir geradeaus auf dem Landwirtschaftsweg, der uns zur Nachtegaalslaantje bringt. Nach einem Rundgang um das Schloss und einer Besichtigung von außen folgen wir der Linthorsterstraat und erreichen einen kleinen Wasserlauf. Über die schmale Brücke überqueren wir das Wasser und befinden uns an dieser Stelle wieder in Deutschland. Am Rande eines Eichen- und Buchenwaldes mit altem Baumbestand erblicken wir auf der rechten Seite das Schlösschen Borghees, ein historisches Herrenhaus. Die Hüthumer Straße mündet in den Abergsweg, auf dem wir für ein kurzes Stück parallel zu einem Golfplatz wandern. Ansonsten ist der wenig befahrene Abergsweg ebenfalls wieder von dichten Bäumen umgeben und so genießen wir an heißen Sommertagen diesen schattigen Waldweg.

AUSBLICKE IN HOCHELTEN Oberhalb eines Wanderparkplatzes erreichen wir die St.-Vitus-Kirche. Dort ist nicht nur das sakrale Gebäude einen Blick wert, sondern auch die beiden Skulpturen Steintor und Stuhl der Fürstäbtissinnen. Letzterer ist ein steinerner Thron, der demjenigen, der darauf Platz nimmt, eine Sichtachse durch das Steintor auf die dahinterliegende Ebene des Niederrheins bietet. Das Steintor ist fast sieben Meter hoch und besteht aus zwei Granitblöcken, die jeweils 25 Tonnen schwer sind. Auf der Lindenallee gelangen wir in die Ortschaft hinein, erreichen die Bergstraße und sehen bald die Kirche St. Martinus, die uns das Ende unserer Wanderung durch das deutsch-niederländische Grenzgebiet ankündigt.

INFO

TOURENCHARAKTER
Mittelschwere Wanderung auf wechselhaftem Untergrund und mit leichtem Anstieg

AUSGANGS-/ENDPUNKT
Eltener Markt, 46446 Emmerich am Rhein-Elten (GPS: 51.871962, 6.159386)

ANFAHRT
Mit dem Pkw auf der A3 bis zur Ausfahrt Elten; mit dem Zug bis Bahnhof Emmerich-Elten

TOURISTENINFORMATION
emmerich.de

EINKEHR
Gaststätte Pannekoekhuys, Van-der-Renne-Allee 2A, 46446 Emmerich am Rhein, pannekoekhuys-hochelten.nl

mittel | 05:00 Std. | 16,5 km | 195/195 Hm

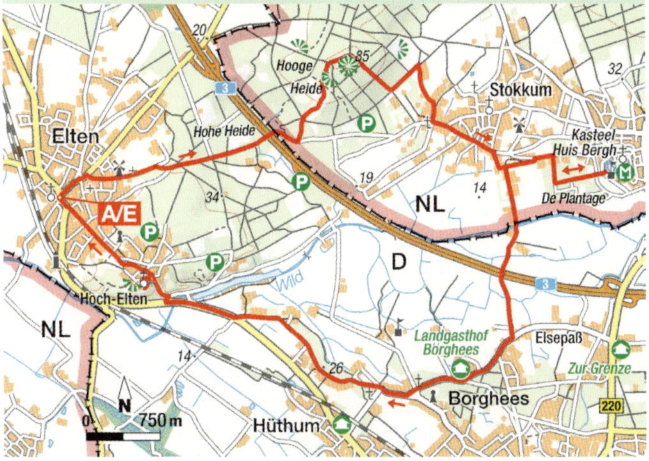

Skulpturen mitten im Wald

Steinmännchen Kleve

Im Zentrum dieser Wanderung stehen die Steinmännchen, die sich in einem dichten Wald in Kleve erheben. Nach einem ausgiebigen Besuch an diesem inoffiziellen Kunstprojekt gehen wir zu einem Obelisken, um einen Ausblick auf das Grün von Kleve zu erhaschen.

22

Die Schwanenburg dominiert das Stadtzentrum von Kleve.

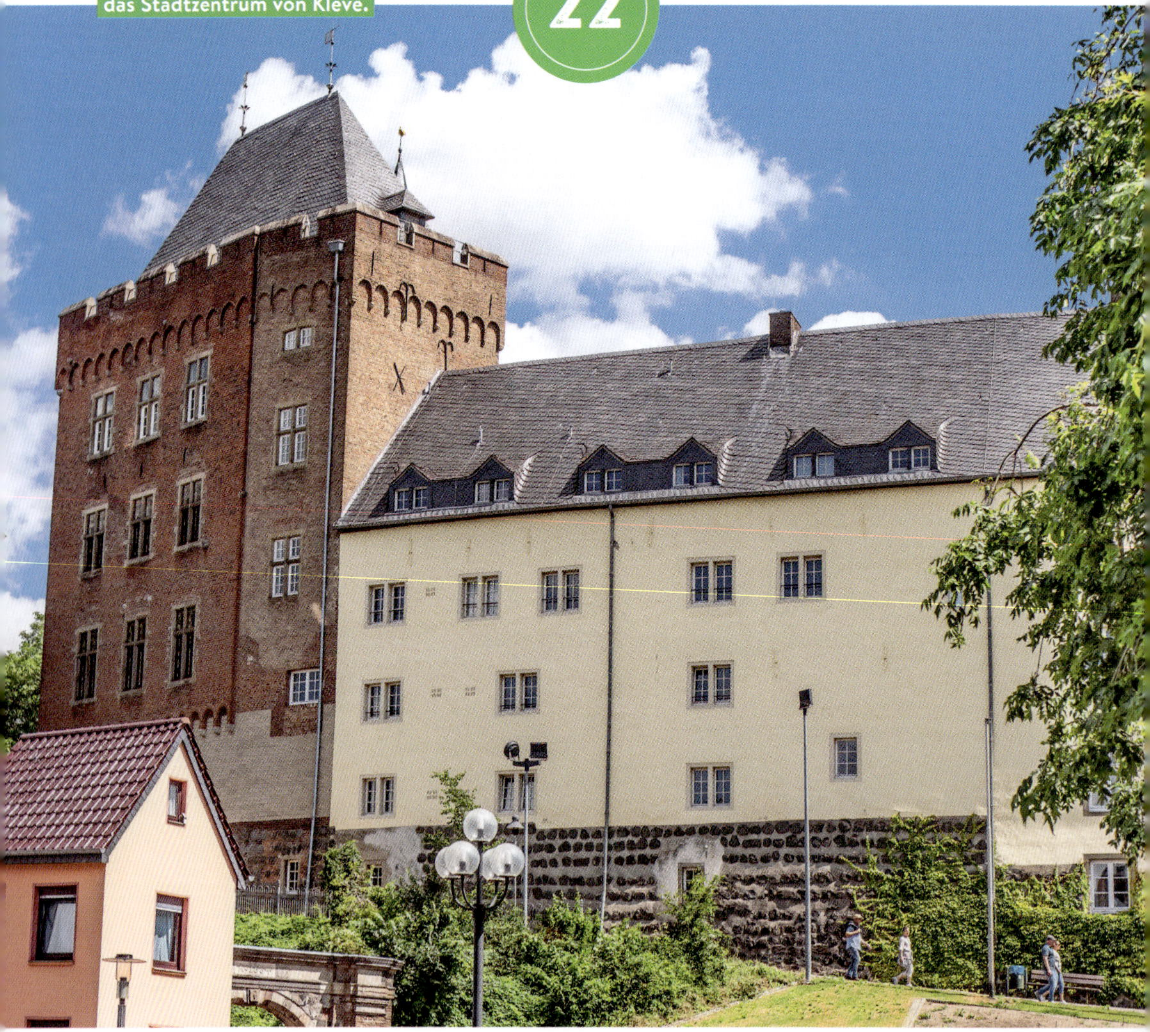

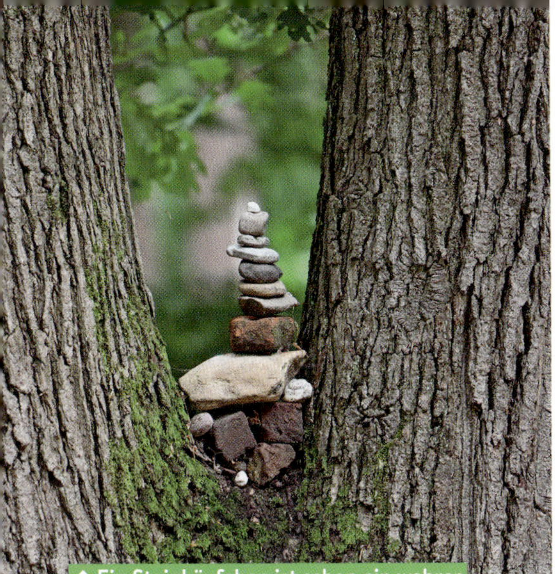

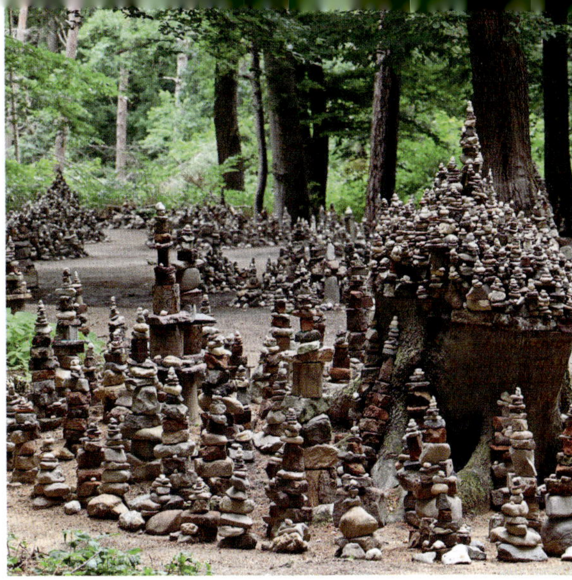

↑ Ein Steinhäufchen ist schon ein wahrer Balanceakt ... ↗ Aber bei so vielen? Respekt für diese Arbeit.

IN DEN WALD HINEIN Ein bisschen klein und eng ist der Parkplatz in der Grenzallee in Kleve, aber es passt gerade so eben. Wir steigen aus und stehen schon mitten im Wald. Zumindest fast, zu unserer Linken befinden sich noch Wohnhäuser. Diese haben wir auch noch einige Zeit neben uns, während wir in den Wald hineinwandern. Doch dann zweigt unser Weg halb rechts ab, passiert einen Spielplatz und taucht tiefer in den Wald hinein. Es wird schlagartig ruhig und nur die Vögel sind zu hören, wie sie zwitschern oder im Laub rascheln. Sehr schön. Dass das Stadtzentrum von Kleve gerade mal einen Kilometer von uns entfernt ist, also weniger als 15 Minuten Fußweg, merken wir gar nicht. So idyllisch ist es hier und nur ein paar andere Wanderer teilen sich mit uns den Weg. In Wahrheit sind es aber Anwohner, die ihren Hund ausführen. Die werden sich hier auskennen und wir könnten jederzeit fragen, wenn wir uns unsicher sind, ob dies der richtige Weg ist. Aber noch scheint uns das nicht notwendig. Der breite Weg ist ziemlich eindeutig und auch unser GPS betont ausdrücklich, dass wir geradeaus weiter zu gehen haben.

ZU BESUCH BEI DEN STEINMÄNNCHEN
Wobei der Begriff geradeaus in diesem Fall nicht ganz zutreffend ist. Der Weg verläuft mit weiten Kurven durch den Wald. Schon nach kurzer Zeit haben wir die Möglichkeit, zu einem Aussichtspunkt nach links zu gehen. Den bewahren wir uns aber für später auf. Zunächst einmal sind wir daran interessiert, zu den sogenannten Steinmänn-

Tipp

SCHWANENBURG

Wegen der recht flachen Topografie am Niederrhein gibt es nur wenige Höhenburgen in der Region. Eine dieser seltenen Bauwerke ist die Schwanenburg im Herzen von Kleve, die zugleich das Wahrzeichen der Stadt ist. Erbaut wurde sie vermutlich schon im 11. Jahrhundert auf einer Art Klippe, wovon sich der heutige Städtename ableitet. Der Turm, der nach starken Zerstörungen im Zweiten Weltkrieg wieder aufgebaut wurde, beherbergt heute ein kleines Museum und bietet durch die wenigen Fenster einen schönen Fernblick nach draußen.

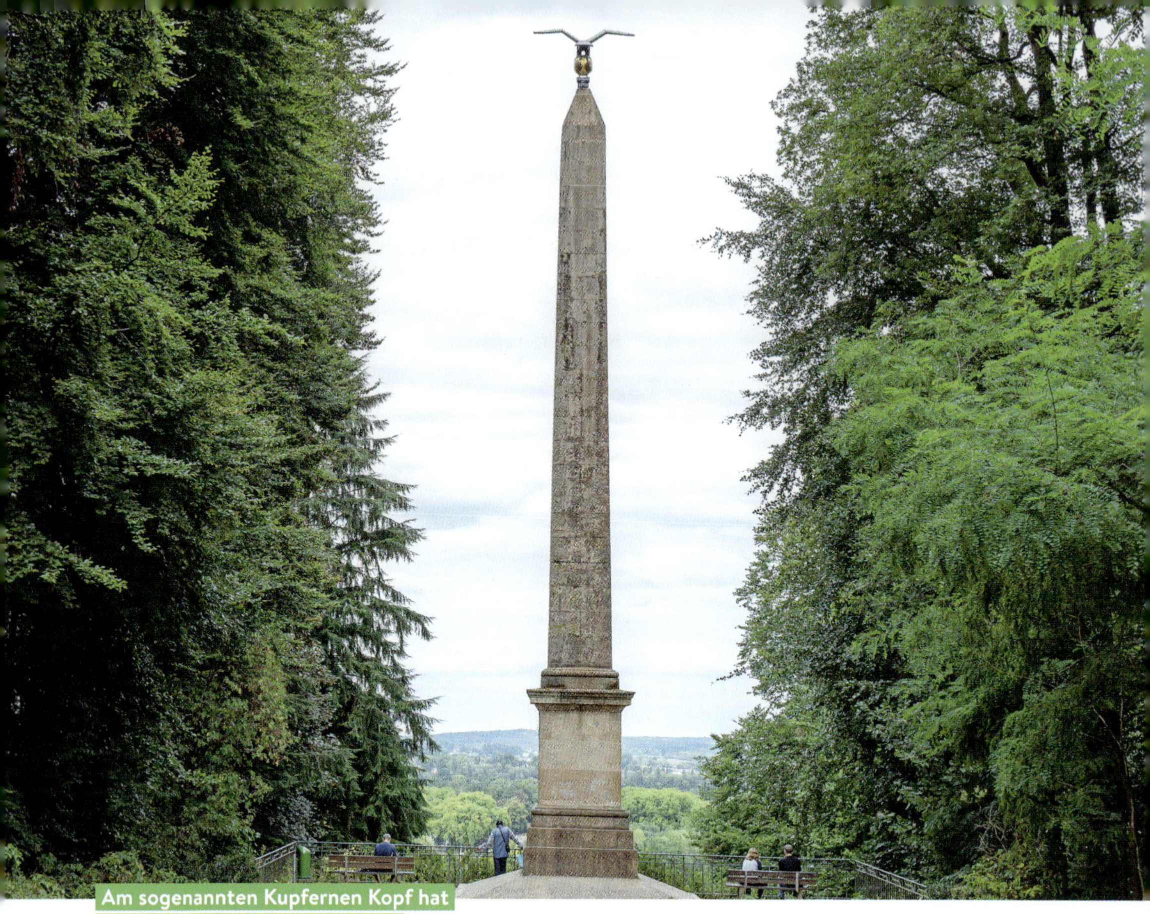

Am sogenannten Kupfernen Kopf hat man einen Weitblick über Kleve.

chen zu gehen, die außerhalb von Kleve kaum jemand kennt. Erst recht sind sie unbekannt für Personen, die noch nie etwas mit dem Niederrhein zu tun hatten. Eine berühmte Sehenswürdigkeit sind sie also nicht, was angesichts der Größe und der Art kurios erscheint. Nach nicht ganz zwei Kilometern haben wir sie erreicht. Jetzt sind wir wirklich mitten im Wald und stehen an einer Kreuzung, an der Hunderte, wenn nicht gar Tausende Steinchen übereinandergestapelt wurden. Steinmännchen ist in unseren Augen nicht ganz der richtige Begriff. Die Form von Männchen haben sie eher nicht, sondern es handelt sich um Steintürmchen. Die Größe der Steine reicht von fingernagelgroßen Kieseln bis zu faustdicken Findlingen. Die dicksten liegen natürlich unten und bilden das Fundament für die nach oben hin immer kleineren Steine. Als passionierte Wanderer sind uns Steinmännchen oder Steinhäufchen nicht fremd. Wir haben sie schon an zahlreichen Wanderwegen gesehen, aber noch nie in dieser unfassbar großen Anzahl. Einige der Steinhäufchen bilden Pyramiden, teilweise mannshoch, andere Türmchen scheinen sich an einem Baum abzustützen. Gerade so, als wollen die Steinchen am Stamm hochklettern und sich dabei gegenseitig unterstützen.

INOFFOZIELLES KUNSTPROJEKT Bei genauerem Hinsehen erkennen wir, dass einige Steine jedoch verklebt sind. Zumindest die ganz kleinen, die oberen. Sie liegen also nicht einfach nur aufeinander. Diese Steintürmchen wurden nämlich nicht von Wanderern und Waldbesuchern gestapelt. Das hätte auch gar nicht gepasst, denn der Wald sieht nicht so aus, als würde er so viele Steine hergeben. Vielmehr handelt es sich um ein Kunstprojekt, ein gelungenes, wie man sagen muss. Ein Anwohner aus dem Klever Stadtteil Donsbrüggen begann eines Tages damit, die Steinhäufchen zu setzen. Über Jahre hinweg entstand dabei dieses Kunstwerk, das viele der Anwohner des Waldes bei ihrer Gassirunde mit einplanten.

WIEDERAUFBAU In Kleve hat man die Steinmännchen sehr ins Herz geschlossen und das zeigte sich vor allem im Herbst 2022. Unbekannte hatten nämlich randaliert und sämtliche Steintürmchen zerstört. Zahlreiche Klever Einwohner waren erschrocken, denn wer zerstört schon Steinhäufchen? Das führte wiederum zu einer Welle der Solidarität. Zahlreiche Helfer kamen zum Wiederaufbau und wurden bei der Gemeinschaftsaktion mit Kaffee und Kuchen versorgt. Die Polizei konnte nicht viel unternehmen, denn es hätte erstmal geprüft werden müssen, ob das Umwerfen von Steintürmchen in einem Wald eine Straftat sei. Im Verdacht stand eine verwirrte Person, die wenige Tage zuvor die Zerstörung angekündigt hatte. In den Steinmännchen habe sie Dämonen gesehen, die zerstört werden müssen. Fasziniert über die Steinmännchen und kopfschüttelnd über die Tat wandern wir weiter durch den Wald und folgen dem Pfad durch den nördlichen Teil des Tiergartens, wie der Wald auch genannt wird.

OBELISK MIT AUSSICHT So gelangen wir nach kurzer Zeit zu dem eingangs erwähnten Aussichtspunkt, der aus einem meterhohen Obelisken besteht. Dabei handelt es sich um ein Kriegsdenkmal, auf dessen Spitze eine goldene Kugel thront, auf der wiederum ein Adler mit weit ausgebreiteten Flügeln sitzt. Der Ausblick reicht durch eine Schneise im leicht erhöhten Wald hinab über die Grünanlage namens Amphitheater bis in den Schlosspark von Kleve. Auch sehr schön. Anschließend gehen wir über die Waldkreuzung namens Sternberg zurück zu unserem Ausgangspunkt an der Grenzallee.

INFO

TOURENCHARAKTER
Leichte Wanderung durch den Wald

AUSGANGS-/ENDPUNKT
Grenzallee, 47533 Kleve (GPS: 51.789402, 6.125420)

ANFAHRT
Auf der B9 bis Kleve

TOURISTENINFORMATION
kleve.de

EINKEHR
Rucksackverpflegung

leicht | 01:30 Std. | 4 km | 84/84 Hm

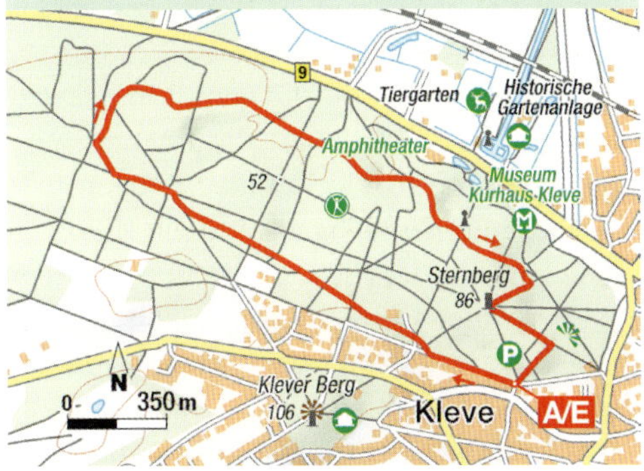

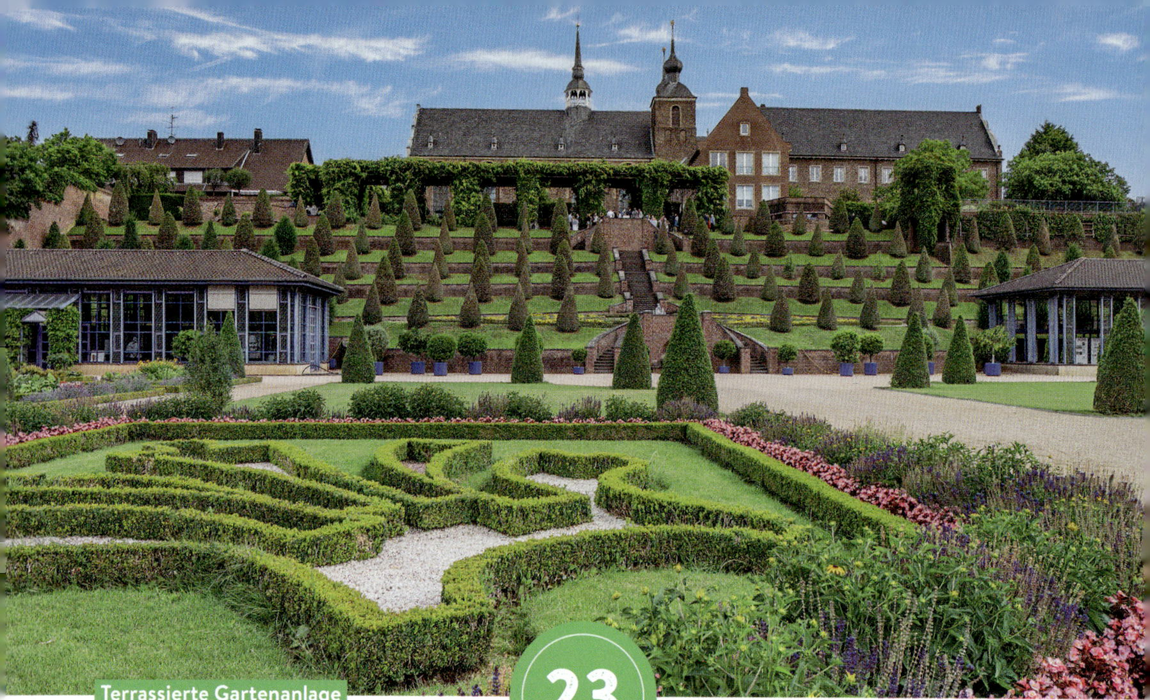

Terrassierte Gartenanlage von Kamp-Lintfort

23

Das verschwundene Gewässer

Im Waldgebiet Leucht zum Sauren Venn

»Die Leucht« ist ein waldreiches Gebiet westlich von Rheinberg, das zahlreiche Wandermöglichkeiten bietet, darunter drei ausgewiesene Rundwanderwege. Das Ziel ist das Saure Venn, das durch hohe Gräser und Binsen eingeschränkt zu sehen ist und für Naturliebhaber perfekt ist.

WANDERMÖGLICHKEITEN Die Leucht – so der Name eines Waldgebiets westlich von Rheinberg. Zahlreiche Wandermöglichkeiten gibt es in dem Wald, darunter auch drei ausgewiesene Rundwanderwege. Der blaue Rundweg ist etwa viereinhalb Kilometer lang, der rote Weg bringt es auf sechs Kilometer und wer mehr als neun Kilometer durch die Leucht wandern möchte, nimmt den grünen Rundweg. Doch es gibt noch einen weiteren Wanderweg, der durch das Waldgebiet verläuft. Diesen schafft man aber nur an einem Tag, wenn man sehr früh aufsteht und das Ganze von der sportlichen Seite betrachtet. Der K-Weg ist nämlich eine 44 Kilometer lange Route, die einmal rund um Kamp-Lintfort verläuft. Ein Teilstück nehmen wir gerne mit. Daher starten wir unsere Tour auf dem Parkplatz Leucht am Baerlagweg und gehen dort geradewegs in den Wald hinein.

SAURES VENN Fast schnurgerade führt unser Weg durch den dichten Forst und wir erfreuen uns an dem Anblick der Amseln, die am Wegesrand im Laub rascheln. Ein Specht in den Baumkronen macht sich eindeutig und unverwechselbar bemerkbar. Wir blicken in die Richtung, aus der das Klopfen kommt, aber die Baumkronen sind zu dicht und wir können leider nichts erkennen. Als Naturfreunde sind wir hier genau richtig. Ein weiterer Parkplatz und die Xantener Straße, die den Wald teilt, werden von uns passiert und wenig später wenden wir uns nach links.

Gut 400 Meter sind es jetzt noch, bis das Saure Venn auf der linken Seite erscheint. Erkennen können muss man das aber schon. Hohe Gräser und Binsen umgeben das Torfmoor, das ohnehin nicht sehr groß ist und der Blick auf das Saure Venn ist stark eingeschränkt. Wir hatten uns zwar ein bisschen mehr vorgestellt, aber für Naturfreunde ist diese Unberührtheit natürlich genau richtig. Unser Aufenthalt am Sauren Venn bleibt nur kurz, doch dafür wandern wir weiter durch den bezaubernden Wald, der in Zusammenarbeit mit der Sonne auch einige schöne Lichtspiele zu bieten hat. An einer Schutzhütte treffen wir auf den eingangs erwähnten K-Weg und folgen diesem nun nach links. Er bringt uns sicher auf dem breiten Weg zum Waldrand und dort wieder zurück zu unserem Ausgangspunkt am Parkplatz.

INFO

TOURENCHARAKTER
Leichte Waldwanderung auf breiten Wegen

AUSGANGS-/ENDPUNKT
Parkplatz Leucht, Baerlagweg, 47475 Kamp-Lintfort (GPS: 51.532487, 6.481306)

ANFAHRT
Mit dem Pkw auf der A57 und der B58

TOURISTENINFORMATION
kamp-lintfort-tourismus.de

EINKEHR
Rucksackverpflegung

Totholz ist Lebensgrundlage für viele Insekten.

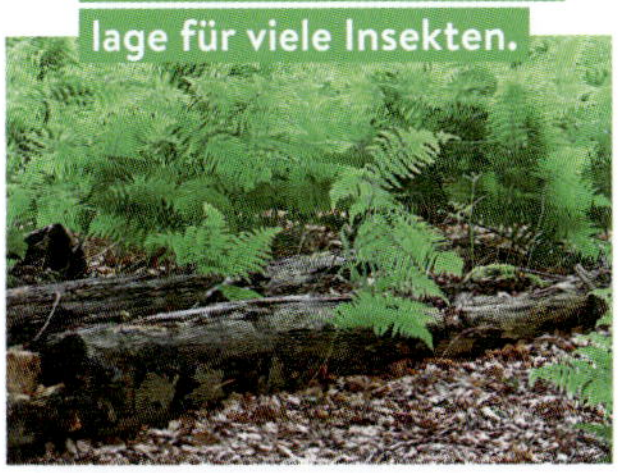

leicht | 02:30 Std. | 10 km | 65/65 Hm

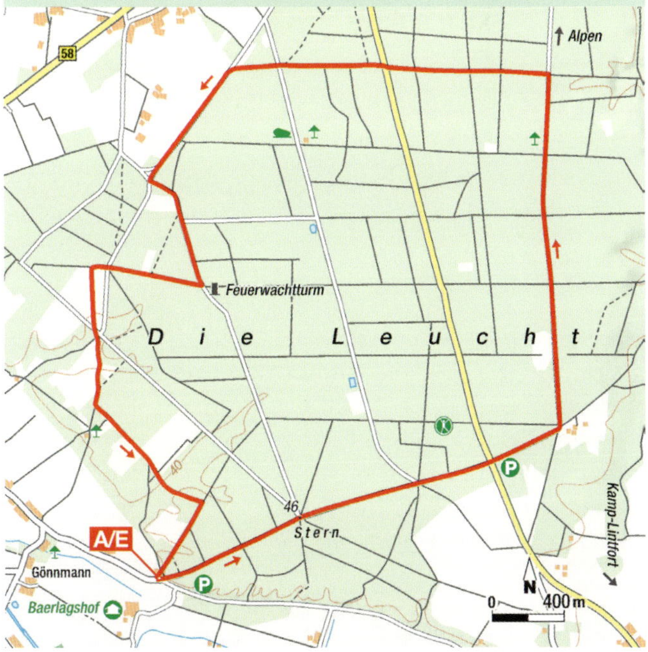

Treppauf im Wald

Rundblick vom Johannesturm

Die Wanderung können wir mit einer Bahnfahrt mit der historischen Museumseisenbahn, der Schluff, beginnen. Außerdem werden wir auf der Tour den Johannesturm bestiegen, der einen Rundumblick über den Hülser Berg bietet. Am Ende werfen wir einen Blick auf die renovierte Hülser Wasserburg aus dem 15. Jahrhundert.

DIE LOK SCHLUFF Hülser Berg wirkt mit seinen etwas mehr als 500 Einwohnern eher wie ein verschlafenes Dorf. Genau das Richtige für eine schöne Tour. Verschlafen wirkt die Bahnhaltestelle Schluff. Der Name Schluff leitet sich von der Bezeichnung Schluffen für Hausschuhe ab. So steht der Begriff also eigentlich für Gemütlichkeit und genauso gemütlich fährt der Schluff, eine Museumseisenbahn, die 14 Kilometer zwischen Hülser Berg und St. Tönis. Die historische Eisenbahn dampft zwischen Mai und September jeden Sonntag drei Mal täglich durch die niederrheinische Landschaft. Der Schluff besteht aus einer Lokomotive aus der Nachkriegszeit. Fast schon traditionell wird die Lok bei einem Dampflokwerk in Meiningen repariert und instandgesetzt.

HÜLSER BERG Unser Wanderweg heißt Rennstieg – nicht zu verwechseln mit dem Fernwanderweg Rennsteig im Thüringer

24

Der Wasserturm in Hüls ist weithin sichtbar.

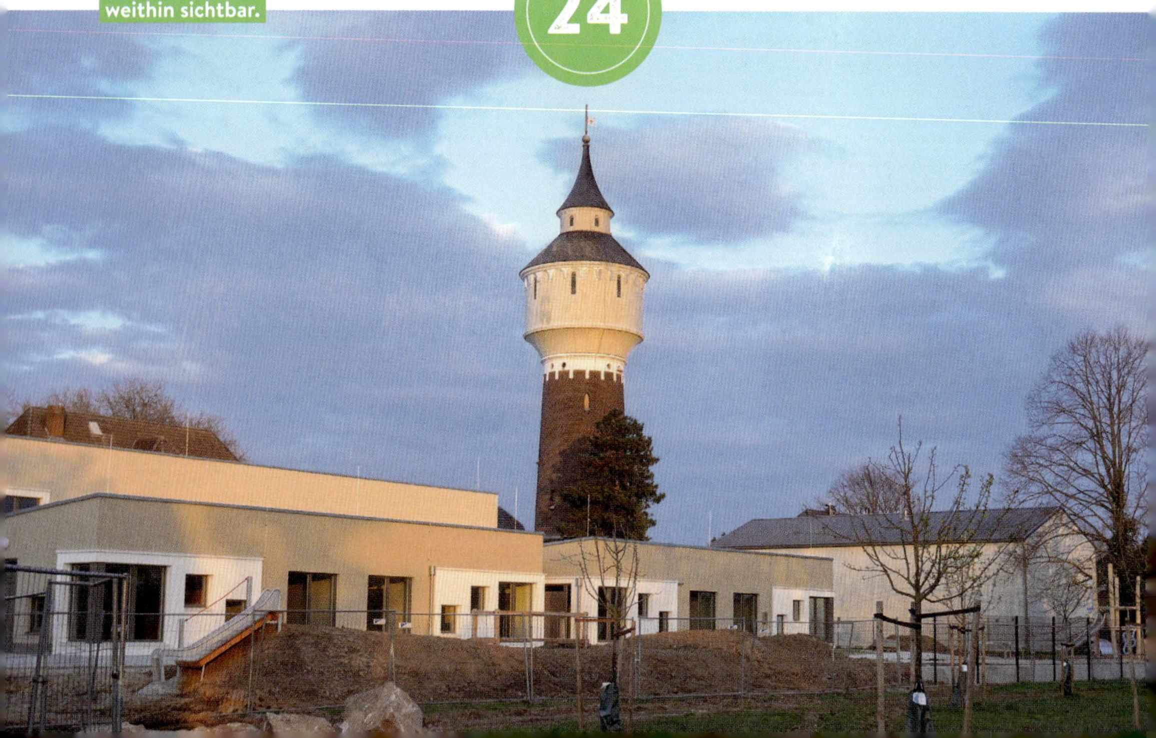

Wald. Dem Rennstieg folgen wir direkt in den Wald hinein und legen dabei sofort eine Bergwanderung hin. Natürlich wollen wir nicht übertreiben, denn wir reden von einer Höhendifferenz von gerade einmal knapp 40 Metern. Aber damit gelangen wir immerhin auf die höchste natürliche Erhebung der Stadt Krefeld, auf den bewaldeten Hülser Berg. Der Hügel ist sagenumwoben. So soll er zum Beispiel durch einen Riesen entstanden sein, andere Legenden berichten von Heinzelmännchen, die in den Wäldern des Hülser Bergs leben. So oder so genießen wir die Wanderung durch den Wald und liebäugeln nach wenigen Gehminuten mit der Hülser Bergschänke als attraktiver Einkehrmöglichkeit. Leckere deftige Speisen gibt es hier, doch wir ziehen weiter unseres Weges, denn wir wollen den Johannesturm besteigen.

JOHANNESTURM Der Turm bringt uns mit über 160 Stufen auf eine Höhe von rund 30 Metern, von wo aus wir einen tollen Rundumblick über den Wald genießen können. Danach folgen wir den Wegen bergab weiter durch den Wald und passieren ein Wildschweingehege, ein Rotwildgehege und noch ein Damwildgehege. Hier verlassen wir den Hülser Berg und wandern in westliche Richtung auf dem Hölschen Dyk bis in den Krefelder Ortsteil Hüls, wo wir einen Blick auf die Hülser Wasserburg werfen. Die aus dem 15. Jahrhundert stammende Burganlage wurde zu Beginn dieses Jahrhunderts umfangreich saniert und wirkt dadurch schon beinahe modern. Hinter der Burg halten wir uns rechts, wandern am alten Jüdischen Friedhof vorbei und gelangen über die Straße Lookdyk wieder zurück zum Schluff und zu unserem Ausgangspunkt.

INFO

TOURENCHARAKTER

Leichte Wanderung durch den Wald und mit einem sanften Anstieg

AUSGANGS-/ENDPUNKT

Hülser Berg, 47802 Krefeld
(GPS: 51.396410, 6.534279)

ANFAHRT

Mit dem Pkw auf der B9 und kleinen Landstraßen; mit dem Bus zur Haltestelle Hülser Berg

TOURISTENINFORMATION

krefeld.de

EINKEHR

Hülser Bergschänke, Rennstieg 1, 47802 Krefeld, huelser-bergschaenke.de

leicht | 02:30 Std. | 9 km | 82/82 Hm

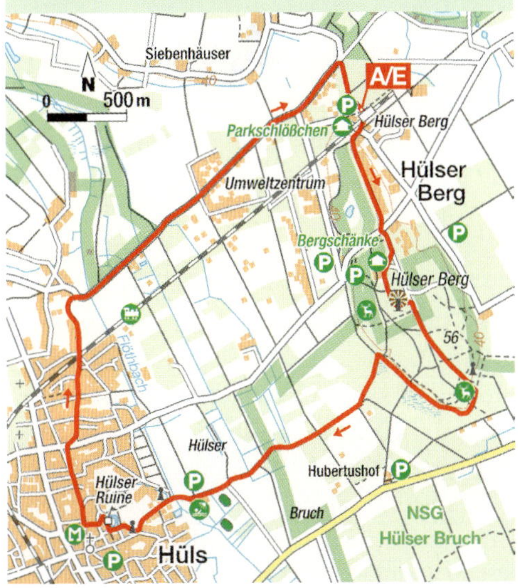

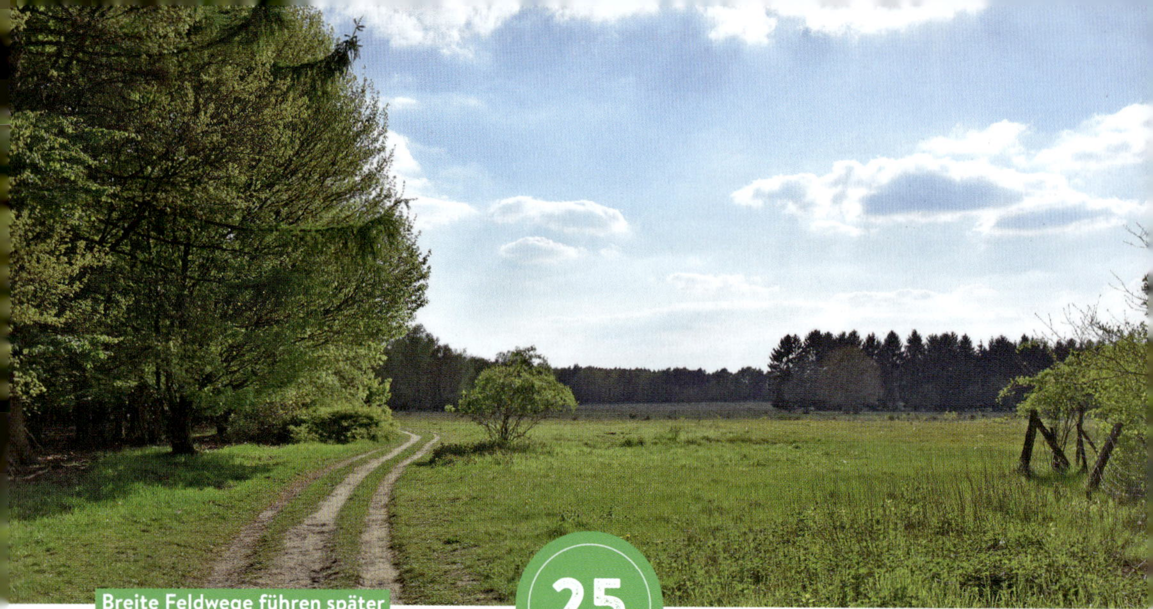

Breite Feldwege führen später zu den Mammutbäumen.

25

Mammutbäume an der niederländischen Grenze

Besuch auf einer Sequoiafarm

Auf gut ausgeschilderten Wanderwegen gelangen wir zum Geo-hydrologischen Wassergarten, wo ein kleiner Pavillon über die Entstehung des Gartens informiert und ein typischer Wasserkreislauf gezeigt wird. Neben dem Wassergarten ist die Sequoiafarm eine weitere beliebte Natursehenswürdigkeit, ein Arboretum mit mehr als 600 Gehölzen, hauptsächlich Mammutbäumen aus Nordamerika.

NATURPARK Der Kreis Viersen ist ein Teil des Naturparks Maas-Schwalm-Nette und beherbergt die Ortschaft Nettetal. Kaldenkirchen wiederum ist ein Stadtteil von Nettetal und ein beliebtes Ausflugsziel bei Wanderern und Radfahrern. Der Naturpark ist ein grenzüberschreitendes Projekt und umfasst eine Fläche von ca. 870 Quadratkilometern, welche fast der Stadtfläche Berlins entspricht. Es existieren auf beiden Staatsgebieten mehrere Informations- und Naturparkzentren, die sowohl über die Geschichte und Natur des Parks Aufschluss geben als auch über die Natursehenswürdigkeiten rund um Viersen, Mönchengladbach, Roermond und Venlo informieren. Zu diesen kommen auch noch das Niederrheinische Freilichtmuseum in Grefrath, das Flachsmuseum in Wegberg-Beeck oder auch das Roerstreekmuseum im niederländischen Sint Odilienberg, welches sich mit heimatkundlichen Exponaten der Region befasst.

BESUCH IM GRENZWALD Unser Tagesausflug soll jedoch in das bereits erwähnte Kaldenkirchen gehen. Der Stadtteil befindet sich gleich neben einem Waldgebiet, nur rund 1000 Meter von der Grenze entfernt. Über die Grenzwaldstraße gelangen wir in den gleichnamigen Grenzwald hinein. Auf dem Weg sehen wir rechts und links mehrere Baumschulen, in denen verschiedene Baumarten gepflanzt und teilweise auf sehenswerte Formen zurechtgeschnitten werden. Je tiefer wir auf dem asphaltierten Weg in den Wald hineingelangen, desto öfter sehen wir mehrere unterschiedlich und gut ausgeschilderte Wanderwege. Einer davon führt nach rechts zum Geo-hydrologischen Wassergarten. Durch ein Holztor gelangen wir direkt in einen kleinen Pavillon, in dem über die Entstehung des Gartens informiert und ein typischer Wasserkreislauf erklärt wird. Auf rund 10 000 Quadratmetern verläuft ein 130 Meter langer Bach durch den Wassergarten. Auf der rechten Seite befindet sich auf einer kleinen Anhöhe, versteckt unter ein paar Bäumen, die Quelle und lädt zum Einstieg in den Rundweg ein. Rekonstruierte Regenwasserrückhaltebecken und Pflanzenkläranlagen werden demonstriert und erklärt, während darum herum verschiedene Landschaftsformen, insbesondere die des Niederrheins, angepflanzt wurden.

MAMMUTBÄUME IM ARBORETUM Gleich neben dem Wassergarten befindet sich die sogenannte Sequoiafarm, eine weitere beliebte Natursehenswürdigkeit bei Kaldenkirchen. Es handelt sich um ein Arboretum, welches zu Testzwecken in der Zeit nach dem Zweiten Weltkrieg angepflanzt wurde. Heute befinden sich mehr als sechshundert Gehölze in der Sequoiafarm, doch hauptsächlich geht es, wie der Name schon verrät, um Mammutbäume aus Nordamerika. Selbstverständlich kann man im Wald zugleich die Grenze zu den Niederlanden überqueren, doch leider erscheinen auf holländischer Seite zunächst typische Gewächshäuser und später eine Autobahn, bevor man an das viel schönere Ufer des Flusses Maas gelangt.

INFO

TOURENCHARAKTER
Leichte Wanderung durch den Wald

AUSGANGS-/ENDPUNKT
Grenzwaldstraße, Nettetal (GPS: 51.311617, 6.193121)

ANFAHRT
Mit dem Pkw über die A61 und die B221

TOURISTENINFORMATION
nettetal.de

EINKEHR
Rucksackverpflegung

leicht	02:00 Std.	6,5 km	45/45 Hm

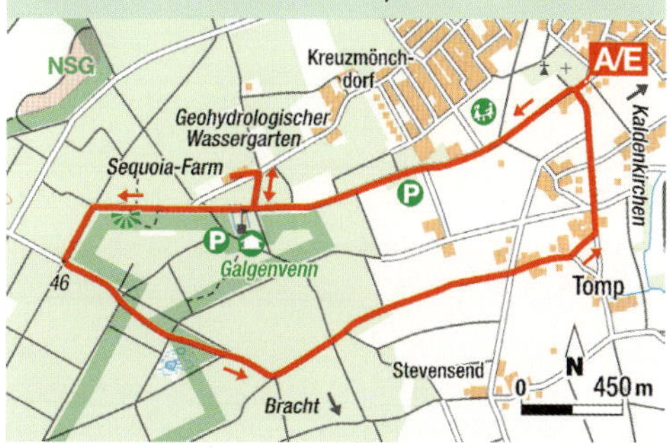

Tiere an der NABU-Station Haus Wildenrath

Birgeler Urwald

Die Tour beginnt am Haus Wildenrath und führt durch ein Naturerlebnisgelände mit vielen Einblicken in die Natur. Auf dem Weg überqueren wir den Rumpenbach und den Schaagbach, bevor wir zum Birgelener Friedhof gelangen. Picknickplätze begleiten unseren Weg.

HAUS WILDENRATH Den Parkplatz von Haus Wildenrath verlassen wir anschließend über die Zufahrt und folgen dem kurzen Stück auf dem Naturparkweg nach rechts, um gleich zu Beginn das Haus Wildenrath mit der darin befindlichen NABU-Naturschutzstation kennenzulernen. Schon zu Beginn dieser Wanderung werden wir mit interessanten Einblicken im Naturschutzzentrum Haus Wildenrath aufgehalten. Wir lassen es also langsam angehen, das gefällt uns. Nach dem ausgiebigen Besuch rund um das malerisch gelegene Fachwerkhaus gehen wir geradeaus weiter und folgen dem Pfad durch das Naturerlebnisgelände. Mit einem weiten Rechtsbogen gehen wir an Feuchtwiesen vorbei und überqueren gleich als Nächstes den schmalen Wasserlauf des

Ein kleines Paradies an Pflanzen und Kleintieren ist die NABU-Station.

26

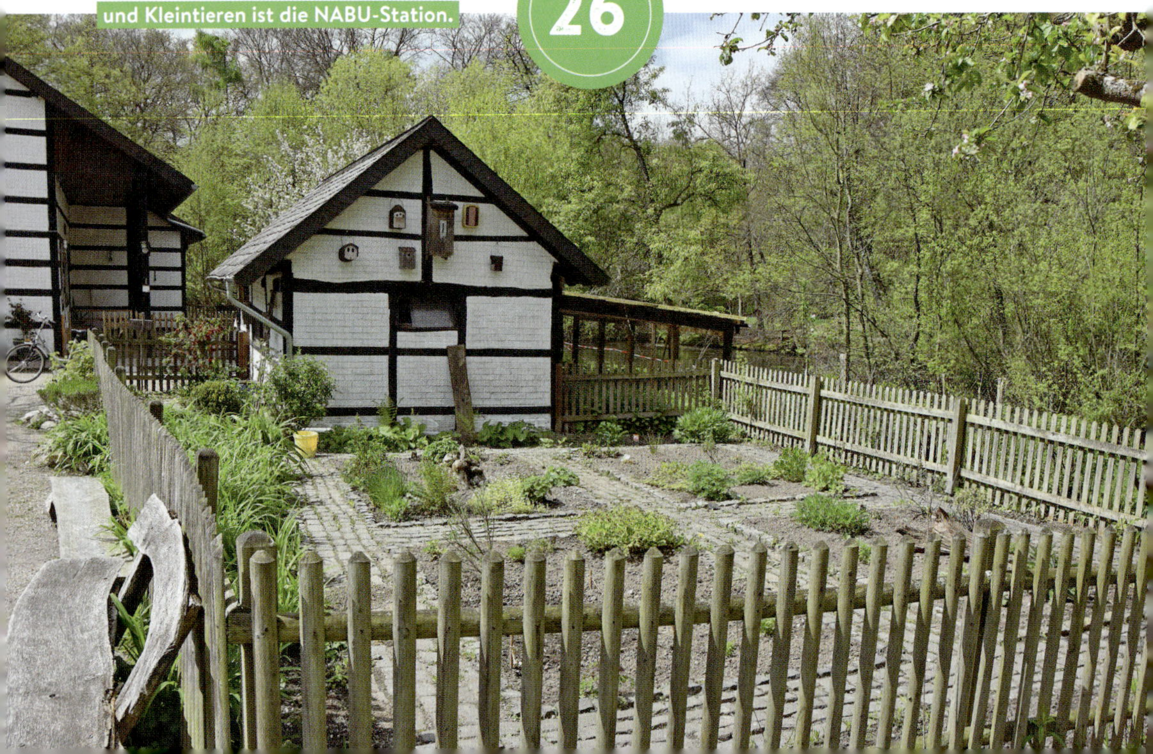

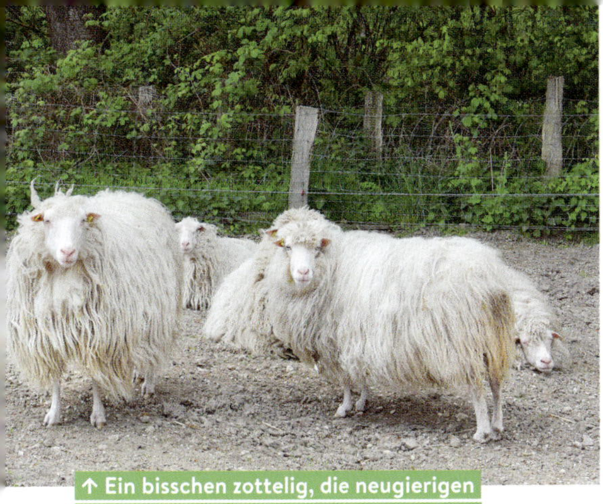

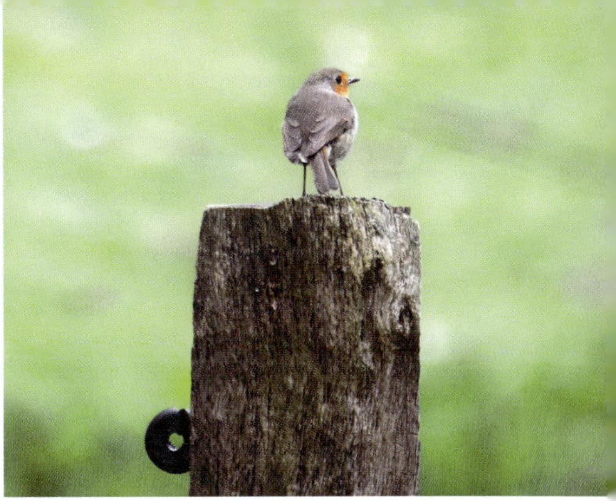

↑ Ein bisschen zottelig, die neugierigen Moorschnucken ↗ Und manchmal sieht man »nur« klassische Rotkehlchen.

Rumpenbachs. Damit treten wir in den Wald hinein und halten uns an einer T-Kreuzung nach rechts.

SCHAAGBACH An einer weiteren Einmündung gehen wir halb links weiter und erreichen nach kurzer Zeit den Schaagbach, den wir daraufhin überqueren. Der Schaagbach bildet das nach ihm benannte Naturschutzgebiet Schaagbachtal und entspringt in der Nähe der Naturschutzstation Haus Wildenrath. Stark mäandernd durchquert er den Birgeler Wald und passiert zahlreiche Motten, die davon bezeugen, dass das Schaagbachtal schon früh besiedelt war. Nach rund zehn Kilometern überquert er die Grenze zu den Niederlanden, wo er gleich darauf in die Rur mündet.

BIRGELENER PÜTZCHEN Wir treffen auf das Sträßchen namens Entenpfuhl, biegen rechts ab und in Richtung Birgelener Friedhof wieder links abbiegen. Auf dem weiteren Weg passieren wir kurz hinter einer Kreuzung einen ersten Bildstock und schon wenig später haben wir das Birgelener Pützchen erreicht. Der Heilige Willibrord, der als Gründer des Klosters Echternachs gilt, soll schon im frühen 8. Jahrhundert eine erste Kirche an der Stelle der heutigen Friedhofskapelle gegründet haben. Über 100 Jahre später folgte eine kleine Kapelle am heutigen Birgelener Pützchen, die über einer kleinen gefassten Quelle errichtet wurde. 200 Jahre nach der ersten Pilgerfahrt zu der Quelle mit

Tipp

HAUS WILDENRATH

Das Haus Wildenrath ist eine im Jahr 2001 gegründete Naturschutzstation. Zu ihrem Aufgabengebiet gehört der Artenschutz, wie zum Beispiel für den Bläuling, Biber oder Steinkauz, die Betreuung von Naturschutzgebieten und die Begleitung praktischer Naturschutzmaßnahmen. Konkrete Projekte, die durch die Station erarbeitet werden, sind unter anderem der Aufbau eines Rheinischen Obstsortengartens. Auf der Wanderung begegnen wir auch dem Europäischen Fernwanderweg E8. Dieser beginnt im südwestlichen Irland, verläuft quer durch Großbritannien und führt durch die Niederlande, Deutschland, Österreich und die Slowakei bis zur polnisch-ukrainischen Grenze. Geplant ist ein Verlauf bis zum Bosporus bei Istanbul, womit ein Wanderer dann rund 4400 Kilometer zurücklegen kann. Noch fehlt eine durchgehende Beschilderung, die jedoch zur Vollendung des Wegs geplant ist.

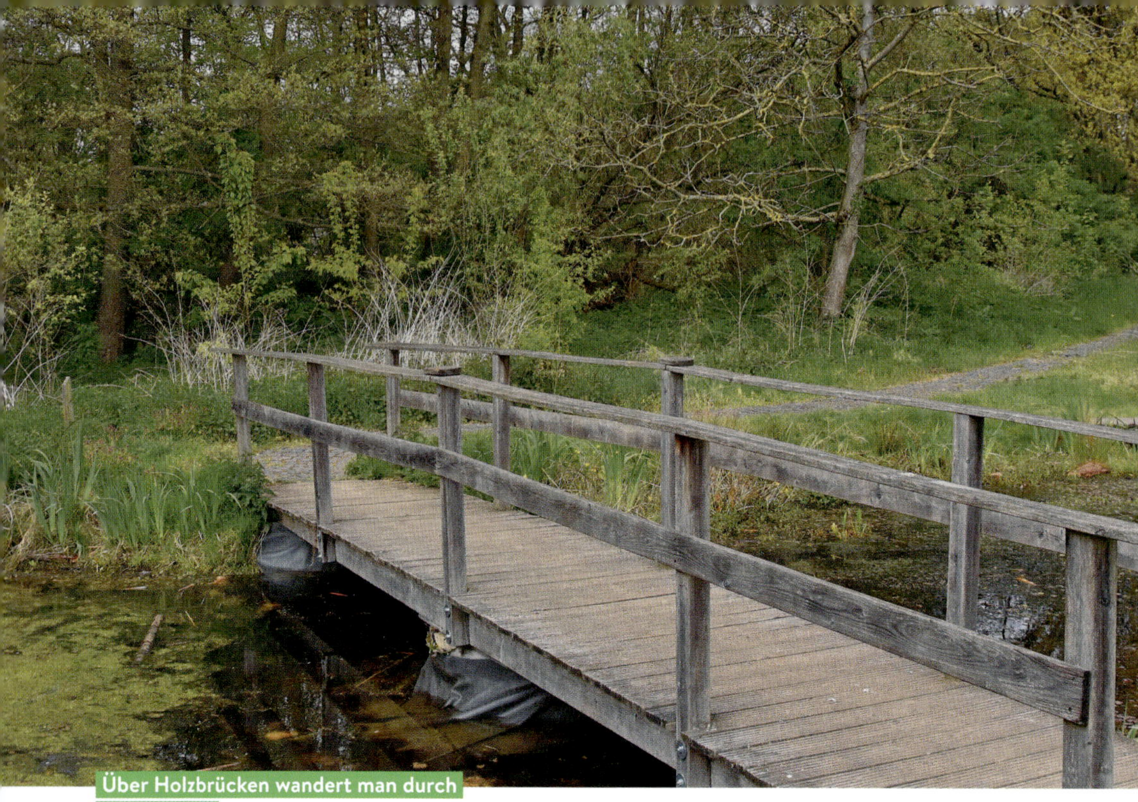

Über Holzbrücken wandert man durch den Urwald.

heilbringendem Wasser wurde schließlich im Jahr 1919 die Kapelle mit einem Kreuzweg ergänzt.

BIRGELEN Entlang der Kreuzwegstationen gelangen wir über die Mühlenstraße an den Ortsrand von Birgelen. Der Mühlenstraße folgen wir nach rechts um eine Kurve herum und achten auf die Hausnummer 34, denn gleich gegenüber verläuft unser Wanderweg wieder in einen Wald hinein. Deutlich spüren wir die Steigung, mit der wir die westliche Flanke des Wagbergs kennenlernen und auf der wir über eine scharfe Rechtskurve am Waldrand entlangwandern. Auf dem Ossenbrucher Weg wenden wir uns nach links und sehen gleich darauf vor uns eine quer verlaufende Baumreihe. Sie markiert die einstige Bahnstrecke zwischen Dalheim und Jülich, auf der wir heute ganz bequem unsere Wanderung fortführen können. Wir gehen zum ehemaligen Bahndamm und folgen diesem rechts abbiegend bis zum ehemaligen Bahnhof. An der Stelle verlassen wir den Bahndamm und biegen nach rechts ab. An der Rommeldeller Bahn wenden wir uns nach links und wandern fast eben durch den Wald bis zu einer Kreuzung, wo ein Picknickplatz an der Rodger Bahn auf uns wartet.

DURCH DEN WALD Nach einer kurzen Rast gehen wir geradeaus weiter an der Rommeldeller Bahn und biegen rund 200 Meter später rechts auf einen schmalen Weg ein. Am nächsten quer verlaufenden Waldweg wenden wir uns nach links und folgen diesem durch eine deutliche Rechtskurve, hinter der wir abermals rechts abbiegen. Wir überqueren den Vickesheider Weg und gelangen mit einem spürbaren Gefälle zu einem befestigten Querweg, der gleichzeitig den Beginn des Naturschutzgebietes Helpensteinerbachtal, Schaagbachtal, Petersholz markiert. Dort liebäugeln wir mit einem weiteren Picknickplatz und wandern geradeaus zur Arsbecker Bahn, um diese zu überqueren und auf einem schmalen Pfad die Wanderung durch das Schaagbachtal zu genießen. Der Bach windet sich durch eine malerische Landschaft mit Feuchtwiesen, die wir nach rechts abbiegend durchqueren und dabei parallel zum Schaagbach durchstreifen.

DURCH DAS NATURSCHUTZGEBIET Wir überqueren den Duvenbach und gleich dahinter den Schaagbach, wenden uns nach links und folgen weiterhin dem Lauf des Baches durch das idyllische Naturschutzgebiet. An einer Kreuzung biegen wir links ab, passieren ein letztes Mal den Schaagbach und verlassen so langsam sein Tal. Teils durch Wald, aber auch an mehreren Feucht- und Obstwiesen vorbei, gelangen wir zu einem Querweg, an dem wir über einen Weiher hinweg bereits das Haus Wildenrath wiedersehen. Wir biegen nach links zum Naturparkweg ab und können dort noch einmal nach rechts zur NABU-Naturschutzstation gehen oder links zu unserem Ausgangspunkt zurückkehren.

INFO

TOURENCHARAKTER
Leichte Wanderung durch den Wald

AUSGANGS-/ENDPUNKT
Parkplatz, Naturparkweg, 41844 Wegberg (GPS: 51.120763, 6.191906)

ANFAHRT
Mit dem Pkw auf der B221

TOURISTENINFORMATION
niederrhein-tourismus.de, naturschutzstation-wildenrath.de

EINKEHR
Rucksackverpflegung

Eine der Kreuzwegstationen

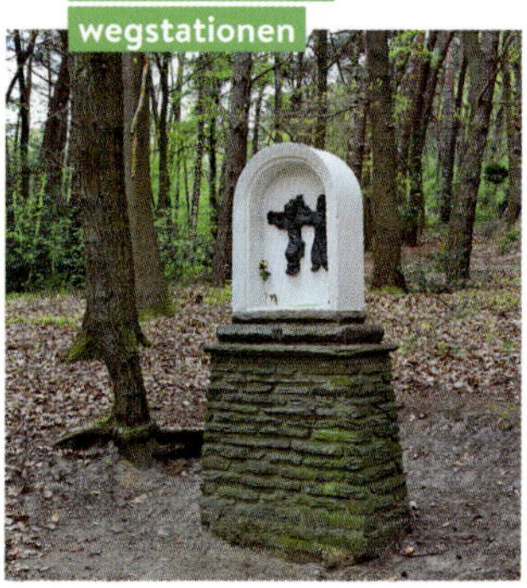

leicht | 04:00 Std. | 13 km | 165/165 Hm

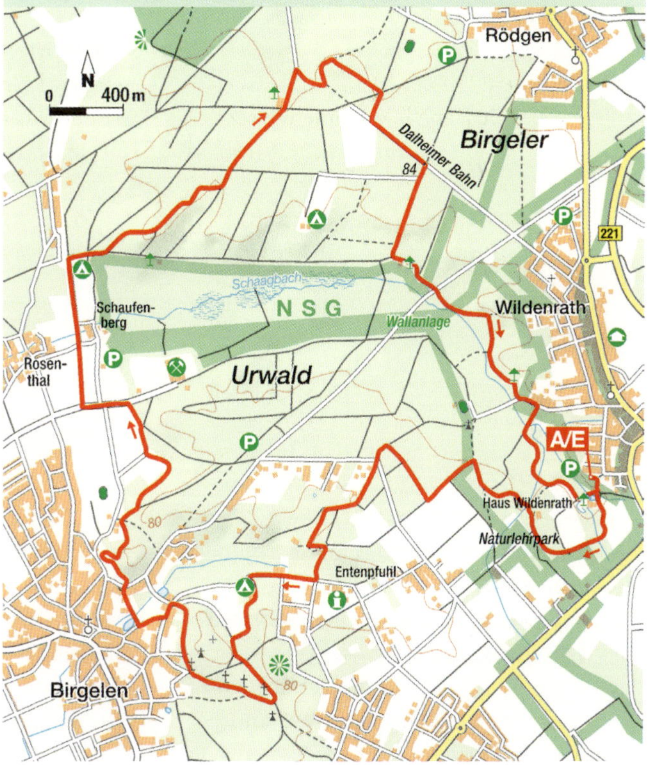

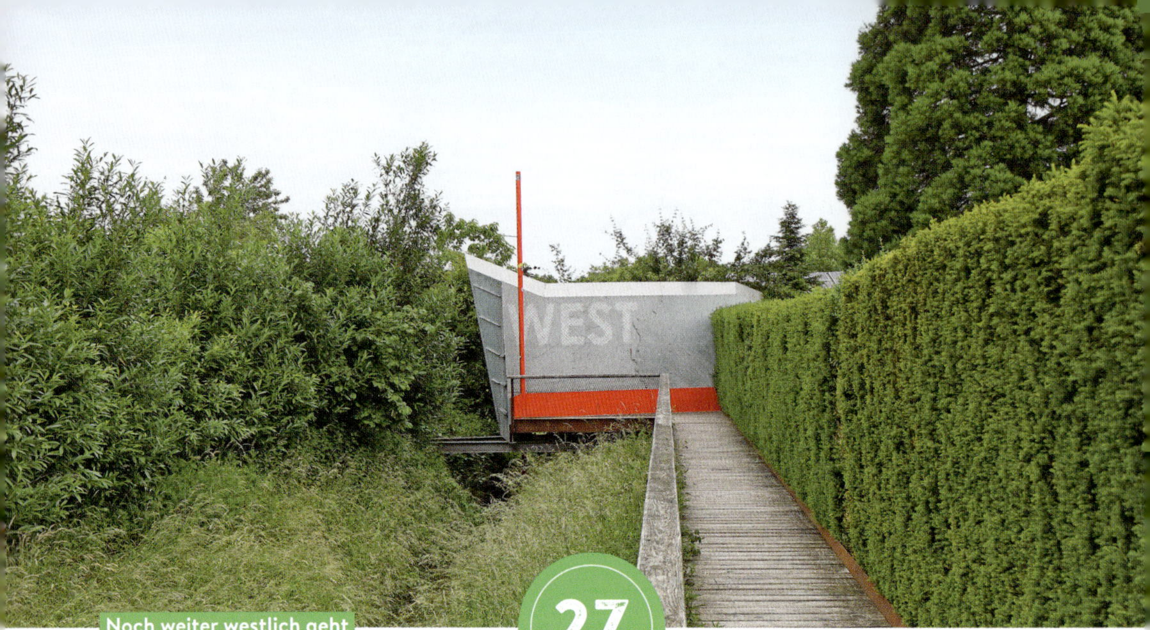

Noch weiter westlich geht es in Deutschland nicht.

27

Zu einem der Extrempunkte Deutschlands

Westlichster Punkt der Bundesrepublik

Die heutige Reise geht zum westlichsten Punkt des Landes, der sich zwischen den Ortschaften Schalbruch und Isenbruch befindet. Hier gibt es einen kleinen Picknickplatz mit Infotafeln über die interessante Grenzgeschichte und einen schmalen Pfad, der zum Rodebach führt, dem Grenzfluss zwischen Deutschland und den Niederlanden.

ZIPFELBUND Jetzt wird es extrem, aber eigentlich ganz harmlos. Wir haben vor, einen der vier Extrempunkte Deutschlands zu besuchen, der auch als Zipfel bezeichnet werden darf. Ein Zipfel ist es deshalb, weil die vier Extrempunkte Deutschlands sich zum sogenannten Zipfelbund zusammengeschlossen haben. Genauer gesagt sind das die Gemeinden, in denen die jeweiligen Extrempunkte liegen. Im Norden handelt es sich um List auf Sylt. Wandern kann man zwar dort auch, aber das nennt sich dann eher Strandspaziergang. Im Schatten eines Leuchtturms mit Blick auf die dänische Nachbarinsel Rømø ist das aber auch keine schlechte Wahl. Im Osten landet man auf der Suche nach dem Extrempunkt im sächsischen Görlitz, wo man an einer kleinen Markierung über die schmale Neiße hinweg auf die Uferböschung in Polen blickt. Im Süden geht es bergauf auf ein Hochplateau namens Haldenwanger Eck, exakt 1931 Meter höher als der nördlichste Punkt Deutschlands an der Nordsee. Das Haldenwanger Eck gehört zum Gemeindegebiet von Oberstdorf und zusammen mit Selfkant, Görlitz und List organisieren die vier Gemeinden den Zipfelpass. Diesen erhält man, wenn man innerhalb von vier Jahren an allen vier Orten übernachtet hat. An eine Übernachtung denken wir heute zwar nicht, aber wenigstens besuchen wollen wir den westlichsten Punkt Deutschlands, der damit logischerweise auch der westlichste Punkt des Niederrheins und Nordrhein-Westfalens ist. Das östliche Gegenstück für das Bundesland findet man übrigens bei Höxter direkt an der Weser.

PICKNICK AM WESTZIPFEL Große Wandertouren können wir zumindest auf deutscher Seite jedoch nicht unternehmen. Ein paar Felder befinden sich hier zwischen den Ortschaften Schalbruch und Isenbruch, wobei letztgenannte damit auch die westlichste Ortschaft des Landes ist. Die Wälder, die man hier sieht, erstrecken sich in das Nachbarland Niederlande hinein. Aber wir wollen ja ohnehin nur den Westzipfel Deutschlands besuchen. Sehr schön hat man ihn angelegt. Es gibt einen kleinen Picknickplatz mit zahlreichen Infotafeln, auf denen die interessante Grenzgeschichte erzählt wird. Von dort geht es über einen schmalen Pfad nach links zum Rodebach. Das kleine Gewässer bildet den Grenzfluss zwischen Deutschland und den Niederlanden. Viel mehr als einen schmalen Holzweg konnte man hier jedoch nicht anlegen. Denn auf der einen Seite befindet sich eben das Nachbarland und auf deutscher Seite grenzt ein Privatgrundstück mit einem Einfamilienhaus bis fast an den Bach heran. Es reicht also gerade so, dass wir hintereinander auf einem Holzbohlenweg bis zum westlichsten Punkt spazieren können. Die dortige Markierung wurde zudem mittels zweier Wände als Ecke konstruiert, so als stünde man in der Ecke eines Zimmers. Nur dass es eben die Ecke eines Landes ist. Sehr nett und wir sind froh, dass wir trotz des relativ kurzen Besuchs eine Kleinigkeit zu vespern eingepackt haben. Denn genau in dieser Ecke sitzt man ganz entspannt und hat alle Zeit der Welt.

INFO

leicht	–	–	–

TOURENCHARAKTER
Kurzer Spaziergang

AUSGANGS-/ENDPUNKT
Parkplatz an der K1, 52538 Selfkant (GPS: 51.050185, 5.867171)

ANFAHRT
Mit dem Pkw auf der B56 und kleinen Landstraßen

TOURISTENINFORMATION
derselfkant.de

EINKEHR
Rucksackverpflegung

Am westlichsten Punkt Deutschlands wird die Geschichte erläutert.

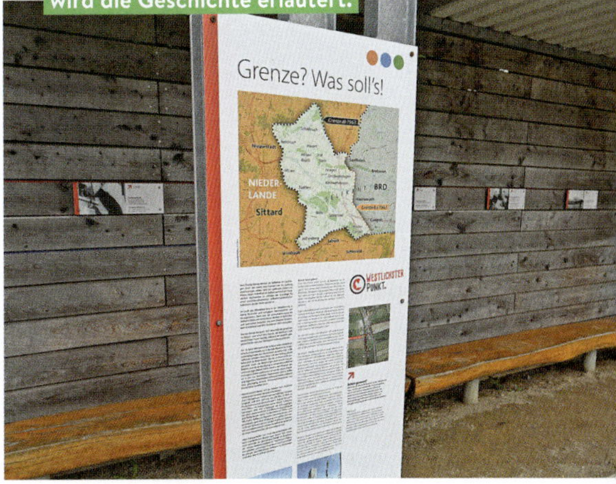

Greifvögel und noch mehr

Zu Besuch am Wildpark Gangelt

Bei der Fütterung der Raubtiere und der Vorführung der Greifvögel kann man hautnah dabei sein, während der Lehrbienenstand des örtlichen Imkervereins Einblicke in das Leben der Bienen bietet und zu Kursen einlädt. Die Landschaft rund um den Wildpark ermöglicht uns eine Runde durch den Wald am Ende des Besuchs und verspricht einen krönenden Abschluss des Tages.

VERWIRRUNG AM STARTPUNKT Ein bisschen wild geht es auf dem Parkplatz schon zu, den wir uns für den Besuch auserkoren haben. Wo ist denn hier der Wildpark, den wir eigentlich besuchen wollen? Und warum sieht es auf dem Parkplatz an manchen Stellen zugewuchert, eben wild, aus? Fragen über Fragen und wir versuchen, die Antworten zu finden. Dafür müssen wir zunächst unter der Unterführung hindurch. Sie ist eine von zwei Möglichkeiten, den Parkplatz zu verlassen. Und da wir die andere Möglichkeit schon bei der Anreise aus dem Auto gesehen haben, kann die Unterführung nur richtig sein. Wir wundern uns allerdings schon. Wir werfen einen Blick auf die Karte in unserem Smartphone und stellen fest, dass wir uns unmittelbar an der Grenze zu den Niederlanden befinden. Links neben uns beginnt das Nachbarland. Ohne digitale Navigation hätten wir das mangels Beschilderung nicht gewusst. Ein Hoch auf das

28

Jede Menge Wildtiere gibt es im Wildpark.

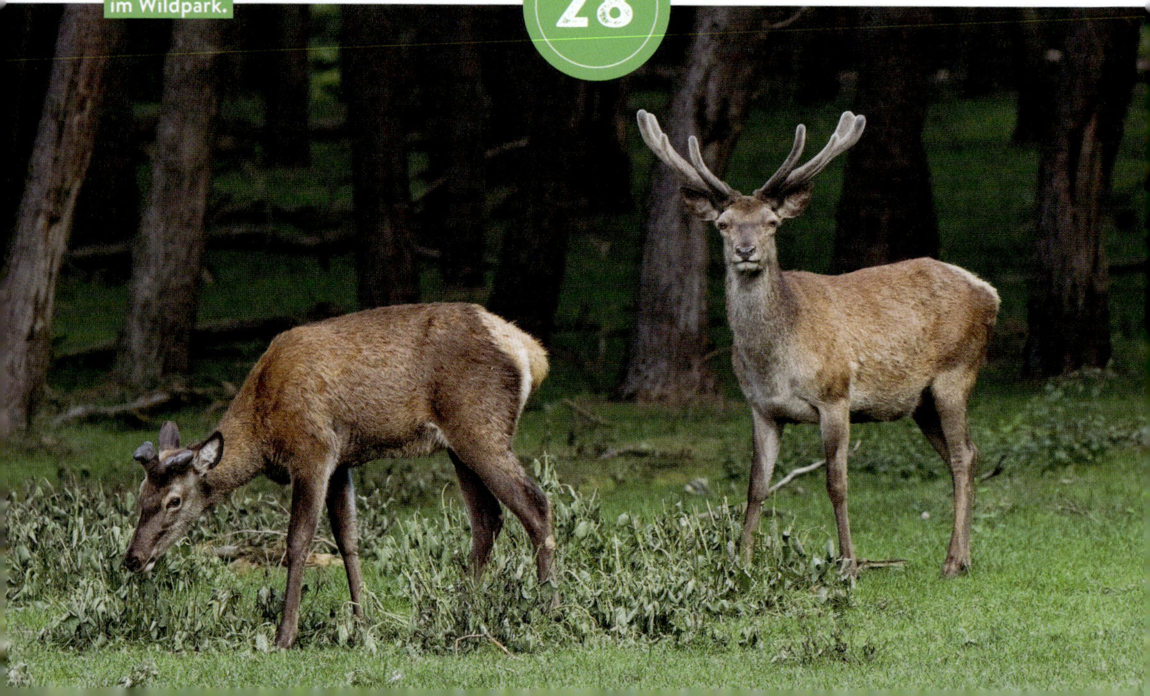

Schengen-Abkommen, das Grenzübergänge deutlich vereinfacht. Der digitale Begleiter verrät uns in diesem Zusammenhang auch gleich, dass wir richtig gehen. Der Wildpark, unser eigentliches Ziel, ist nicht mehr weit entfernt.

WILDPARK Doch der Parkplatz und der Zuweg kommen uns trotzdem ein wenig seltsam vor. Hinter der Unterführung gehen wir nach rechts, haben auf einem Damm neben uns die Landstraße, die wir ja gerade eben erst unterquert haben, und gelangen tatsächlich nach wenigen Metern zum Eingang des Wildparks. Und siehe da, hier hätte es in unmittelbarer Nähe auch einen Parkplatz gegeben. Da haben wir einfach zu früh angehalten. Macht nichts. Jetzt sind wir da und wollen uns mit dem Wildpark befassen. Er wurde 1969 gegründet und beherbergt sowohl einheimische Tiere als auch Tiere, die wir auf dem europäischen Kontinent

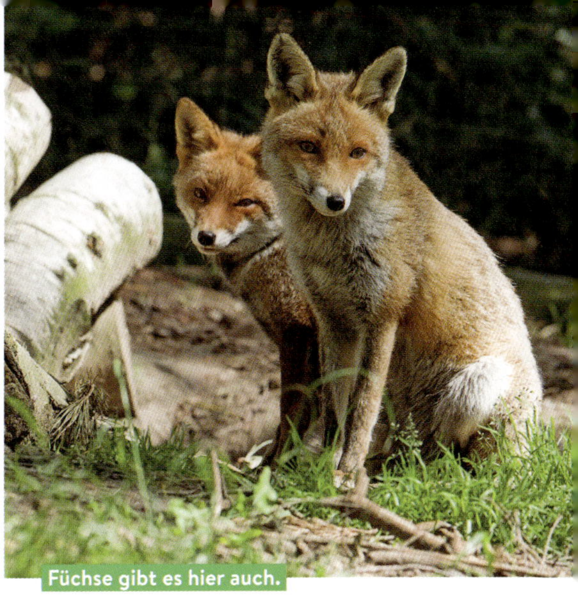

Füchse gibt es hier auch.

schon lange nicht mehr oder noch nie gesehen haben. Dazu zählen zum Beispiel der Wisent, der Tarpan und der Braunbär. Auf dem leicht hügeligen Waldgelände kann man zwischen den Gehegen spazieren und bei der Fütterung der Raubtiere dabei sein oder sich die Vorführung der Greifvögel genauer anschauen. Sehr informativ ist außerdem der Lehrbienenstand des örtlichen Imkervereins. Neben Einblicken in das Leben der Bienen bietet der Verein den hergestellten Honig an und lädt dazu ein, an Kursen teilzunehmen, um selber Imker werden zu können.

WALDLEHRPFAD Im Wildpark sollte man nicht nur einen Blick auf die Tiere werfen, sondern auch auf die Flora. Der Weg zwischen den Gehegen ist nämlich zugleich ein Waldlehrpfad und so spaziert man von der Douglasie über den Bergahorn vorbei bis zur Winterlinde und der Himbeere sowie an vielen anderen Baumarten. Bäume gibt es aber auch außerhalb des Wildparks, und zwar jede Menge. Dafür spazieren wir einfach an der deutsch-niederländischen Grenze weiter geradeaus am Eingang des Parks vorbei und drehen eine schöne Abschlussrunde durch den Wald, bevor wir wieder den gleichen Weg zurück zum Parkplatz gehen.

INFO

leicht	–	–	–

TOURENCHARAKTER
Kurzer Spaziergang und Besuch im Tierpark

AUSGANGS-/ENDPUNKT
Parkplatz, 52538 Gangelt
(GPS: 50.980468, 5.972428)

ANFAHRT
Auf der B56 bis Gangelt und weiter auf kleineren Landstraßen

TOURISTENINFORMATION
gangelt.de

EINKEHR
Etzenrather Mühle, Etzenrather Mühle 1, 52538 Gangelt

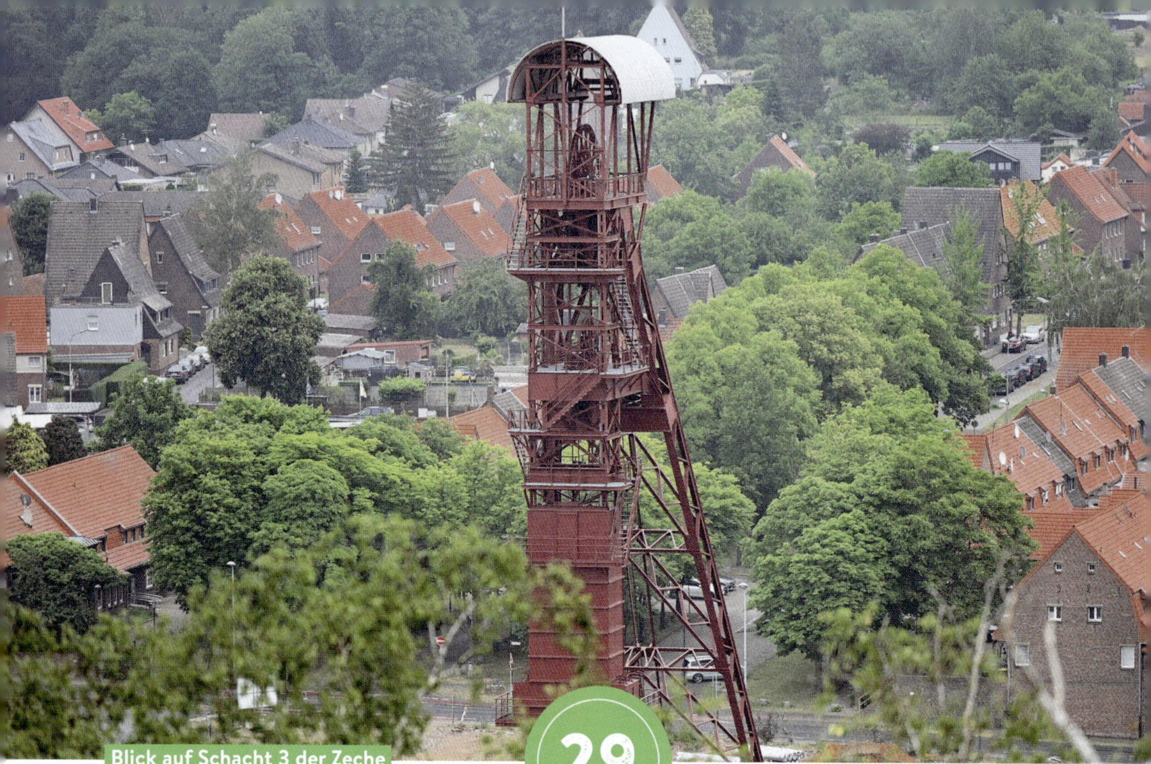

Blick auf Schacht 3 der Zeche Sophia Jacoba

29

Rundblick über Hückelhoven

Hinauf zur Millicher Halde

Diese Haldenwanderung in Hückelhoven ist ein besonderes Erlebnis im südlichen Teil des Niederrheins. Der Wanderweg führt durch den Wald und umrundet die Halde, während er bis zum Gipfelplateau ansteigt. Auch die sogenannte Himmelstreppe bietet einen schnellen, aber steileren Weg zum Gipfel.

MILLICHER HALDE Eine Haldenwanderung ist immer wieder ein kleines, aber besonderes Erlebnis. Ganz besonders im Ruhrgebiet. Da gibt es ganze Haldenlandschaften, und fast jede einzelne Halde besitzt eine Landmarke, die von Weitem sichtbar oder sogar begehbar ist, damit man umgekehrt von der jeweiligen Halde einen tollen Ausblick genießen kann. Auch am Niederrhein finden sich vereinzelte Halden, so zum Beispiel die Halden Norddeutschland und Rheinpreußen, die in diesem Buch ebenfalls vorgestellt werden. Manch einer wähnt diese Halden auch ins Ruhrgebiet. Ansichtssache. Mit der Millicher Halde in Hückelhoven kann dies nicht passieren. Diese befindet sich fern vom Ruhrgebiet ganz eindeutig im südlichen Teil des Niederrheins. Gemeinsam haben sie trotzdem alle eines: Sie sind keine natürlichen Berge, sondern entstanden durch den Abraum des Bergbaus. Alles, was man aus dem Boden geholt hat und nicht nutzen konnte, wurde eben gelagert. Bei der Zeche Sophia-Jacoba in Hückelhoven wuchs mit der Bergbautätigkeit unter Tage die Millicher Halde über Tage in die Höhe. Begonnen wurde damit Mitte der 1930er-Jahre, und fast vier Jahrzehnte dauerte es, bis die Halde ihre heutige Höhe von 70 Metern erreichte.

NAHERHOLUNGSZIEL Auf der Zeche, die übrigens im Jahr 1914 ihren Betrieb aufnahm, wurde noch bis zum Ende des Jahrhunderts Kohle gefördert. Danach war auch hier Schicht im Schacht. Insgesamt vier Halden sind dadurch entstanden, doch die einzige, die mit Wanderwegen erschlossen und mit einer Landmarke versehen wurde, ist die Millicher Halde. Viele Jahre war die Halde für die Öffentlichkeit nicht zugänglich, doch nach der Freigabe wurde sie bepflanzt und ist heute ein schönes Naherholungsziel. Etwas mehr als eineinhalb Kilometer verläuft der Wanderweg ab der Gronewaldstraße durch den Wald und umrundet die Halde dabei auf der östlichen Flanke, während er gleichzeitig bis zum Gipfelplateau ansteigt. Dabei kreuzt er außerdem die sogenannte Himmelstreppe, mit der wir von der Ostseite aus viel kürzer, aber dafür auch entsprechend steiler ebenfalls bis zum Gipfel gelangen.

HALDENBLICK Rund 400 Stufen haben wir dabei zu überwinden, bis wir oben angekommen sind – und können unseren Weg sogar noch weiter fortsetzen. Denn die Himmelstreppe wird automatisch zu einem Aussichtspunkt oberhalb des Plateaus. So können wir den Rundweg zum Gipfel und die zahlreichen Treppenstufen als kleine Tour kombinieren und dabei den Ausblick genießen – sehr praktisch. In den letzten Wochen eines Jahres ist die Halde in der dunklen Jahreszeit außerdem ein beliebtes Ziel für Fotografen und für Besucher, die einfach nur die Lichtershow genießen wollen. Zahlreiche mit LEDs beleuchtete Figuren und Skulpturen begeistern dann auf dem Gipfelplateau mit dem sogenannten Haldenzauber. So ist die Millicher Halde sowohl im Sommer als auch in der Weihnachtszeit einen ausgiebigen Besuch wert.

INFO

TOURENCHARAKTER
Kurze, einfache Wanderung mit deutlichem Aufstieg

AUSGANGS-/ENDPUNKT
Roermonder Straße, 41836 Hückelhoven
(GPS: 51.053666, 6.214269)

ANFAHRT
Auf der A46 bis zur Ausfahrt Hückelhoven-West

TOURISTENINFORMATION
hueckelhoven.de

EINKEHR
Rucksackverpflegung

leicht	01:30 Std.	2,5 km	71/71 Hm

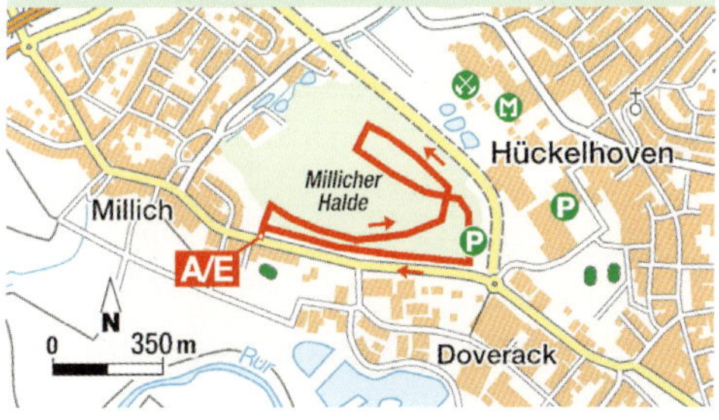

Was aus alten Bahntrassen werden kann

Vom Bahngleis zur Artenvielfalt

Auf einem ehemaligen Bahndamm wurde ein Spazierweg eingerichtet, der unter anderem von einem Blühstreifen und einem Reptilarium begleitet wird. Von hier aus können wir drei sogenannte Wandelwege rund um Schaephuysen genießen.

GLEIS DER ARTENVIELFALT Spannend zu sehen, was aus einer ehemaligen Bahnstrecke alles werden kann. Üblicherweise wurden in den letzten Jahren viele einstige Bahntrassen zu Radfernwegen umgestaltet. Das ist wunderbar und für Radfahrer perfekt. Fast ebene Strecken, auf denen meist keine oder nur sehr wenige Kreuzungen mit dem Straßenverkehr anzutreffen sind. Doch es gibt auch noch andere Möglichkeiten für das Recycling einer Bahnstrecke. So geschehen zum Beispiel mit der einstigen Bahntrasse zwischen Rheinberg und Sevelen. Teilbereiche dieser Bahnfahrt kann man auch heute noch auf Gleisen erleben, aber die Fahrt zwischen Rheurdt und Sevelen, also die letzten Kilometer der Strecke, sind heute nur noch anders erlebbar. Eröffnet wurde die Bahnstrecke im frühen 20. Jahrhundert. Nach der Einstellung auf den letzten gut sieben Kilometern hat man die Trasse teilweise zuwuchern lassen.

BIODIVERSITÄT Mittlerweile ist aus einem kleinen Teil dieser ehemaligen Bahntrasse etwas sehr Ansehnliches geworden. Der Verein für Gartenkultur und Heimatpflege Schaephueysen e.V., kurz VfGuH, hat einen

Jede Menge Naturinfo auf kleinstem Raum

30

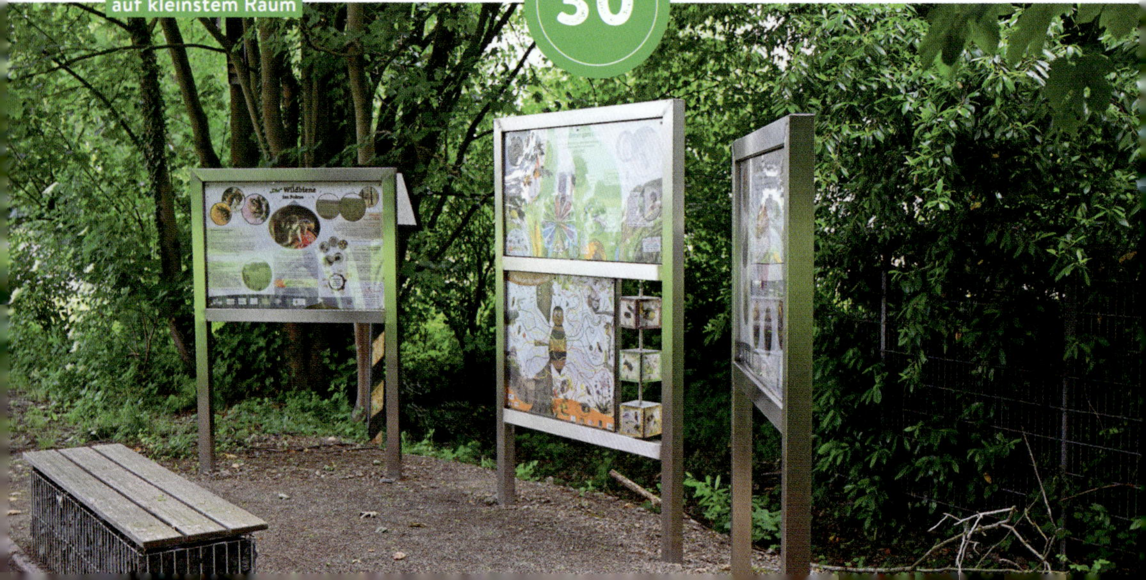

sogenannten Wandelweg rund um den Ort angelegt, bei dem das sogenannte Gleis der Artenvielfalt in die Wanderung integriert wurde. Und dieses Gleis wollen wir uns gleich als Erstes anschauen, bevor wir dem Wanderweg folgen. An der Vluyner Straße erhebt sich ein ehemaliger Trafoturm, der nun eine Stele der Biodiversität ist und dem Artenschutz dient. Um von der anderen Seite an den Turm zu gelangen, wurde ein Weg auf dem einstigen Bahndamm eingerichtet, der seither vieles für die Natur bietet. Der Bahndamm wird von einem Blühstreifen flankiert, an dem sich die Insekten gütlich tun. An anderer Stelle wurde ein sogenanntes Reptilarium errichtet, um aufzuzeigen, wie man mit Totholz und Trockenmauern einen attraktiven Ort für Reptilien und Insekten errichten kann. Die Fledermausquartiere und Lehrstationen dürfen in dieser Aufzählung natürlich nicht fehlen.

WANDERN IN SCHAEPHUYSEN Vom Gleis der Artenvielfalt aus kann man schließlich aus drei Wanderwegen beziehungsweise Wandelwegen auswählen. Die längste Variante ist die Nordrunde mit mehr als zehn Kilometern; sie führt aus dem Ort hinaus und an einer ehemaligen Kiesgrube vorbei, die heute als Biotop ebenfalls Lebensraum für Kleintiere bietet. Auf der siebeneinhalb Kilometer langen Südrunde wandern wir südlich aus Schaephuysen hinaus und genießen die Tour entlang einer wunderbaren Kopfweidenallee. Mit der dritten Runde spazieren wir über das Gleis der Artenvielfalt bis in den Ort hinein und bleiben in Schaephuysen. Immerhin legen wir dabei über fünf Kilometer zurück und haben die Gelegenheit, das Heimatmuseum zu besichtigen. Außerdem kann man dabei auch noch einen Blick auf die kleinen Trafos werfen, die im gesamten Ort liebevoll bemalt wurden – natürlich auch vom VfGuH. Dass sich der Verein nicht ausruht, zeigt sich auch darin, dass kurz nach der feierlichen Eröffnung des Gleises der Artenvielfalt im Jahr 2020 im folgenden Jahr trotz Pandemie-Schwierigkeiten die Arbeiten an einem Generationenpark begannen.

INFO

TOURENCHARAKTER
Leichte Wanderung rund um den Ort

AUSGANGS-/ENDPUNKT
Vluyner Straße, 47509 Rheurdt
(GPS: 51.440623, 6.493266)

ANFAHRT
Auf den Bundesstraßen B9 oder B510 und kleineren Landstraßen bis Schaephuysen; mit dem Bus bis zur Haltestelle Schaephuysen Kirche

TOURISTENINFORMATION
niederrhein-tourismus.de

EINKEHR
Diverse Einkehrmöglichkeiten im Ortskern Schaephuysen

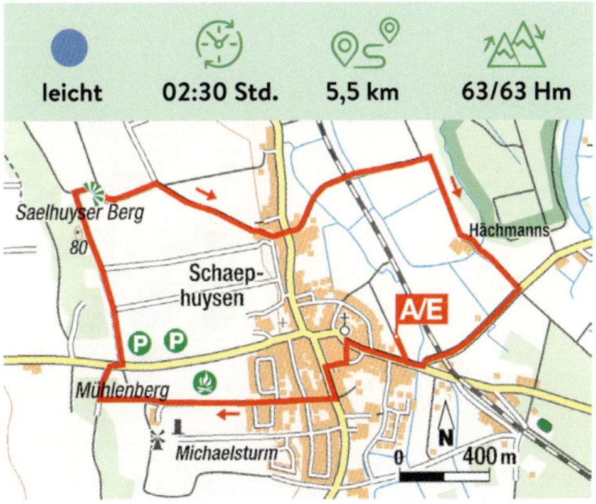

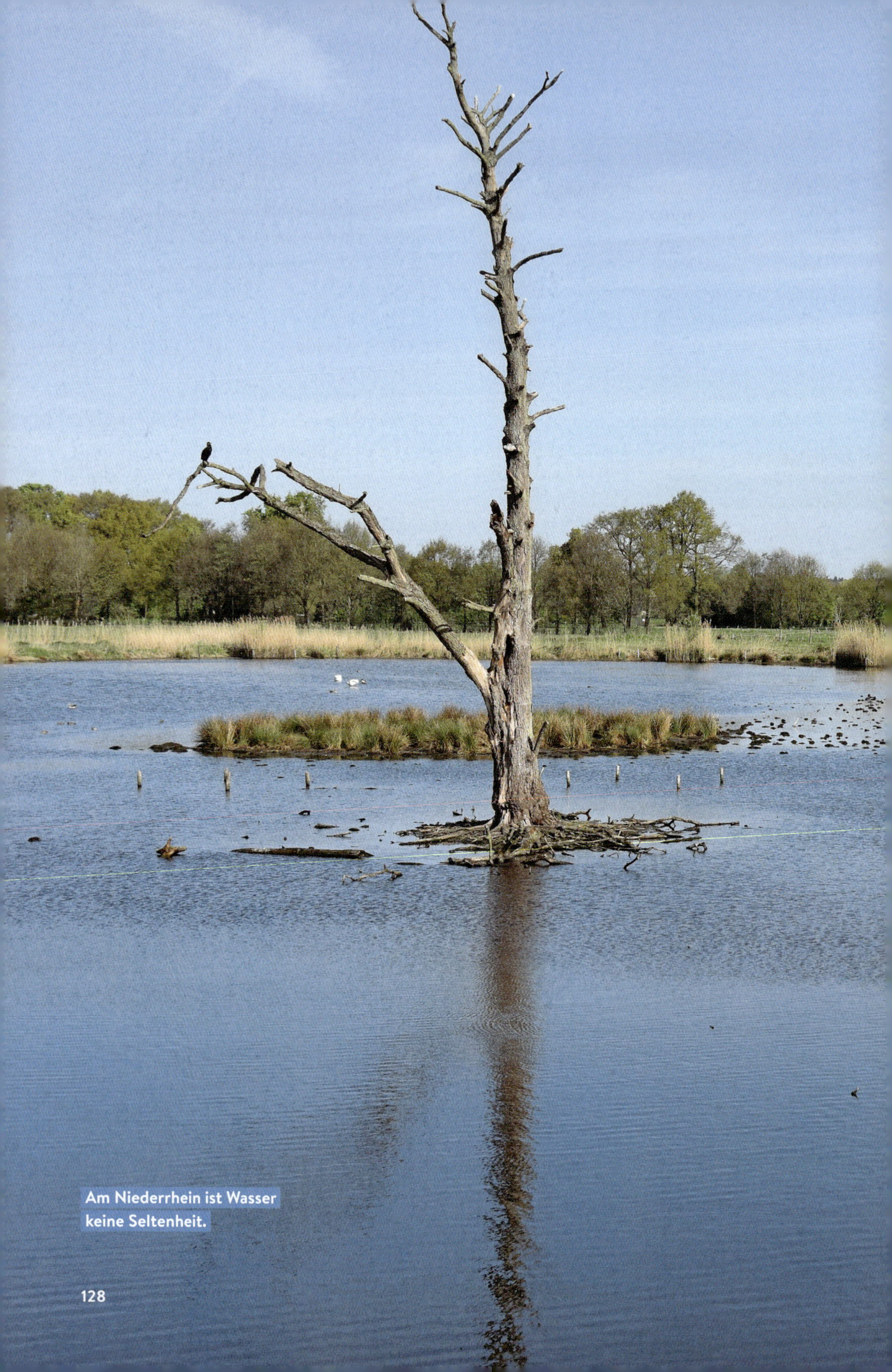

Am Niederrhein ist Wasser keine Seltenheit.

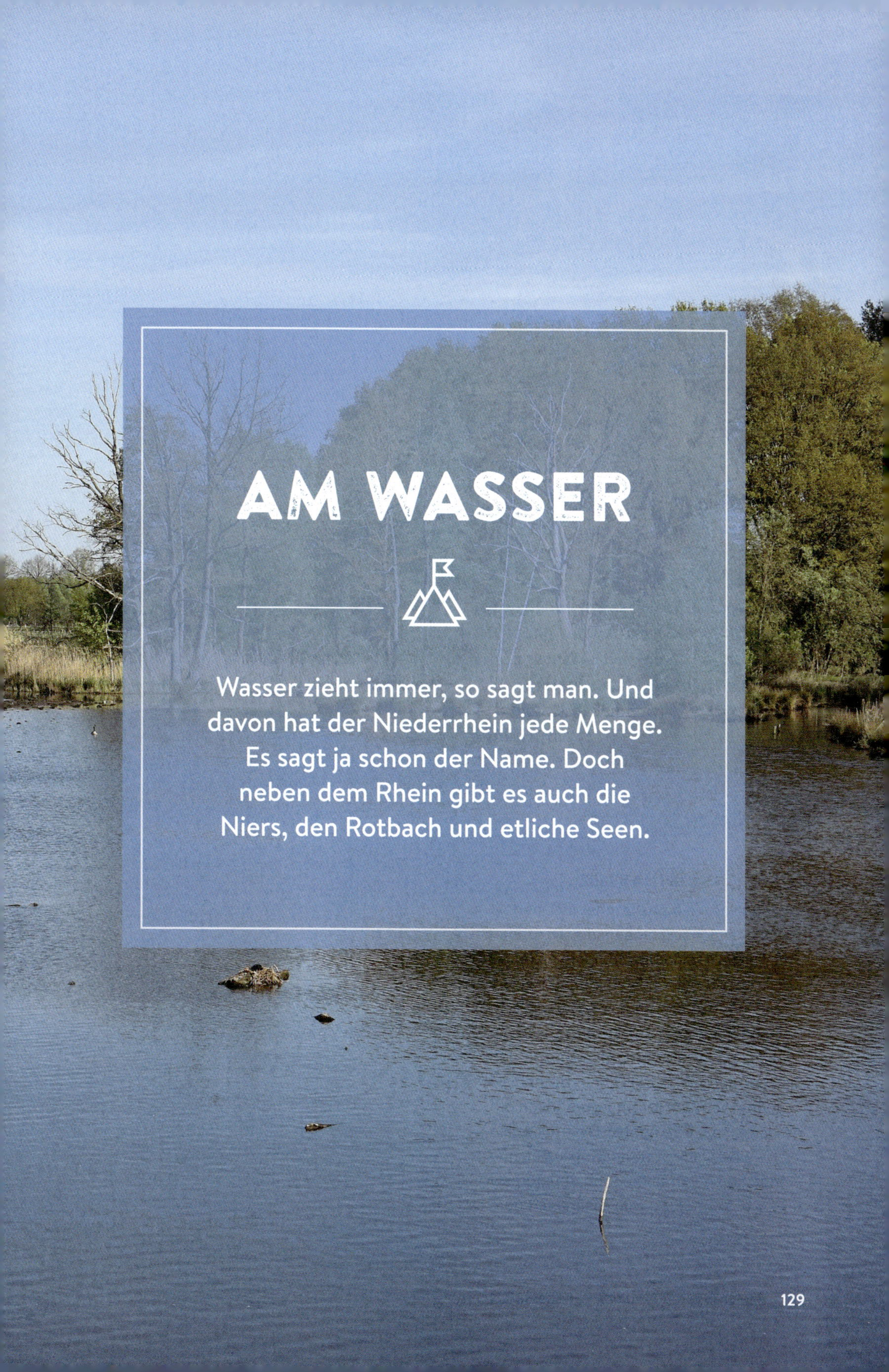

AM WASSER

Wasser zieht immer, so sagt man. Und davon hat der Niederrhein jede Menge. Es sagt ja schon der Name. Doch neben dem Rhein gibt es auch die Niers, den Rotbach und etliche Seen.

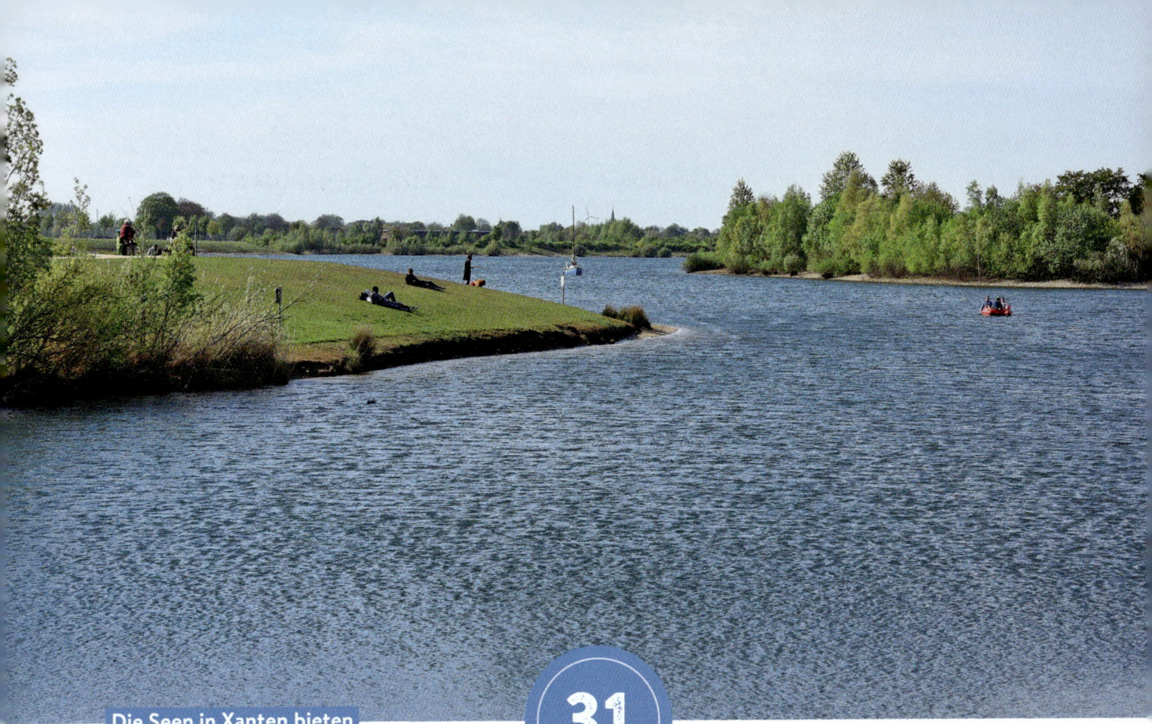

Die Seen in Xanten bieten jede Menge Erholungswert.

31

Sport und Spaß am Wasser

Xantener Nord- und Südsee

Gleich zwei Seen umrunden wir auf dieser Wanderung und zwar oftmals dicht am Ufer entlang. Zugegeben, die beiden Gewässer sind durch einen schmalen Wasserlauf miteinander verbunden. Aber dennoch können wir am Ende der Runde stolz behaupten, sowohl die Nordsee als auch die Südsee umrundet zu haben. So werden die beiden Xantener Seen nördlich der Römerstadt genannt, die zahlreiche Freizeitmöglichkeiten an ihren Ufern und auf der Wasseroberfläche bieten.

AM XANTENER HAFEN Gleich gegenüber der Bundessstraße sehen wir den Zugang zum Archäologischen Park Xanten, kurz auch APX genannt. Die dortige Reise in die Vergangenheit und in die Zeit der Römer bewahren wir uns für später auf, nachdem wir unsere Wanderung rund um die Nordsee und Südsee von Xanten beendet haben. Einen weiteren Blick werfen wir natürlich auch noch auf den Xantener Hafen, an dem zahlreiche Boote festgemacht sind.

WESTUFER Zwischen Spielplatz und Parkplatz am Hafen folgen wir einem breiten Weg am Seeufer entlang und genießen die zunächst kurvige Wanderung, bei der wir am Anfang von der Bundesstraße begleitet werden. Doch schon bald trennen sich unsere Wege und wir wandern in einem Bogen halb rechts. Es folgen auf dem geschotterten Weg Sitzbänke, die uns eine kleine erste Pause ermöglichen, in der wir den tollen Ausblick auf das schimmernde Wasser der Xantener Südsee erleben. Wenig später biegen wir an einer T-Kreuzung rechts ab und bleiben dem Seeufer weiterhin treu. Auf der rechten Seite versperren uns für den Moment kleine Bäume und Büsche den Blick auf den See, doch kurz vorher konnten wir schon die Halbinsel des Xantener Strandbades erkennen, die mit einem lang gestreckten Sandstrand aufwartet.

VON DER SÜDSEE ZUR NORDSEE Später überqueren wir die Straße Am Meerend. Der Straßenname ist dabei Programm, denn zumindest das Ende der Xantener Südsee ist hier erreicht. Wir folgen dem Weg geradeaus, der an dem nun deutlich schmaleren Gewässer verläuft, das die beiden Seen miteinander verbindet. Viel sehen wir davon jedoch auch an dieser Stelle wegen der dichten Uferböschung nicht. Dafür können wir jedoch den Blick nach links über die Felder schweifen lassen und sehen am Horizont die Türme des Xantener Doms St. Viktor. Auf unserem Weg nähern wir uns der Hauptstraße und können hier für einen Moment einen Blick auf das Wasser werfen. Hier sind wir nun an der engsten Stelle und haben das gegenüberliegende Ufer fast zum Greifen nahe. Wir

Tipp

FREIZEITZENTRUM XANTEN

Während der Archäologiepark der Stadt bekanntermaßen mit APX abgekürzt wird, steht FZX für das Freizeitzentrum Xantens. Es umfasst die beiden Seen, die als Nordsee und Südsee bezeichnet werden und die nicht nur eine Wasserski-Anlage und Bootshäfen beherbergen, sondern auch ein umfangreiches Veranstaltungsangebot vorweisen können. Hierzu zählen zum Beispiel der Fischmarkt oder das Hafenkonzert.

An der Promenade der Xantener Südsee kann man einfach mal relaxen.

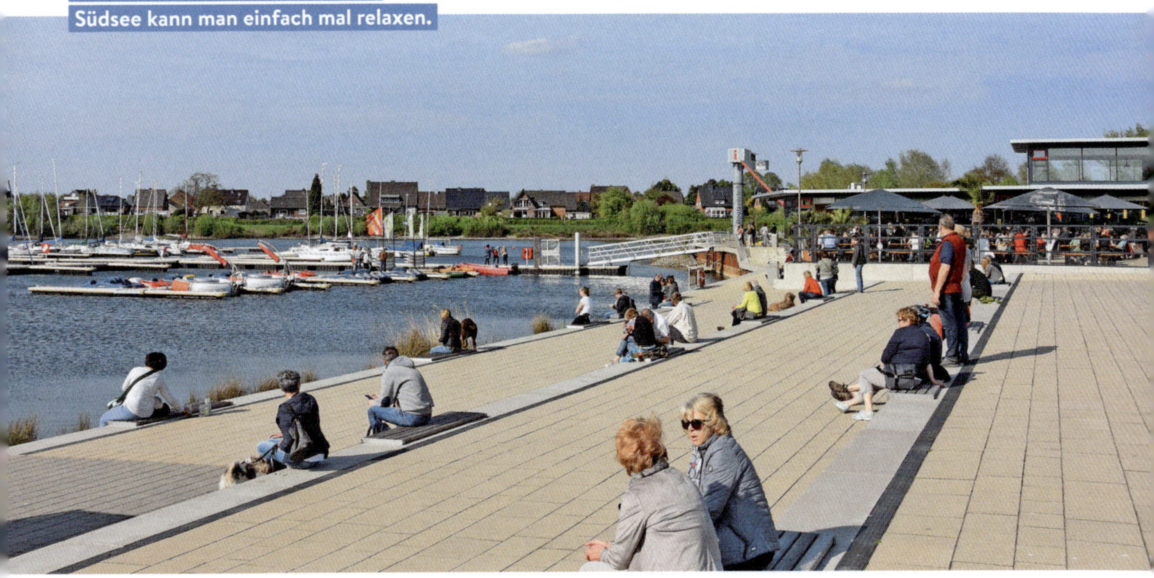

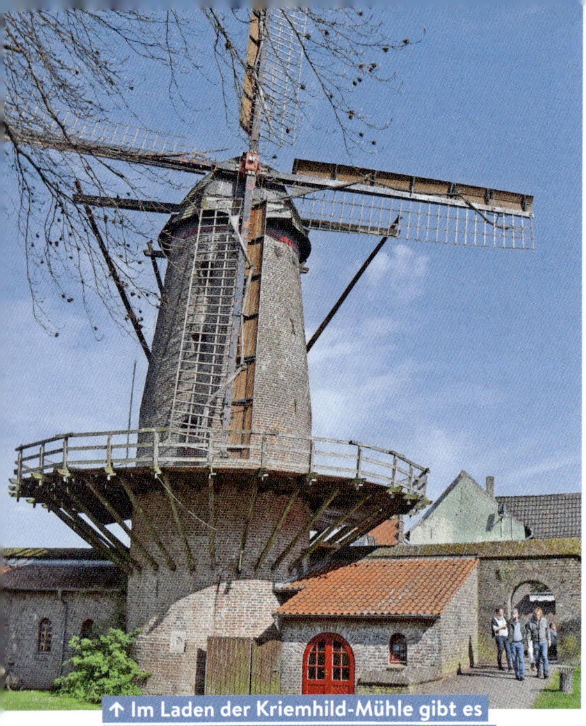

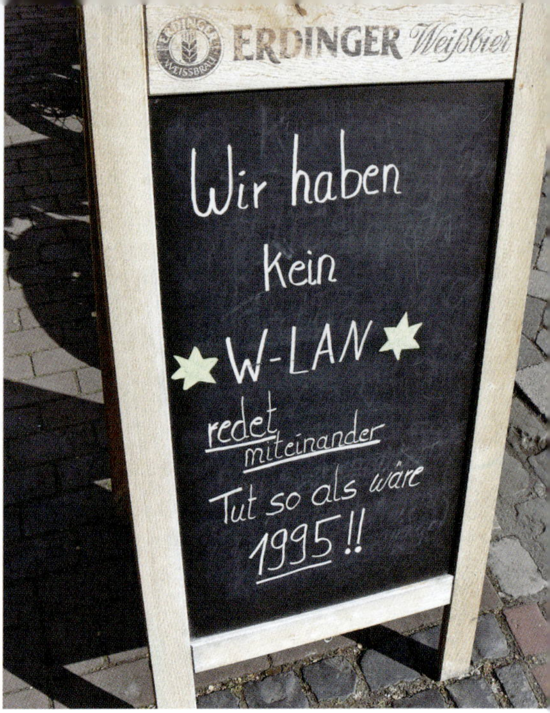

↑ Im Laden der Kriemhild-Mühle gibt es frisch gebackenes Brot. ↗ Für Influencer vielleicht nicht der richtige Ort

bleiben geradeaus, erblicken halb links auf einem Hof eine weiße Windmühle, die auch ohne ihre Flügel die Nähe zu den benachbarten Niederlanden verdeutlicht. Wenig später überqueren wir den kleinen Bach Prisley, der schon kurz darauf zu unserer Rechten in den Arm zwischen Nordsee und Südsee mündet. Er weist darauf hin, dass wir schon bald die Xantener Nordsee erreicht haben. Endgültig dort angekommen sind wir bei dem kleinen Uferplatz auf der rechten Seite. Sitzbänke gibt es dort zwar keine, doch ein kniehohes, im Halbkreis gebautes Mäuerchen dient uns als Pausenplatz, an dem wir die Ruhe und den Ausblick auf den See genießen können. Rund ein Drittel unserer Wanderung liegt nun hinter uns.

BLICK AUF DIE MARINA So erkennen wir auch bald schon die Marina der Nordsee am gegenüberliegenden Ufer, die jetzt noch ein gutes Stück von uns entfernt ist, aber auch auf unserem Weg liegt. Zuvor passieren wir den Xantener Ortsteil Vynen, der uns gleich zu Anfang den sogenannten Pier 44 präsentiert. Gleich zehn Hausboote liegen hier vertäut; sie können für den Urlaub gebucht werden und man kann sich mit ihnen auf dem Seewasser eine ruhige Zeit verschaffen. In Gedanken beim nächsten Urlaub auf dem Hausboot folgen wir weiterhin dem Weg am Seeufer entlang und gelangen zum Hafen Vynen, wo uns ein umfangreiches Gastronomieangebot erwartet. Eine gute Gelegenheit, wieder eine kleine Pause einzulegen und den Skippern beim Ablegen zuzuschauen.

BESUCH AM RHEINUFER Unser Weg verläuft weiter am See entlang, während sich zu unserer Linken der Rheindamm nähert. Natürlich lassen wir es uns nicht nehmen, einmal den Damm zu erklimmen und einen Blick über die Rheinauen zu werfen. In die andere Richtung haben wir einen schönen Blick auf die Xantener Nordsee und erkennen rechts hinten den Kirchtum von Vynen. Mit einer deutlichen Rechtskurve lassen wir den Deich zurück und wandern parallel zu einem Freizeit- und Erholungspark. An seinem Parkplatz haben wir nicht nur die Möglichkeit, im Landhaus einzukehren, sondern erreichen auch die Marina, die uns noch vor einiger Zeit so weit entfernt vorkam.

REISE IN DIE VERGANGENHEIT Wir biegen links ab und folgen dem kurvigen Verlauf des Uferwegs. Mit einer Sitzgruppe an der sogenannten Fischerhütte bietet sich wieder eine schöne Pausenmöglichkeit auf dem letzten Abschnitt unserer Wanderung. Am Ortsrand von Lüttingen, einem weiteren Stadtteil Xantens, bleiben wir wieder dem Seeuferweg treu. In einer engen Linkskurve sehen wir bereits die Marina und unseren Ausgangspunkt wieder, wandern noch einen kleinen Bogen und kommen abschließend parallel zur Salmstraße wieder am Freizeitzentrum raus, wo das Hafenrestaurant Plaza del Mar schon auf unsere Einkehr wartet oder die 18 naturnah gestalteten Bahnen zu einer Partie Adventure-Golf einladen. Fußball-Billard, Bogen-Golf und Puttinggreen wären weitere Möglichkeiten, den Tag nach dieser Seeumrundung ausklingen zu lassen. Zu guter Letzt bleibt uns der eingangs erwähnte Besuch im nahen Archäologiepark.

INFO

TOURENCHARAKTER
Mittelschwere Wanderung um zwei Seen herum

AUSGANGS-/ENDPUNKT
Parkplatz Nordwall, Nordwall, 46509 Xanten (GPS: 51.665192, 6.452309)

ANFAHRT
Auf der B57 bis Xanten

TOURISTENINFORMATION
xanten.de

EINKEHR
Hafenrestaurant Plaza del Mar, Salmstraße 30, 46509 Xanten, plaza-del-mar.de

Das Dach vom Klever Tor sieht man schon von Weitem.

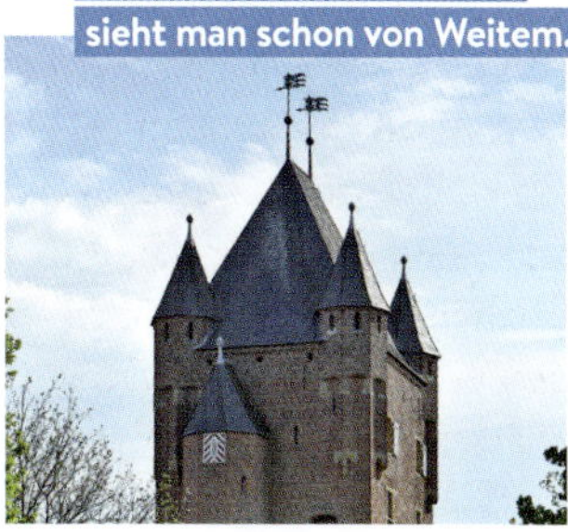

mittel | 03:30 Std. | 13 km | 46/46 Hm

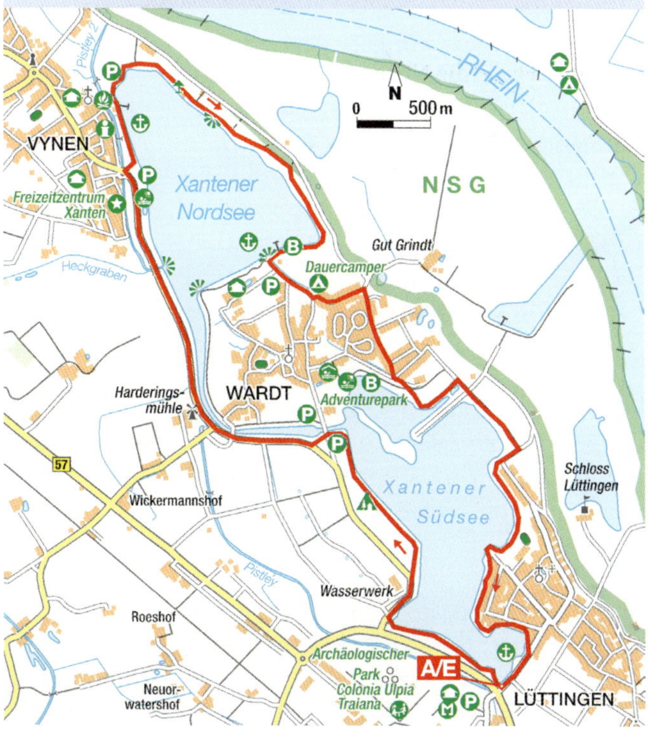

Seenlandschaft im Grünen

Krickenbecker Seen

Auf einer gemütlichen Radeltour geht es einmal rund um die Krickenbecker Seen bei Nettetal. In der überwiegend flachen Landschaft passieren wir einige historische Gebäude und bekommen einen schönen Überblick von einem Aussichtsturm.

AUFBRUCH ZU DEN SEEN Ganz gleich, ob wir den Bahnhof in Nettetal-Breyell nach rechts oder links verlassen – über die Biether Straße oder durch die Josefstraße kommen wir in das kleine Zentrum des Ortes. Dort werden wir von der Lambertikirche empfangen, die als das älteste Bauwerk von Breyell bis in das 14. Jahrhundert zurückblicken kann. Auf der Dohrstraße folgen wir der Niederrheinroute bis zum Weyer-Kastell. Das Gutsgebäude wurde nach dem Dreißigjährigen Krieg errichtet und ersetzte eine Wasserburg des 13. Jahrhunderts, die dem Adelsgeschlecht von Krickenbeck gehörte.

NATURSCHUTZ Hinter dem Ferkensbruch, einem kleinen See auf der rechten Seite, folgen wir nun auf der Straße Sassenfeld der 2-Länder-Route bis zum Naturschutzhof Nettetal. In dem vom Naturschutzbund verwalteten Areal können wir einen Rundgang zwischen Biotopen, Obstwiesen und Blumenbeeten unternehmen, auf dem wir einen acht Meter hohen, sogenannten Lebensturm sehen, in dem bedrohte Vogelarten und Insekten ihre Heimstatt gefunden haben. Weiter erreichen wir auf der 2-Länder-Route das Haus Bey, ein kleines schlossartiges Gebäude eines alten Rittergutes.

32

Einen Abstecher wert ist die nahe gelegene Schaager Mühle.

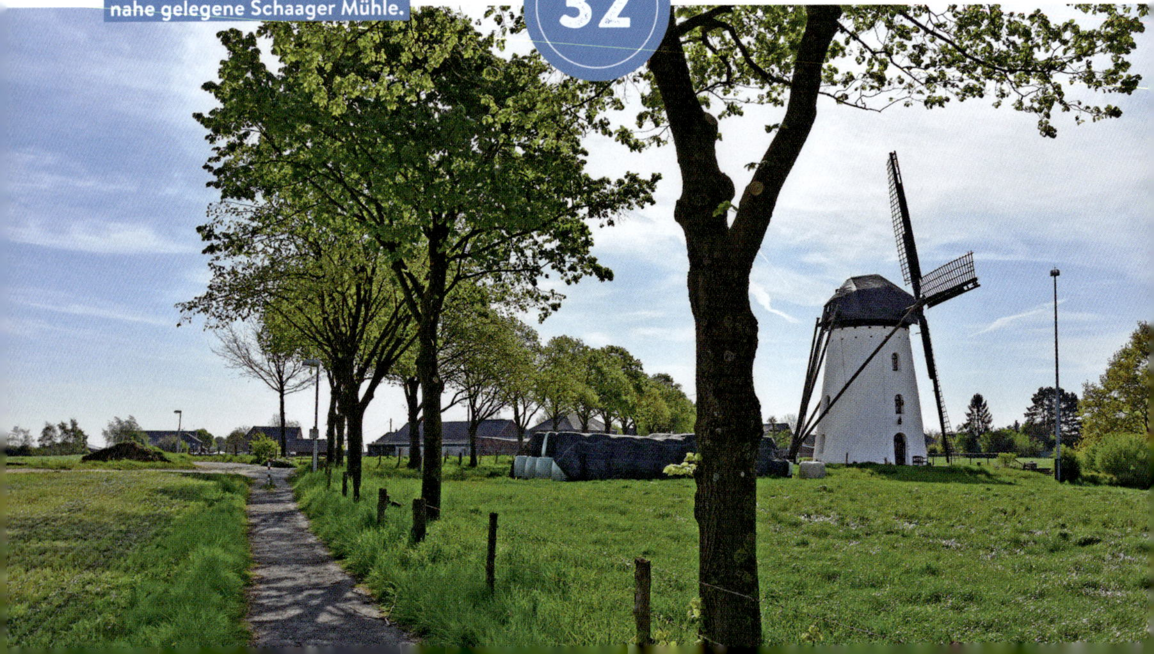

TEXTILMUSEUM In Hombergen besuchen wir das Textilmuseum »Die Scheune«, das sich mit der niederrheinischen Textilmanufaktur befasst. Bevor wir anschließend auf der Schlossallee mit dem Glabbacher Bruch und dem Hinsbecker Bruch die zwei größten der Krickenbecker Seen passieren, sollten wir links am dazugehörigen Infozentrum anhalten. In einer Dauerausstellung wird unter anderem gezeigt, wie die hiesigen Netteseen entstanden sind.

SCHLOSS KRICKENBECK Auch das auf der rechten Seite stehende Schloss Krickenbeck entstand im 13. Jahrhundert und erhebt sich heute inmitten der Seenplatte, die wir anschließend nach rechts in Richtung Plankenheide durchqueren. Wir achten auf die Beschilderung in Richtung Hinsbeck und wenden uns hinter der Pension Haus Waldesruh nach rechts, um wenig später den 28 Meter hohen Aussichtsturm Taubenberg mit prachtvollem Panorama zu erklimmen. Er bietet ein prachtvolles Panorama über die Seenplatte, die wir nun auf dem Rad umrundet haben. Von Hinsbeck aus radeln wir auf dem rot-weiß ausgeschilderten Radverkehrsnetz NRW nach Lobberich, wo abschließend noch die Burg Ingenhoven mit ihrem gastronomischen Angebot zu einer Einkehr einlädt und passieren auf dem Radweg den Nettebruch, bis wir wenig später in Breyell sind.

INFO

TOURENCHARAKTER
Einfache Radtour auf befestigten Wegen und durch Wald

AUSGANGS-/ENDPUNKT
Parkplatz Bahnhof Breyell, Josefstraße, 41334 Nettetal (GPS: 51.293524, 6.242434)

ANFAHRT
Mit dem Pkw auf der A61 bis Nettetal; mit dem Zug bis Bahnhof Breyell

TOURISTENINFORMATION
nettetal.de

EINKEHR
Burg Ingenhoven, Burgstraße 10, 41334 Nettetal, burg-ingenhoven.de

leicht	04:00 Std.	17 km	128/128 Hm

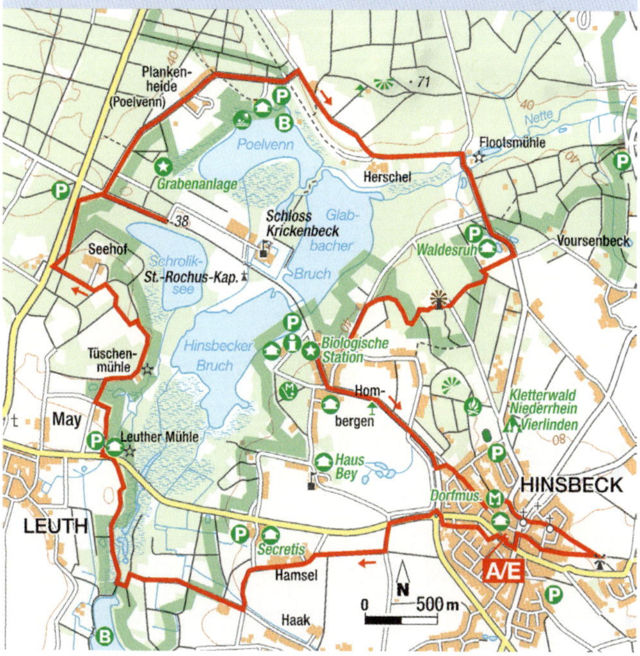

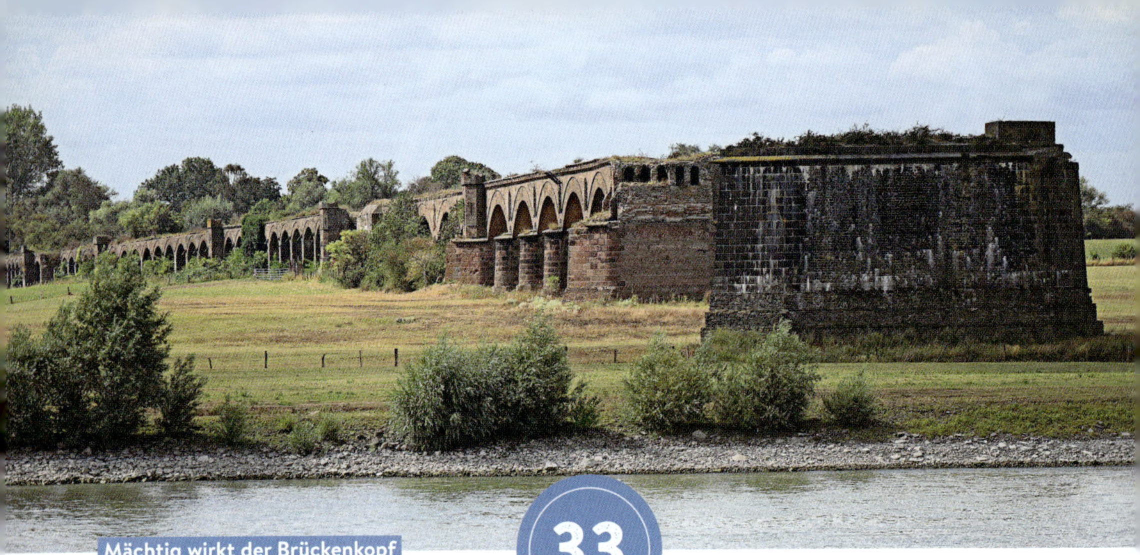

Mächtig wirkt der Brückenkopf am Rhein noch heute.

33

Wo die Brücke am Rheinufer endet

Eisenbahnbrücke Wesel

Da wir das Naturschutzgebiet Bislicher Insel in der Tour 37 ausgiebig besuchen, entscheiden wir uns mit dieser Radtour für eine Fahrt auf der Römer-Lippe-Route, die ebenfalls an der Bislicher Insel verläuft.

EISENBAHNBRÜCKE WESEL Die Radtour durch das Naturschutzgebiet verläuft angenehm entspannt, und wir erreichen nach kurzer Zeit den Fahrradknotenpunkt 59 im kleinen Ort Werrich. Hier folgen wir der Straße Zur Bauerschaft, um kurz darauf wieder direkt am Rheinufer radeln zu können. Nach einiger Zeit erblicken wir zur Linken die Überreste der Eisenbahnbrücke Wesel. Die Brücke entstand in den 1870er-Jahren als Verbindung zwischen Hamburg und Holland. Da das Brückenbauwerk nicht nur den Rhein überspannte, sondern auch die weitläufigen Rheinauen, galt sie bei ihrer Fertigstellung mit ihren fast zwei Kilometern als längste Brücke über den Rhein. Im März 1945 wurde die Brücke durch die deutsche Wehrmacht auf ihrem Rückzug gesprengt. Die Brückenteile, die sich mit bis zu 600 Metern Länge in den Rheinauen befinden, sind dabei erhalten geblieben und lassen noch heute die einstmals beeindruckende Größe des Bauwerks erahnen.

RÖMER-LIPPE-ROUTE Kurz hinter der Eisenbahnbrücke ist es dann an der Zeit, den linksrheinischen Teil der Römer-Lippe-Route zu verlassen und den Strom zu überqueren. Auf der Niederrheinbrücke überqueren wir nicht nur den Rhein, sondern gleich im

Anschluss auch die Lippe, die unweit entfernt in den Rhein mündet. Hinter der Lippe radeln wir bis zu den Knotenpunkten 31 und 29 in der Innenstadt von Wesel und passieren zugleich das LVR-Niederrheinmuseum.

NIEDERRHEINMUSEUM Das Niederrheinmuseum befasst sich, wie der Name schon ahnen lässt, mit der Geschichte der Region am Niederrhein. 1998 wurde das Museum als Preußen-Museum eröffnet und widmete sich der rheinisch-preußischen Geschichte der einstigen Garnisonsstadt Wesel. Nach 20 Jahren wurde das Museum vom Landschaftsverband Rheinland übernommen und neu konzipiert. Das Thema Preußen steht zwar damit nicht mehr im Mittelpunkt, ist jedoch nicht aus dem Museum wegzudenken. Das liegt alleine schon an der Örtlichkeit, der Zitadelle Wesel, in der das Museum untergebracht ist. Sie war ein bedeutender Stützpunkt und eine der stärksten preußischen Festungen.

DREVENACKER DÜNEN Auf der Römer-Lippe-Route verlassen wir Wesel in östlicher Richtung auf der Brunnenstraße. Das sehr kleine Naturschutzgebiet Drevenacker Dünen wird durchquert und mit der Krudenburg bei Hünxe sowie dem Wasserschloss Gartrop blicken wir unterwegs auf zwei schöne, historische Bauwerke. Auf dem Radweg überqueren wir die Lippe, radeln am Ufer des Flusses entlang und anschließend am Ufer des parallel verlaufenden Wesel-Datteln-Kanals, bis wir von ganz alleine zum Zielort in Dorsten gelangen. Nach Überquerung des Kanals nach rechts und der kurzen Fahrt entlang des Ostwalls erreichen wir den Bahnhof von Dorsten.

INFO

mittel | 04:30 Std. | 45 km | 232/232 Hm

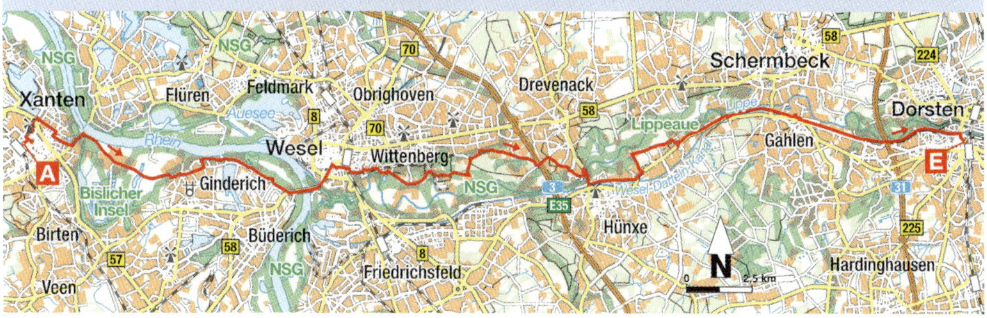

TOURENCHARAKTER

Mittelschwere Radtour auf gut ausgeschilderter Route und flachen Wegen

AUSGANGSPUNKT

Eyländer Weg, 46509 Xanten
(GPS: 51.654426, 6.500525)

ENDPUNKT

Bahnhof Dorsten
(GPS: 51.658388, 6.9695199)

ANFAHRT

Auf der B57 bis Xanten und weiter auf Landstraßen bis zur Bislicher Insel

TOURISTENINFORMATION

xanten.de

EINKEHR

Verschiedene Einkehrmöglichkeiten in Wesel

Rees, der Rhein und das Meer

Zum Aussichtspunkt am Reeser Meer

Auf dem Planetenpfad wandern wir am Altrhein entlang, erleben ein Naturschutzgebiet und gelangen zum Reeser Meer. Nach der Wanderung haben wir die Möglichkeit, das Koenraad-Bosmann-Museum zu besichtigen, um mehr über Rees zu erfahren.

Gemütlich flaniert man an der Promenade von Rees.

34

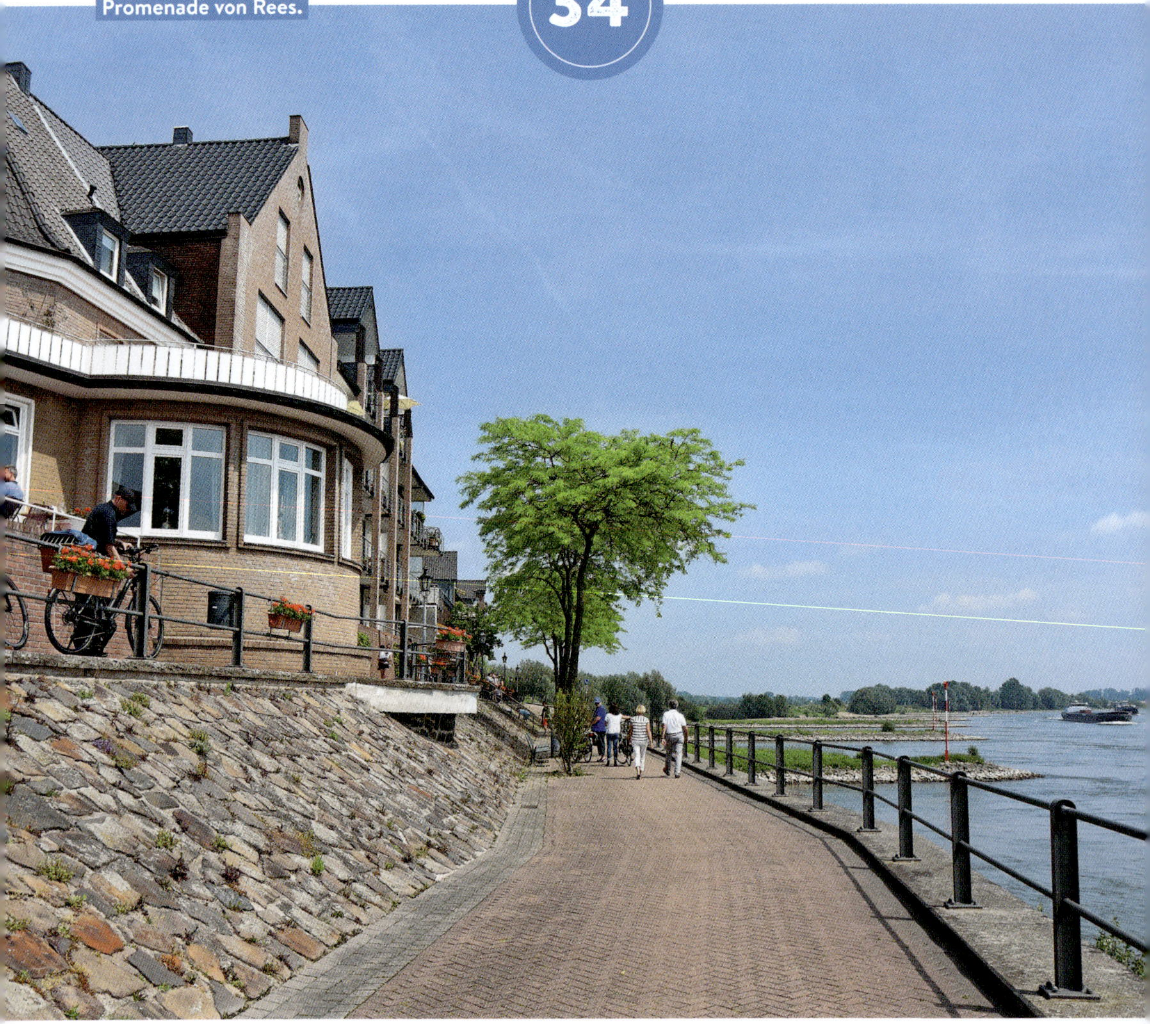

SKULPTURENPARK Der Skulpturenpark von Rees ist eine öffentliche, begehbare Wechselausstellung mit den Werken verschiedener Künstler und unbedingt sehenswert. Auf dem dort beginnenden Planetenweg gelangen wir zum Reeser Meer, genießen bei einer Umrundung die Natur und kommen später erneut zum Skulpturenpark zurück. Um es kulturell aber nicht nur dabei zu belassen, durchqueren wir anschließend den kleinen, malerischen Ort und liebäugeln mit einem Besuch im Koenraad-Bosmann-Museum, in dem wir mehr über Rees erfahren, aber auch weitere Kunstgegenstände betrachten können.

SPAZIERGANG AM RHEINUFER Den Parkplatz am Stadtwall lassen wir hinter uns und begeben uns nach links in Richtung Rheinpromenade. Dabei lassen wir den idyllischen Stadtpark mit seinem Weiher, den Skulpturen und der dahinter aufragenden Stadtmauer nicht aus den Augen. Wir halten uns geradeaus, wandern an Wehrtürmen der Stadtmauer vorbei und erreichen am östlichen Ende der Rheinpromenade den runden Mühlturm aus dem Jahr 1470. Einer Legende nach sei der Müller mit seinem Knecht vom Turm gestürzt, als beide sich um die Vermählung mit der Müllerstochter stritten. Der Turm diente nicht nur als Lohmühle, also zur Zerkleinerung von Gerbmitteln, sondern auch als Verteidigungsturm.

SKULPTURENPARK Wir gehen am Mühlenturm vorbei, lassen den Rhein nun hinter uns und gelangen nach einer Linkskurve und einem Kinderspielplatz zum Skulpturenpark der Stadt Rees. Halbhohe Hecken und Reste der Stadtmauer bilden die Kulisse für zahlreiche Skulpturen, die von verschiedenen Künstlern aus Nordrhein-Westfalen jeweils für eine begrenzte Zeit gezeigt werden. Von Dauer hingegen ist die begehbare Sonnenuhr im Zentrum des Skulpturenparks. Sie zeigt mit dem eigenen Schatten die richtige mitteleuropäische Sommerzeit an, wenn man sich auf die entsprechende Markierung stellt. Am westlichen Rand des Parks sehen wir die Skulptur der Sonne, die zugleich den Startpunkt einer Wanderung auf dem Planetenpfad von Rees markiert. Der Merkur als innerster Planet unseres Sonnensystems befindet sich ebenfalls noch am Skulpturenpark. Wir folgen dem Planetenpfad auf dem Deich und erreichen schon nach wenigen Metern noch auf Höhe des Parkplatzes die Venus. Kurz nach dem Abzweig folgt bereits der einzige bewohnte Planet, bekannt als die gute alte Erde. Auch der Mars befindet sich noch im nahen Umfeld des Skulpturenparks, was verdeutlicht, wie nah die Gesteinsplaneten um die Sonne kreisen. Zu den anderen Gasplaneten müssen wir nun schon ein gutes Stück wandern.

PLANETENLEHRPFAD Auf der rechten Seite blicken wir auf den Altrhein, der als Naturschutzgebiet ausgewiesen ist. Im Wasser leben zum Teil seltene Fische, während das Grünland neben dem Altrhein als Brutstätte

Tipp

REESER MEER

Das sogenannte Reeser Meer ist ein künstlicher See, der im Laufe vieler Jahre durch Kiesabbau entstanden ist. Heute ist es nicht nur Naherholungsgebiet und auch ein Tauchrevier, sondern Heimstatt für Karpfen, Brassen, Barsche und viele weitere Fischarten. Außerdem existiert rund um das Gewässer ein zehn Kilometer langer Laufpark mit Dehnstange, Fahrradständern, drei Einstiegen und abendlicher Beleuchtung.

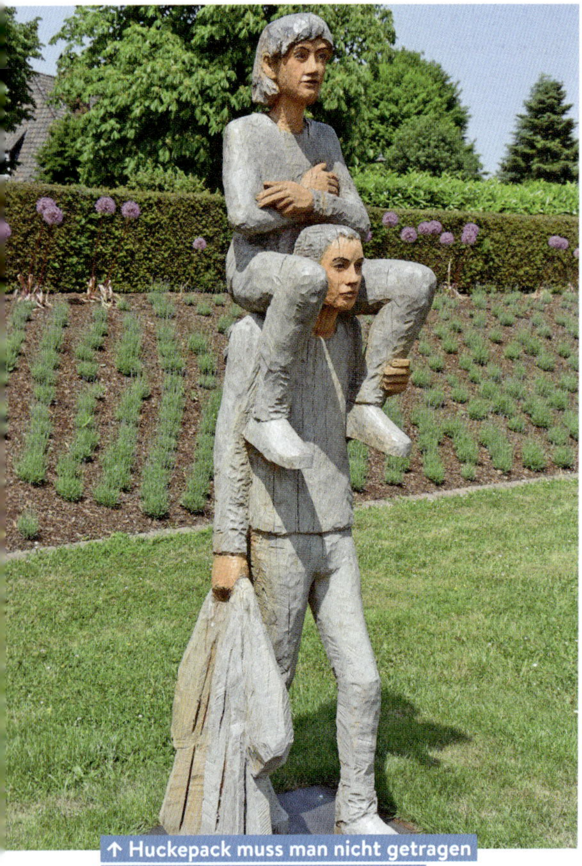

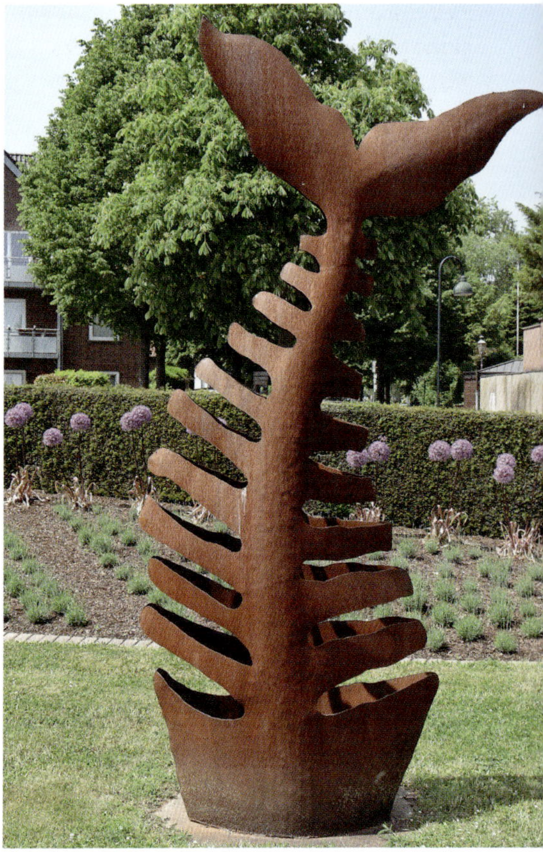

↑ Huckepack muss man nicht getragen werden, … ↗ … um die Skulpturen sehen zu können.

verschiedener Vogelarten wie Wachtel und Kiebitz genutzt wird. Am Abzweig zu einem Sportplatz passieren wir den Jupiter, gehen weiter geradeaus und lassen den Blick über den kleinen See Woy auf der linken Seite schweifen. Diesen könnten wir auf einem schmalen Pfad auch umrunden, doch wir haben noch einiges vor, daher bleiben wir dem Rheindeich treu und beobachten die Ringe des Saturns, kurz bevor wir die Rauhe Straße überqueren. Unter den Kronen einiger Bäume wandern wir durch die idyllische Landschaft weiter bis zur Straße Bergswick, überqueren diese und passieren zwei Felder rechts und links des Weges.

REESER MEER Es sind nur noch wenige Minuten, bis wir auf der linken Seite das Ufer des Reeser Meeres erreicht haben. Wir zweigen hier halb links auf einen schmalen Weg ab, der uns direkt durch die grüne Uferlandschaft führt. An einer T-Kreuzung halten wir uns links, bleiben weiterhin am Wasser und erreichen den letzten Planeten unseres Sonnensystems, den Neptun. An der nächsten Kreuzung sehen wir den sogenannten Kreuzbaum mit einem Wegekreuz, an dem wir gerne eine kleine Pause einlegen. Als Wegmarke besteht dieses Kreuz bereits seit fast 400 Jahren und es ist heutzutage auch Teil der Fronleichnamsprozession. Wir biegen nach links auf die wenig befahrene Wilhelmstraße ab und erreichen nach kurzer

Zeit einen Aussichtspunkt, von dem aus wir einen schönen Blick über das Wasser des Reeser Meers haben. In der Ferne können wir gerade so das gelb leuchtende Schloss Bellinghoven ausmachen. Sein Äußeres stammt aus dem 17. Jahrhundert, als es auf den Überresten einer Burg erbaut wurde, die bereits im 14. Jahrhundert Erwähnung fand.

AUSSICHTEN AUF DAS REESER MEER

Eine weitere Aussichtsplattform gibt einen wunderbaren Blick auf den See frei. Auch die weitere Aussicht neben einem kleinen Parkplatz am Nordufer des Sees lassen wir uns wenig später nicht entgehen. Am Parkplatz geht es geradeaus und wir lassen das Reeser Meer nun in einer weiten Linkskurve langsam hinter uns. Durch eine malerische Grünlandschaft, die von einzeln stehenden Bäumen und Baumgruppen geprägt ist, wandern wir bis zu einer T-Kreuzung, an der wir rechts auf die Straße Bergswick abbiegen. Nach kurzer Zeit erreichen wir den bereits bekannten Weg, der zurück nach Rees führt. Wir biegen rechts ab, wandern auf dem Weg zurück zum Deich und passieren abermals die Stationen des Planetenlehrpfades. Von dort spazieren wir am Rheinufer entlang bis zu unserem Ausgangspunkt am Parkplatz zurück.

INFO

mittel | 05:00 Std. | 16,5 km | 55/55 Hm

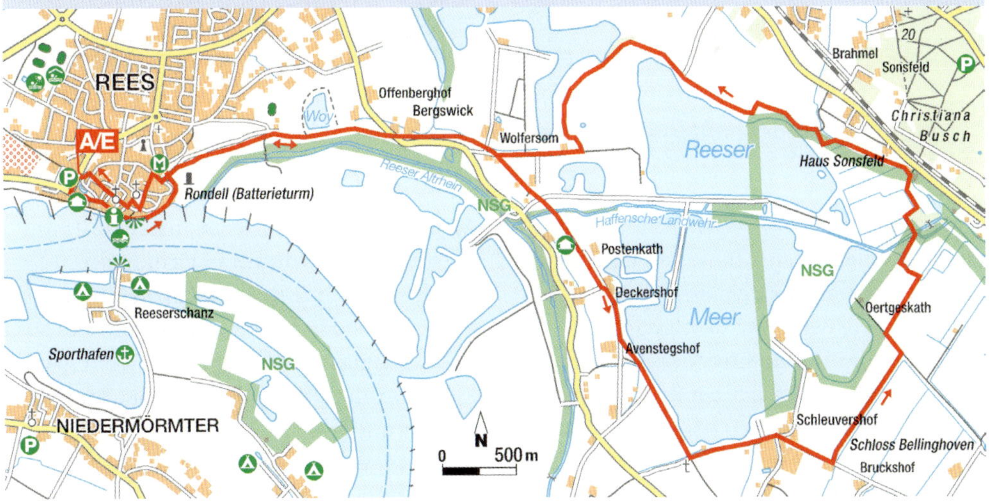

TOURENCHARAKTER

Mittelschwere Wanderung auf gut ausgebauten Wegen

AUSGANGS-/ENDPUNKT

Parkplatz Rheinpromenade, 46459 Rees (GPS: 51.758667, 6.390489)

ANFAHRT

Mit dem Pkw auf der B67 bis Rees; mit dem Bus bis Rees Schulzentrum

TOURISTENINFORMATION

stadt-rees.de

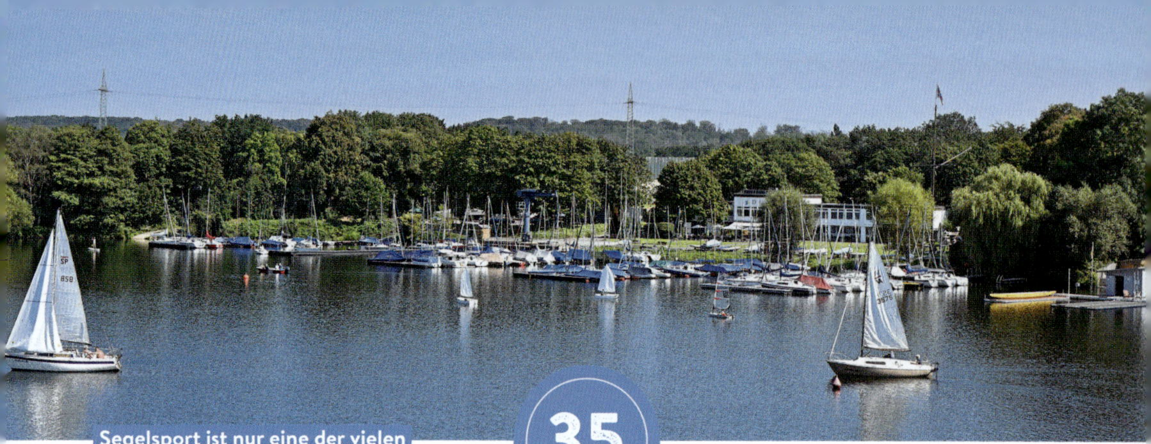

Segelsport ist nur eine der vielen Freizeitmöglichkeiten auf der Sechs-Seen-Platte.

35

Naherholung zwischen Niederrhein und Ruhrgebiet

Auf der Sechs-Seen-Platte in Duisburg

Nach Sand- und Kiesausgrabungen wurde das Gebiet der heutigen Sechs-Seen-Platte zu einem Naherholungsgebiet umgewandelt, welches zu vielen sportlichen Aktivitäten einlädt. Die Seen bieten außerdem Lebensraum für viele Wassertiere und Vogelarten und von einem Aussichtsturm genießen wir einen wunderbaren Blick über die Umgebung.

SECHS-SEEN-PLATTE Die Sechs-Seen-Platte westlich der S-Bahn-Linie zwischen Ratingen und Duisburg besteht aus Wambachsee, Masurensee, Böllertsee, Wolfssee, Wildförstersee und Haubachsee; der östlich der Bahngleise befindliche See Entenfang gehört nicht dazu. Vor rund 100 Jahren war das Gebiet noch eine Sumpflandschaft. Durch Sand- und Kiesausgrabungen entstanden der Reihe nach die Seen. Der ursprüngliche Plan, die Seen mit Industrieschutt aufzufüllen, wurde zum Glück nicht umgesetzt. Vielmehr erwarb die Stadt Duisburg das Gelände vom damaligen Besitzer, dem Grafen von Spee, und schuf ein Naherholungsgebiet, welches zu zahlreichen sportlichen Aktivitäten einlädt. Der Wolfssee geht zum Beispiel fast unbemerkt in den kleineren Wildförstersee über. In beiden Seen leben Barsche und Hechte. Letztere können es auf über 20 Pfund bringen, was vor allem Angler freut, die hier ihre Rute auswerfen dürfen.

AMPHIBIENSCHUTZ Als Wanderer kann man sich dem See aber nur an wenigen Stellen nähern, da die Uferzone mit Rohrkolben, Röhricht und Binsengras dicht bewachsen ist. Dies bietet den zahlreichen Wasservögeln nicht nur einen Sichtschutz, sondern auch ideale Brutmöglichkeiten. Auch Amphibien wie Kröten, Frösche und Molche finden hier einen optimalen Lebensraum. Der Haubachsee dürfte der schönste und natürlichste See der Region sein, obwohl auch er von Menschenhand geschaffen wurde. Seine Ausbaggerung begann im Jahr 1994 und endete erst 2001. Bei der Auskiesung dachte man jedoch auch schon an zukünftige Generationen und an die spätere Nutzung. So wurden Mutterboden, Wurzelstöcke und Grob-Kies während der Arbeiten getrennt gelagert und sofort nach dem Abbau der Kiesförderanlagen für die Renaturierung verwendet. Man gestaltete sowohl flache als auch steile Uferböschungen. Sogar ein kleines Delta entstand, welches als Biotop Blindschleichen, Kröten und Eidechsen einen idealen Lebensraum bietet.

AUSSICHT VOM WOLFSBERG Im angrenzenden Wald wurden Kiefern, Erlen und Wildkirschen gepflanzt sowie Totholzhaufen angelegt, und eine Insel im Haubachsee bietet Vögeln Schutz und Brutmöglichkeiten. Zur Vogelbeobachtung wurde hier am nördlichsten Punkt eine überdachte Plattform errichtet. Im August 1994 baute man auf dem Wolfsberg einen 21 Meter hohen Aussichtsturm, der einen wunderbaren Panoramablick bot, bis im Juli 2002 der Turm jedoch Opfer einer Brandstiftung wurde. Der Turm brannte bis auf zwei Stümpfe nieder. Mithilfe der Unternehmen ThyssenKrupp und der Hüttenwerke Krupp Mannesmann, die als zusätzliche Sponsoren einsprangen, wurde der Turm wiederaufgebaut – nicht mehr aus Holz, sondern aus Stahl. Seit dem Frühjahr 2006 kann man sich vom neuen, ebenfalls 21 Meter hohen Aussichtsturm wieder am Panorama erfreuen. 102 Stufen gilt es dabei zu überwinden, doch der Ausblick weit in das westliche Ruhrgebiet bis nach Düsseldorf und der Überblick über die Seenlandschaft entschädigt für die Mühen.

INFO

TOURENCHARAKTER
Leichte Wanderung im Wald und an Seeufern entlang

AUSGANGS-/ENDPUNKT
Kalkweg, 47279 Duisburg (GPS: 51.389108, 6.795367)

ANFAHRT
Mit dem Pkw auf der A59 bis Duisburg-Wanheimerort; mit dem Bus bis Haltestelle Am See

TOURISTENINFORMATION
duisburg.de

EINKEHR
Haus Seeblick, Strohweg 12, 47279 Duisburg, haus-seeblick-duisburg.de

leicht	02:30 Std.	8 km	57/57 Hm

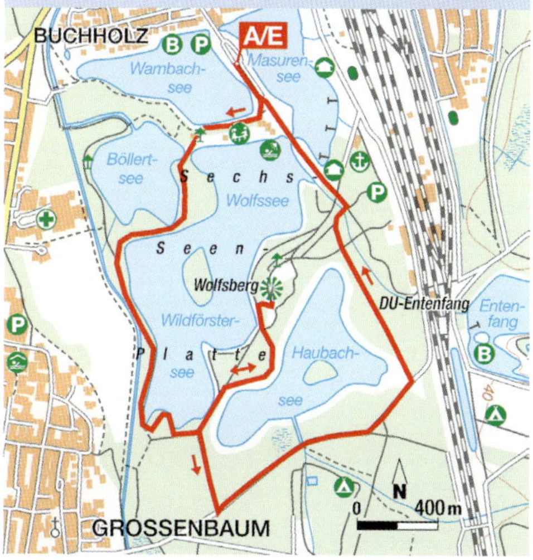

Fluss im Wandel

An der Emschermündung

Es ist nicht nur die Emscher, die bei Dinslaken in den Rhein mündet. Auch den Rotbach lernen wir kurz vor seiner Mündung kennen. Und mit diesen beiden Flüssen ist es bei dieser Wanderung nicht getan, denn in der Uferlandschaft von Duisburg-Walsum blicken wir auch auf Vater Rhein und erfreuen uns an der Wanderung zwischen Schloten und Schafen.

ROTBACH AM RHEIN Wir beginnen unsere Wanderung durch die Rheinauen und zur Mündung der Emscher ausgerechnet an einem ganz anderen Fluss, nämlich am Rotbach. Auf eine Länge von rund 22 Kilometern bringt es der Rotbach, der im Oberhausener Norden entspringt und zunächst als Vennbach bezeichnet wird. Nach Überquerung der Stadtgrenze zu Bottrop trägt er den Namen Ebersbach. Seinen endgültigen Namen erhält der Rotbach dort, wo er das Wasser des Pötteringsbachs aufnimmt. Wie in der Region üblich, ist der Rotbach ebenfalls von Bergsenkungen betroffen und kann seinen jetzigen naturnahen Lauf nur mithilfe von mehreren Pumpwerken erreichen.

DURCH DEN WALD Wir lassen den Parkplatz hinter uns, biegen an der Hans-Elfing-Sporthalle links ab und folgen dem Fluss in Fließrichtung bis zu einer Brücke, an der wir das Ufer wechseln, dem Fluss jedoch weiter folgen. An der Eppinkstraße wird unsere Flussreise kurz unterbrochen und wir wenden uns nach links, um wenig später durch den Küstermannsweg durch eine Wohnsiedlung wieder zum Rotbach zu gelangen. An seinem linken Ufer gehen wir an einem Feldhandballplatz und mehreren Tennisplätzen vorbei und in einen dichten Wald hinein. An einer Kreuzung biegen wir rechts ab, überqueren den Rotbach, wenden uns anschließend nach links und genießen

36

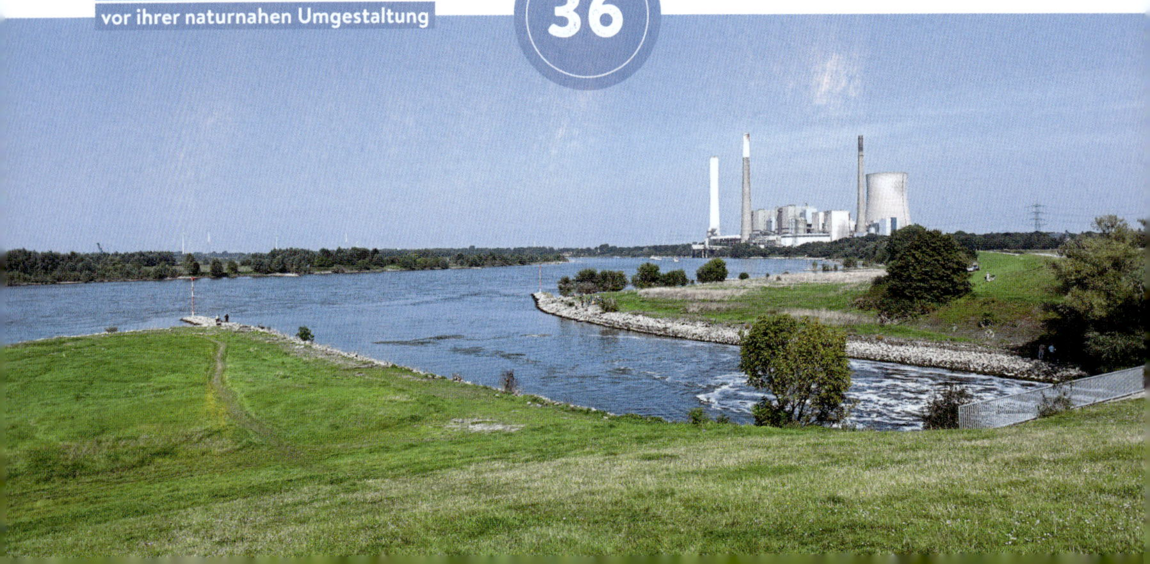

Blick auf die Emschermündung vor ihrer naturnahen Umgestaltung

die Waldwanderung, bis wir schließlich an einem Schützenheim die Friedrichstraße erreichen.

ROTBACHMÜNDUNG Wir wenden uns nach links, biegen gleich hinter einer Bahnunterführung wieder nach links ab und folgen dem Leitgraben bis kurz vor seine Mündung in den Rhein. An der Mündung dieses Entwässerungsgrabens überqueren wir ihn und erreichen am Rheinufer entlang in wenigen Augenblicken die Mündung des Rotbaches, der sich hier von uns verabschiedet. Nach dem Rotbach haben wir zu unserer Rechten nun mit dem Rhein einen deutlich größeren und bekannteren Fluss neben uns. Wir genießen die Wanderung auf dem Deich und gelangen ganz automatisch zur Mündung der Emscher, wo der Fluss sein Ende findet und wir im Haus Stapp einkehren können. An der Südseite der Emscher bleiben wir parallel zum Rheinufer, schauen ein paar blökenden Schafen beim Fressen zu und wandern nun durch das grüne Naturschutzgebiet Rheinaue-Walsum.

WALSUM Der Rhein hat seit seinem Nullkilometer am Bodensee rund 793 Kilometer Strecke hinter sich gebracht, bis er auf der rechten Seite gleich hinter dem Nordhafen Walsum das Naturschutzgebiet Rheinaue-Walsum erreicht. Doch selbst diese schöne Grünfläche, die zahlreichen Tieren eine Heimstätte bietet, ist nicht rein natürlichen Ursprungs, sondern entstand durch Bergsenkungen. Von verschiedenen Schutzhütten aus hat man mehrere Möglichkeiten, Vögel zu beobachten, was besonders in den Wintermonaten eine wahre Freude ist, wenn bis zu 10 000 Gänse das Naturschutzgebiet als Zwischenquartier auf ihren weiten Wanderungen nutzen.

EMSCHERMÜNDUNG Vor einer Eisenbahnunterführung wenden wir uns nach links und genießen weiterhin die Route durch die Rheinauen. Hinter ein paar Wohnhäusern biegen wir rechts in die Konrad-Adenauer-Straße ein, unterqueren eine Eisenbahnlinie und treffen erneut auf die Emscher, die hier gemächlich auf die nahe Mündung zufließt. Nach der Emscherüberquerung biegen wir rechts auf die Willy-Brandt-Straße ein, verlassen diese aber schon an der nächsten Ampelkreuzung nach links und wandern auf der Alleestraße an der Trabrennbahn Dinslaken entlang. Auf der Bärenkampallee erreichen wir das Zentrum von Dinslaken, biegen auf der Wiesenstraße links ab und gehen rechts in die Duisburger Straße hinein, wo sich wenig später am Altmarkt die Kirche Sankt Vincentius erhebt. Auf der Marktstraße überqueren wir wieder den bekannten Rotbach, halten uns rechts und folgen dem kleinen Fluss an der Kreuzstraße entlang bis zum Ausgangspunkt.

INFO

leicht	–	–	–

TOURENCHARAKTER
Leichte Wanderung am Rheinufer entlang

AUSGANGS-/ENDPUNKT
Frankfurter Straße, 46562 Voerde
(GPS: 51.572875, 6.688278)

ANFAHRT
Auf der B8 bis Dinslaken und weiter über kleinere Landstraßen

TOURISTENINFORMATION
voerde.de

EINKEHR
Landhaus Freesmann, Heerstraße 335, 46535 Dinslaken

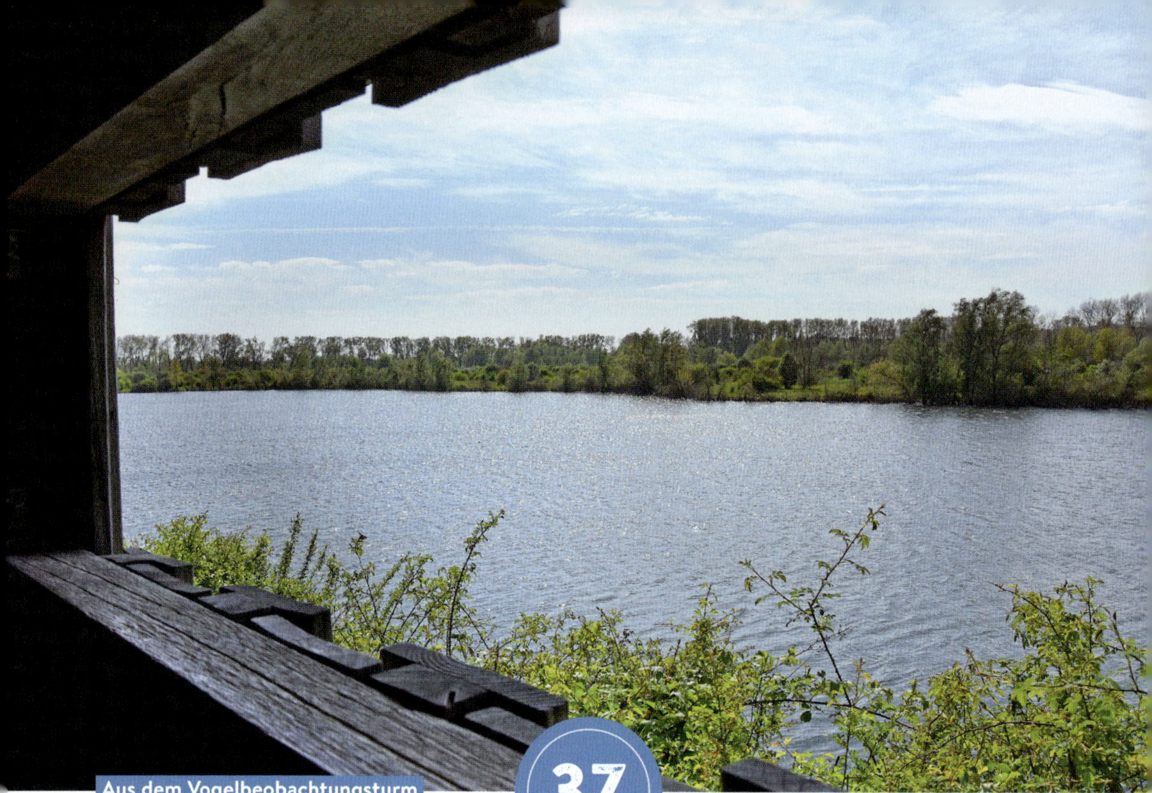

Aus dem Vogelbeobachtungsturm erhofft man sich Blicke auf die Tierwelt.

37

Auf Vogelbeobachtungstour

Bislicher Insel

Diese Wanderung bietet von allem etwas. Zu Beginn lernen wir die Altstadt von Xanten kennen, werfen einen Blick in das SiegfriedMuseum und genießen den Duft von frisch Gebackenem an der Kriemhildmühle, bevor wir das Rheinufer erreichen und eine Runde durch die vogelreiche Landschaft drehen. Einen ganz besonderen Blick auf die Vogelwelt erhalten wir jedoch mit einem Abstecher zu einem Vogelbeobachtungsturm an der Bislicher Insel.

AUF DEN SPUREN DER NIBELUNGEN

Wir starten unsere Wanderung vor der Tourismusinformation von Xanten, gleich gegenüber vom SiegfriedMuseum, wo der stilisierte Drachentöter zusammen mit dem Fabeltier von der Hausfassade grüßt. Gleich dahinter ragen die beiden Türme des St.-Viktor-Doms in die Höhe. Nach einem kurzen Blick in das Gotteshaus gehen wir links an der Kirche vorbei bis zum Stiftsmuseum und verlassen den Dombereich dort durch die kleine Straße Kapitel. Geradeaus sehen wir bereits die Kriemhildmühle an der Xantener Stadtmauer. Unter den großen Flügeln der Mühle gehen wir durch das Tor der Stadtmauer in die Grünanlage hinein, die sich einmal komplett um die Altstadt von Xanten zieht. Wir wenden uns hinter der Mühle nach rechts und folgen dem Spazierweg durch das Grün bis zum Kreisverkehr am Nibelungenplatz.

AUSBLICK ZUM DOM Dem stets geradeaus verlaufenden Dornbuschweg folgen wir bis zu seinem Ende und wandern dabei am Rande eines Wohnviertels entlang bis zum Fuhrweg. Die Straße Alter-Rhein-Weg bringt uns durch ein ruhiges Wohnviertel, in dem wir an einem kleinen Kreisverkehr weiter geradeaus gehen. Am Ende einer Sackgasse wechseln wir auf einen Fußweg. Der kleine Weg führt uns zum Rad- und Fußweg, der parallel zur Gelderner Straße verläuft. Auf diesem biegen wir nach links ab und wandern unter einigen Baumkronen hindurch auf dem breiten Weg. Zu unserer linken Seite breitet sich das Naturschutzgebiet Reeser Schanz, Rheinaue Obermörmter und Vynen bei Gut Grindt und Haus Luettingen aus. Mit den Ausblicken über die Rheinauen wandern wir geradeaus, bis die Straße am Flussufer ihr Ende findet und wir auf die Rheinfähre Bislich-Keer Tröch II wechseln.

Tipp

XANTEN

Xanten ist der Geburtsort von Siegfried, dem Drachentöter. So steht es im mittelalterlichen Heldenepos des Nibelungenliedes geschrieben. Mitten in der historischen Altstadt von Xanten berichtet das SiegfriedMuseum über die Heldentaten und über die Mythen, die mit dem Nibelungenlied verbunden sind. Mit mehreren Veranstaltungen, Mitmachprogrammen und Führungen lassen sich die verschiedenen Nibelungenwelten im Museum erkunden. Kriemhild, die Frau des Xantener Drachentöters Siegfried, ist Namensgeberin für die historische Windmühle am Nordwall. Sie war Teil der Stadtbefestigung und hat die Form eines Wehrturmes. Erbaut wurde die Mühle Ende des 14. Jahrhunderts. Die Flügel sind mit einem Gatterwerk nach holländischer Art ausgestattet und treiben das Mahlwerk an. Denn die Mühle ist die einzige am Niederrhein, die noch heute jeden Tag in Betrieb ist.

↓ Die Weidenbohrer-Raupe kann bis zu zehn Zentimeter lang werden. ↘ Gänse sieht man auf der Bislicher Insel unter Garantie.

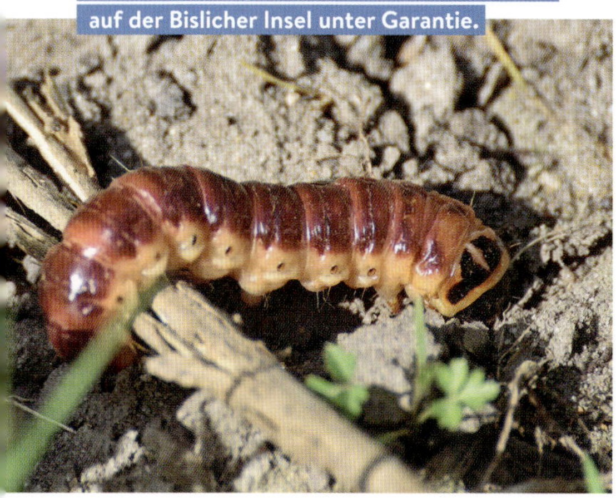

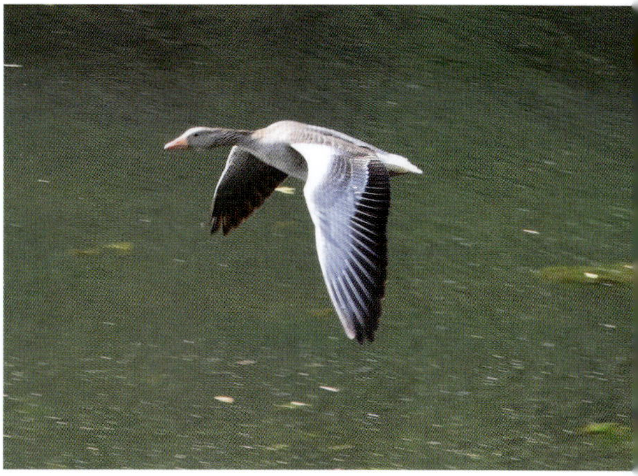

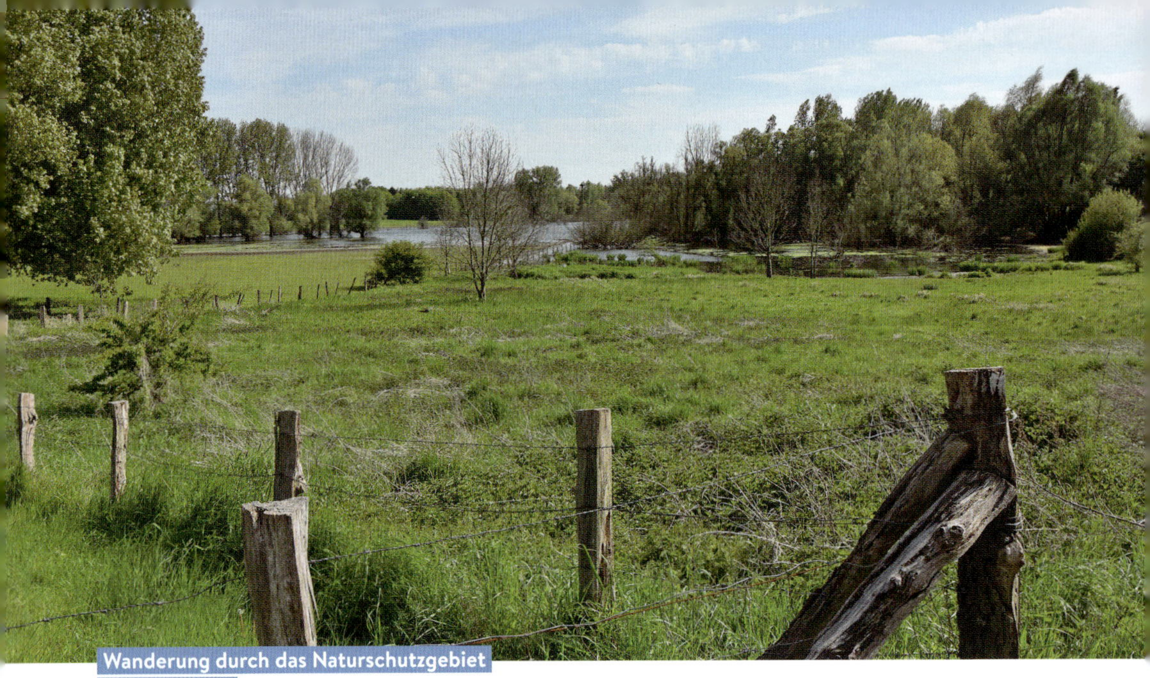

Wanderung durch das Naturschutzgebiet Bislicher Insel

WARTEN AUF DEN FÄHRMANN Wenn die Fähre gerade noch nicht da ist, nutzen wir natürlich die kurze Wartezeit für eine Pause und beobachten den Schiffsverkehr auf Vater Rhein. Nach der Ankunft am rechtsrheinischen Ufer wenden wir uns hinter dem kleinen Wohnmobilstellplatz nach rechts in die Straße Marwick. Nach einer Linkskurve biegen wir scharf links ab und wandern nun auf dem Rheindeich in westliche, später in nördliche Richtung. Dabei gelangen wir zu einer Kreuzung, an der uns sofort die kleine Kapelle des Bislicher Heimatvereins ins Auge fällt.

DEICH WIE AN DER NORDSEE Wir gehen auf dem Deich geradeaus weiter, grüßen die Kühe und Schafe, die friedlich in den Rheinauen grasen, und erreichen an einer Weggabelung ein Ehrenmal. Vor dem Ehrenmal halten wir uns halb rechts, verlassen den Deich und gehen in den Weseler Ortsteil Bislich hinein. Halb links sehen wir die St.-Johannes-Kirche, wir biegen jedoch rechts ab und spazieren gleich darauf an der kleineren evangelischen Kirche vorbei. Auf der Dorfstraße gehen wir geradeaus bis zum Heimatmuseum Bislich. Dieses erkennen wir sehr gut an dem überdachten Nachen, das im letzten Jahrhundert als Rettungsboot diente. Vor einem kleinen See wenden wir uns nach links, biegen aber gleich an der ersten Gelegenheit hinter dem See rechts in den Weg Leckerfeld ein. Zwei Baggerseen auf der rechten Seite und einige Felder auf der linken, die von wenigen Wohnhäusern unterbrochen werden, säumen unseren Weg durch die Rheinlandschaft von Bislich. Am Ende des Weges biegen wir nach links ab, um gleich darauf wieder nach rechts auf den Damm Marvick zu gelangen. Diesen erkennen wir schnell wieder und wandern auf ihm bis zur Rheinfähre, mit der wir nach der Rundtour durch Bislich wieder auf die gegenüberliegende Rheinseite wechseln.

BISLICHER INSEL Auf der Xantener Seite des Rheins angekommen, entscheiden wir uns jedoch nicht für den direkten Weg wieder zurück zum Ausgangspunkt, sondern folgen lieber dem Eyländer Weg am Rhein entlang. Zwar wandern wir weiterhin auf einem Asphaltweg, doch dieser bringt uns geradewegs zu einer vogelreichen Auenlandschaft namens Bislicher Insel. Die Felder und Auen rechts und links des Weges werden an ihren Flurrändern von einigen Kopfweiden gerahmt, während wir einen Hof erreichen, hinter dem wir rechts auf einen kleinen Weg abbiegen. Zwischen den Seen in der Auenlandschaft des Alten Rheins wandern wir bis zum Ende des Weges, wo uns eine hölzerne Vogelbeobachtungshütte erwartet. Aber schon auf dem Weg dorthin erblicken unsere Augen immer wieder Gänse, Kormorane und gelegentlich auch Störche. Wachtelkönige, Nachtigallen, Schwarzmilane, Wiesenpieper, Zwergtaucher und Bekassinen sind nur eine Auswahl weiterer Vögel, denen wir begegnen können. Da es sich bei der Bislicher Insel um eine Sackgasse handelt, kehren wir nach einer ausgiebigen Beobachtung der Tiere wieder um und wandern den gleichen Weg wieder zurück bis zum Hof, wenden uns nach links und gehen bis zur Rheinfähre zurück. Dort folgen wir dem bereits bekannten Rad- und Fußweg und gelangen nach einiger Zeit zurück ins Zentrum von Xanten.

INFO

TOURENCHARAKTER

Lange Wanderung in ebener Umgebung, dennoch ist Kondition hilfreich

AUSGANGS-/ENDPUNKT

Parkplatz Ostwall, 46509 Xanten (GPS: 51.663118, 6.455393)

ANFAHRT

Mit dem Pkw auf der B57 bis Xanten

TOURISTENINFORMATION

xanten.de

EINKEHR

Breite Auswahl an Gastronomie im Zentrum von Xanten

An manchen Stellen geht man auf Asphalt.

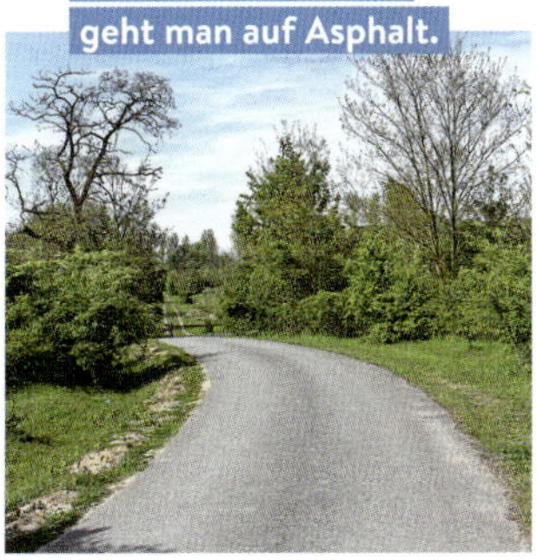

schwer | 05:50 | 20,5 km | 84/84 Hm

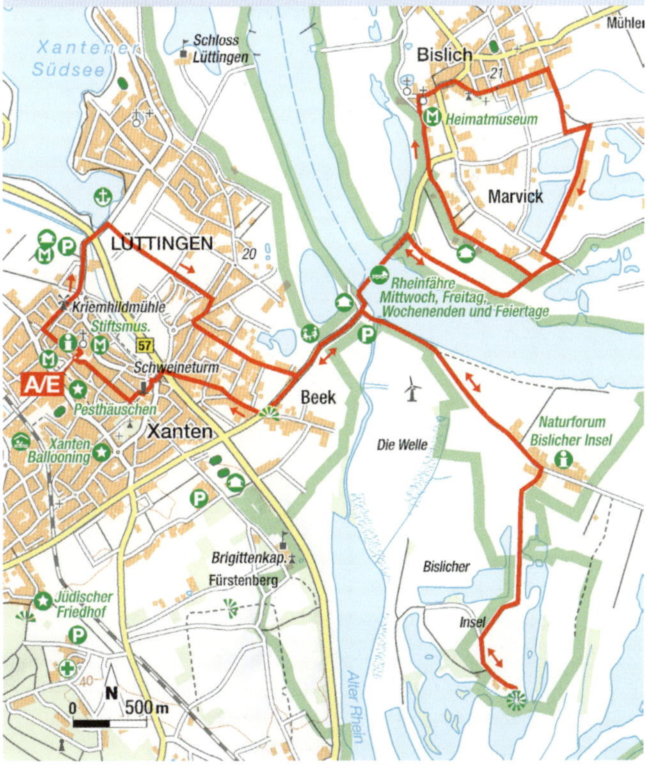

Wasser in idyllischer Lage

Zum Rotbachsee und noch weiter

Von der Grafenmühle aus radeln wir zum Rotbachsee, an dem der Rotbach vorbeigeleitet wird. Weiter geht es an historischen Gebäuden und Naturschutzgebieten vorbei, aber auch durch das Zentrum von Dinslaken bis zur Mündung des Rotbachs in den Rhein.

In der Tat rötlich wirkt der Rotbach, wenn er in den Rhein mündet.

38

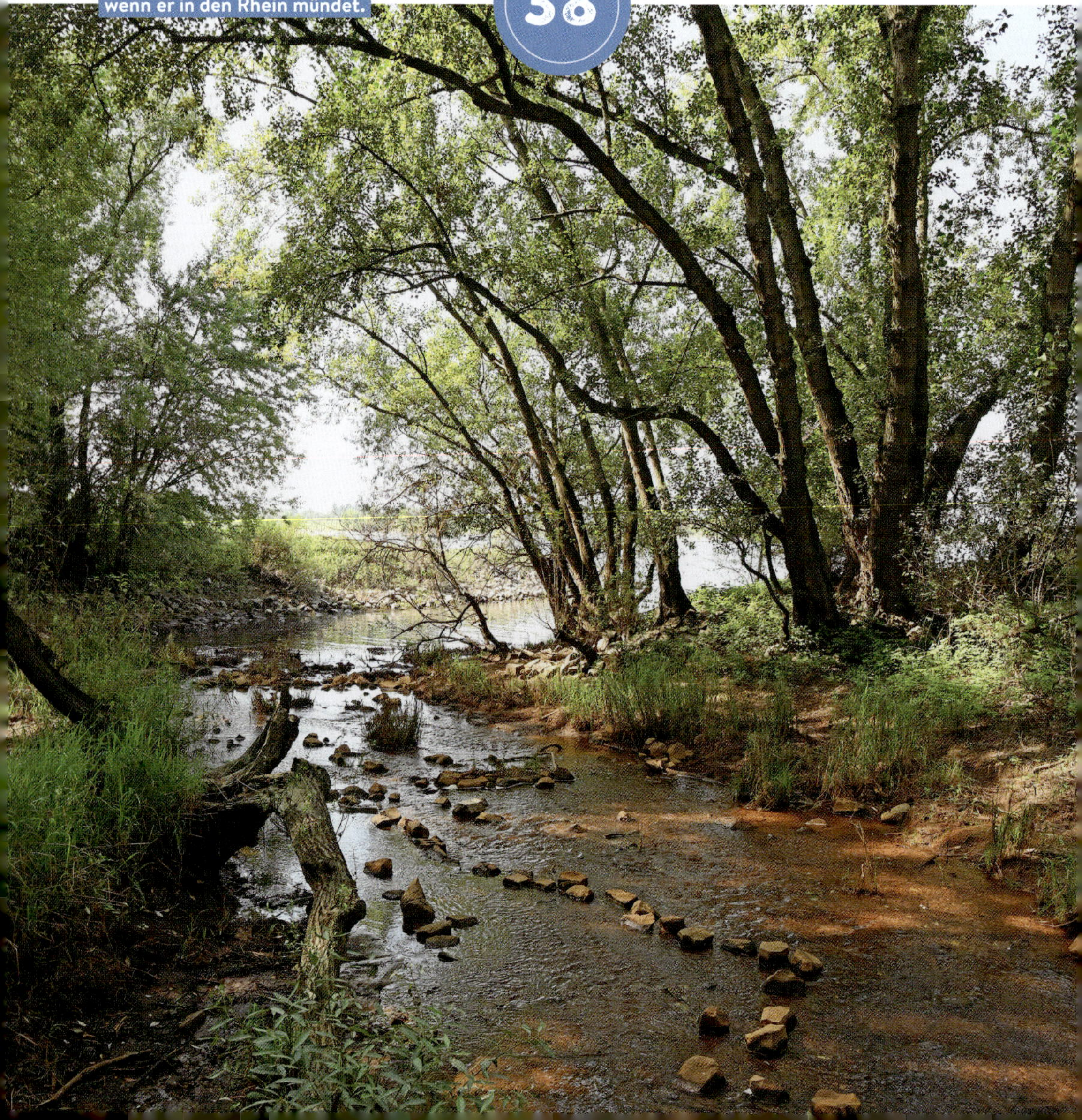

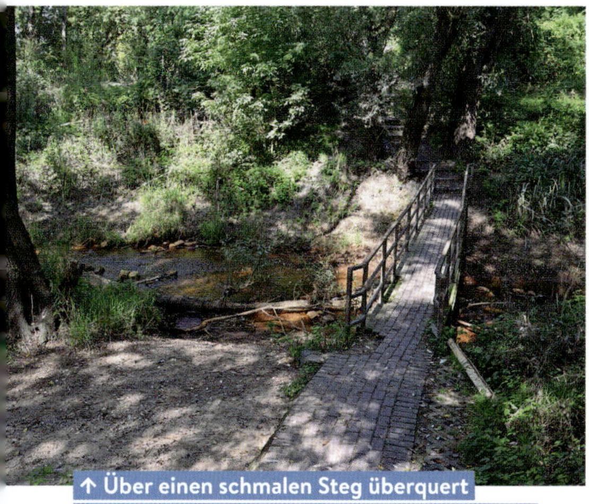

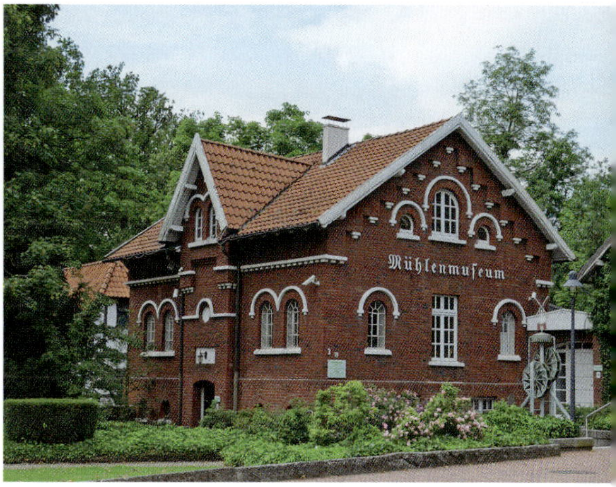

↑ Über einen schmalen Steg überquert man den Rotbach. ↗ Das Mühlenmuseum am Rotbach

GRAFENMÜHLE Grafenmühle ist ein beliebter Freizeittreff, der vor allen Dingen von Motorradfahrern aus der ganzen Region angesteuert wird. PS-starke Maschinen mit viel Chrom werden gezeigt und vorgeführt, es wird geklönt und vor allen Dingen gegessen. Mehrere Einkehrmöglichkeiten lassen keinen Hunger aufkommen. Aber auch die kleinen Besucher haben ihre helle Freude an der Grafenmühle. Mehrere Spielplätze und Minigolfanlagen sorgen für Kurzweil und Vergnügen rund um die Quelle des Rotbachs. Dieser entspringt eigentlich rund 500 Meter weiter nördlich und wird dort noch als Vennbach bezeichnet. Nach Unterquerung der Straße Zur Grafenmühle mündet der Vennbach in den Mühlenteich, von wo aus er dann den Namen Rotbach trägt. Rund 22 Kilometer fließt der Rotbach überwiegend in westliche Richtung, bevor er dann bei Dinslaken auf den Rhein trifft. Der Freizeittreff Grafenmühle, übrigens benannt nach einem nicht mehr vorhandenen Mühlgebäude, liegt in Waldrandlage. Folgt man den Wegen durch den Wald, gelangt man unter anderem auch zum Forellensee, der ein beliebtes Angelrevier ist und Übernachtungsmöglichkeiten in Form von sogenannten Hausbooten bietet, bei denen es sich jedoch nur um kleine Holzhäuser auf Pontons am Ufer des Sees handelt.

DURCH DAS ROTBACHTAL An der Grafenmühle rollen wir die wenigen Meter bis zur Hauptstraße. Dort wenden wir uns nach

Tipp

WASSERMÜHLE

Die Wassermühle wurde zum ersten Mal im 14. Jahrhundert erwähnt, und auch wenn sie im Laufe der Zeit mehrfach zerstört und wieder aufgebaut wurde, zählt das Mühlenhaus zu den ältesten Gebäuden im Dinslakener Stadtteil Hiesfeld. Gemahlen wurde an dieser Stelle des Rotbachs aber sogar schon im frühen 13. Jahrhundert, wie der Hiesfelder Mühlenverein herausfinden konnte. Dieser setzte sich im letzten Jahrhundert für die Wiederherstellung der Wassermühle ein und gründete das Mühlenmuseum, in dem unter anderem das Mahlwerk besichtigt werden kann.

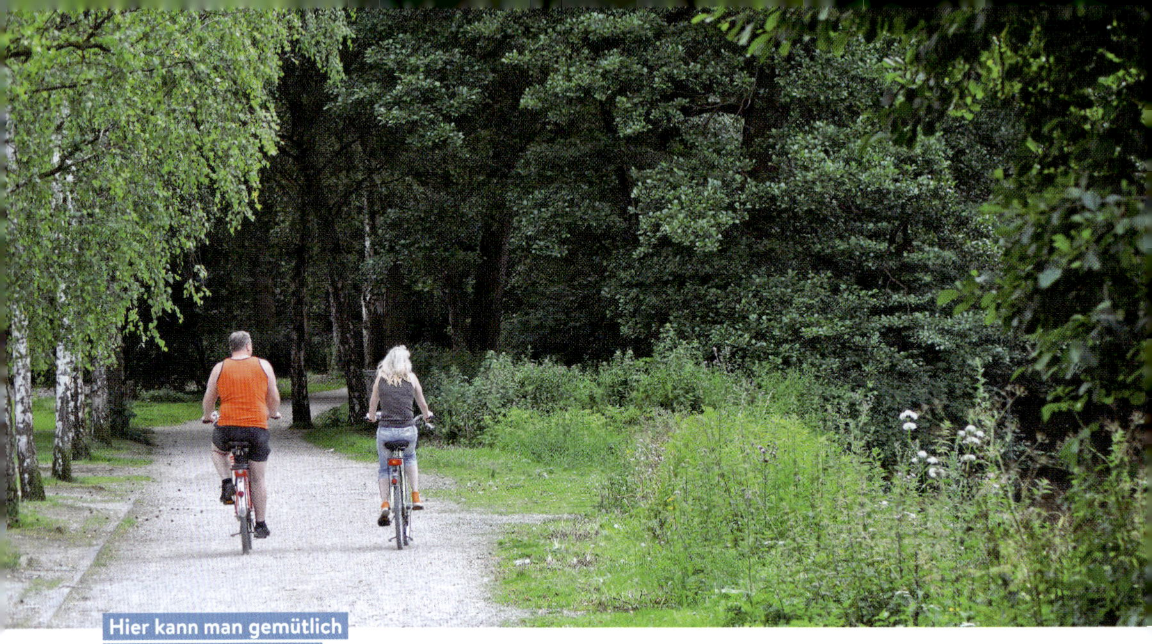

Hier kann man gemütlich nebeneinander radeln.

rechts zum Knotenpunkt 17 bei den dortigen Wanderparkplätzen. Am Knotenpunkt verlassen wir die Hauptstraße und wenden uns links in die Straße Rotbachtal. Von einem Tal zu reden, wäre in diesem Fall vielleicht zu viel. Vielmehr ist man gemütlich in einem Schatten spendenden Wald unterwegs. Der Rotbach mäandert links des Weges und leider kaum sichtbar durch den Wald. Er ist Teil des Naturschutzgebietes Kirchheller Heide, das durchquert wird. Kurz nachdem sich der Wald lichtet, biegen wir hinter einer weiteren Einkehrmöglichkeit links ab, um gleich darauf den Rotbach zu überqueren. Hier zeigt sich der schmale Wasserlauf in seiner vollen Pracht. Direkt nach der Überquerung biegen wir rechts ab und radeln unmittelbar neben dem Rotbach westwärts und an einigen Feldern entlang.

ROTBACHSEE Der Rotbachsee ist ein künstliches Gewässer, das im Jahr 1976 durch den Bau einer kleineren Talsperre angelegt wurde. Dabei handelt es sich jedoch weniger um einen klassischen Stausee, in den der Rotbach mündet. Vielmehr ist der Rotbachsee ein Rückhaltebecken, das Schutz vor Hochwasser bietet und an dem der Rotbach üblicherweise vorbeigeleitet wird. Kurz hinter dem Rotbachsee berührt der nun etwas breiter gewordene Fluss eine von ehemals fünf Wassermühlen, die vom Rotbach angetrieben wurden. Am gegenüberliegenden Ufer des Rotbachs lohnt zudem ein Blick auf das Haus Hiesfeld. Heute ist es ein ideal gelegener Ort für eine Einkehr, in früheren Jahrhunderten war das Gebäude eine Wasserburg, in der die Adelsfamilie Histfeld ihren Stammsitz hatte.

VOM ROTBACHSEE ZUM RHEIN Die folgende Streckenführung ist teilweise innerstädtisch und führt mitten durch Dinslaken. Zu Beginn bleiben wir dem Rotbach noch treu. An der Oberhausener Straße rechts und im Anschluss an der Sterkrader Straße links, schon sehen wir den kleinen Fluss wieder, dem wir auf einem schmalen Weg bis zu einer Brücke folgen. Auf der Brücke wechseln wir das Ufer und radeln durch die Krengelstraße bis zur Karl-Heinz-Klingen-Straße. Auf ihr unterqueren wir nach links eine Eisenbahntrasse und biegen gleich dahinter links in die Karlstraße ab. Über Karlstraße und Thyssenstraße erreichen wir wieder den Rotbach. An der Schloßstraße beziehungsweise am Knotenpunkt 81 verschwindet der Rotbach unter der Erde und wird unter einem Teil der Innenstadt von Dinslaken kanalisiert hindurchgeführt. Der Ausschilderung zu den Knotenpunkten 82 bis 84 folgend, gelangen wir zur Mozartstraße, wo der Radweg direkt neben dem wieder sichtbaren Rotbach aus der Stadt hinausführt. Es wird wieder deutlich grüner, die Fahrt verläuft durch einen Wald, und kurz bevor man das Ufer des Rheins erreicht, blicken wir auf Haus Wohnung.

HAUS WOHNUNG Zu Beginn des 14. Jahrhunderts entstand die Wasserburg, die heute als Haus Wohnung bezeichnet wird. Der ungewöhnliche Name leitet sich vom ersten Besitzer, Arnd von der Wonyngen, ab. An dem herrschaftlichen Gebäude befindet sich die zweite noch erhaltene Wassermühle am Rotbachufer. Gleich hinter dem Anwesen sind es nur noch wenige Tritte in die Pedale, bis wir den Ort erreichen, an dem das Wasser des Rotbachs sich mit dem Wasser des Rheins vermischt. Damit sind wir auf dem Rheinradweg unterwegs und wir könnten Richtung Nordsee oder Bodensee weiterfahren. Lust hätten wir schon. Doch wir bleiben vernünftig und radeln einfach wieder zurück, um den nächstgelegenen Bahnhof zu erreichen, der sich im Stadtzentrum von Dinslaken befindet.

INFO

mittel | 03:00 Std. | 23,5 km | 137/158 Hm

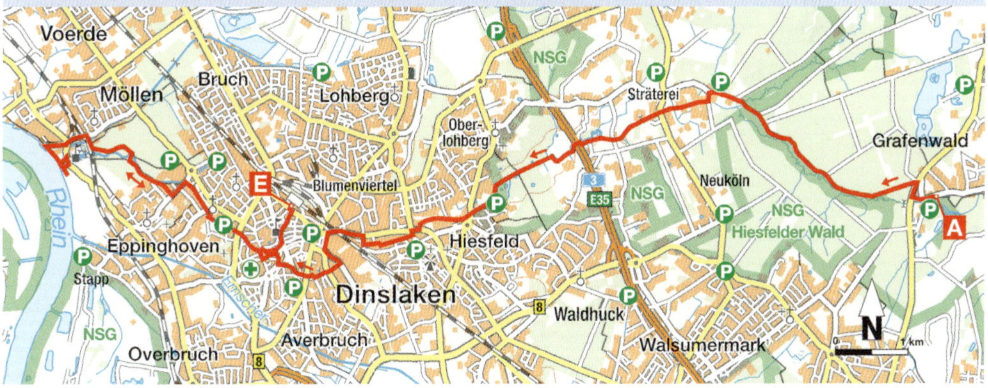

TOURENCHARAKTER
Mittelschwere Radtour, teils auch innerstädtisch

AUSGANGSPUNKT
Parkplatz Grafenmühle am Alten Postweg, 46244 Bottrop (GPS: 51.565298, 6.873353)

ENDPUNKT
Bahnhofsplatz, 46535 Dinslaken (GPS: 51.567334, 6.737140)

ANFAHRT
Mit dem Pkw auf der A2 bis Oberhausen-Königshardt

TOURISTENINFORMATION
niederrhein-tourismus.de

EINKEHR
Diverse Einkehrmöglichkeiten im Zentrum von Dinslaken

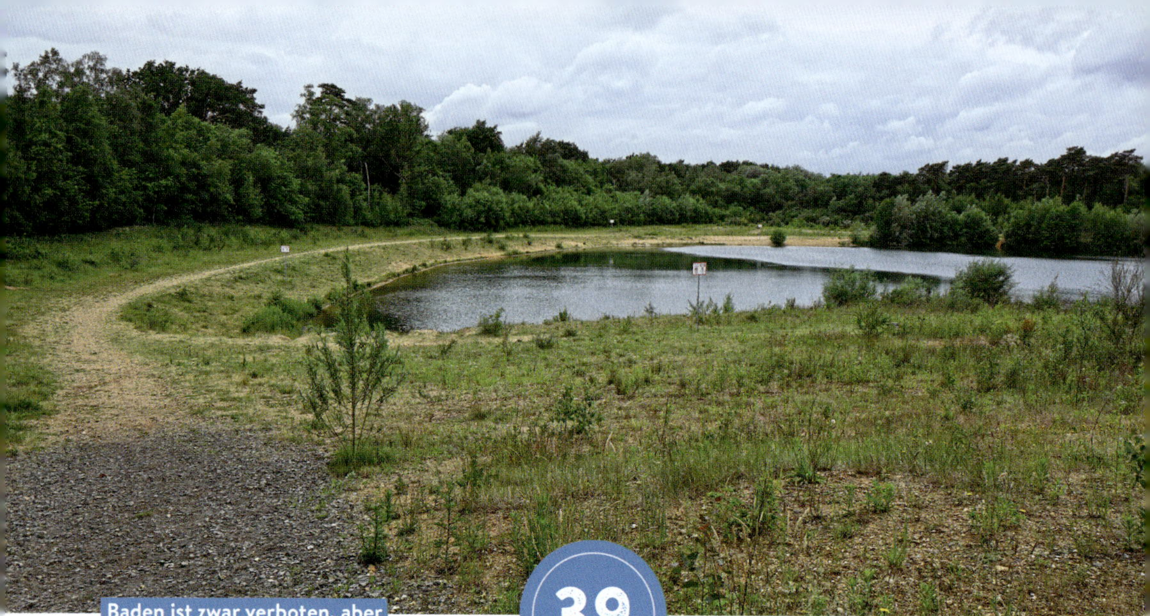

Baden ist zwar verboten, aber die Landschaft kann man trotzdem genießen.

39

Ideal für eine Gassirunde

Tüdderner Fenn

Ein schönes Gebiet zum Wandern und Spazierengehen mit drei Seen und einer Einkehrmöglichkeit erwartet uns an der Grenze zu den Niederlanden. Wo einst Löwen und Nashörner lebten, genießen wir eine gemütliche Runde, die sich auch für Hundebesitzer anbietet.

TÜDDERNER FENN Als wir unser Fahrzeug am Parkplatz gegenüber der Waldschänke abstellen und losmarschieren, sind wir etwas überrascht. Es gibt nämlich nicht sehr viel, was man an den Gewässern des Tüdderner Fenns machen darf. Große Hinweisschilder – und davon nicht wenige – weisen auf das Verbot des Schwimmens hin. Auch Angeln und Lagerfeuer sind nicht erlaubt. Keine schlechte Idee, denn das Tüddener Fenn ist ein reines Naturschutzgebiet und gleichzeitig wirkt es mit seinem Sandstrand so attraktiv, dass man sich einfach hinsetzen und picknicken möchte. Doch auch das ist verboten, zumindest ist das wohl mit dem Symbol einer durchgestrichenen Flasche auf den zahlreichen Schildern zu verstehen. Möglicherweise geht es auch um abendliche Saufgelage von weniger an der Natur interessierten Menschen. Daher hoffen wir, dass wir wenigstens als Spaziergänger eine Wasserflasche mit uns führen dürfen. Denn zum Spazieren oder Wandern bietet sich der Wald rund um die kleinen Seen wunderbar an. Der größte von ihnen, ausgestattet mit weiten Sandstränden, wird Safarisee genannt. Hunde können und dürfen in den See hinein, daher bietet sich das

Tüdderner Fenn auch als Gassirunde an. Der Name des Gewässers leitet sich vom ehemaligen Safaripark ab, der das Gelände einst mit 70 Hektar beherrschte. Damals lebten hier Löwen, Tiger, Affen und sogar Nilpferde und Elefanten. Der Safaripark Tüddern war der erste seiner Art in Deutschland und wurde 1968 gegründet. 1990 ging er pleite. Andere Stimmen behaupten, es fehlte an der wissenschaftlichen Leitung. So oder so war es wohl besser so.

AM SAFARISEE Direkt am Safarisee verläuft die Straße, die das Gebiet in zwei Bereiche teilt und die Ortschaften Tüddern und Süsterseel miteinander verbindet. Auf der nördlichen Seite der Straße erstrecken sich zwei weitere, kleinere Seen und alle drei lassen sich zusammen mit einer Einkehrmöglichkeit wunderbar in einer kurzen Wandertour kombinieren. Dabei spielt es keine Rolle, ob man in Tüddern losgeht oder den Start der Tour nach Süsterseel verlegt. Die Seen liegen genau auf halber Strecke und so können wir entweder von einem der beiden Orte aus eine Rundwanderung unternehmen oder wir ziehen einfach von Ortschaft zu Ortschaft. Dabei kann man auch die kleine Muttergotteskapelle am Waldrand besuchen sowie dem Rodebach folgen, der im südlichen Bereich seinen Weg findet. Von dort blicken wir dann sogleich über die Felder und Weiden zum Nachbarland Niederlande, wo sich direkt hinter der Staatsgrenze die Großstadt Sittard ausbreitet. Wir hingegen genießen aber lieber die Wanderung durch den Wald, der mehrheitlich aus Schwarzerlen besteht und zahlreiche andere Pflanzenarten wie Weißdorn, Schwertlilie und die Sumpfschafgarbe beheimatet.

INFO

leicht	–	–	–

TOURENCHARAKTER
Leichte Wanderung durch den Wald

AUSGANGS-/ENDPUNKT
Parkplatz An der Waldschänke, 52538 Selfkant (GPS: 51.003830, 5.928736)

ANFAHRT
Mit dem Pkw auf der B56 bis Süsterseel oder Tüddern; mit dem Bus bis zur Haltestelle Westerheide

TOURISTENINFORMATION
derselfkant.de

EINKEHR
Waldschänke, An der Waldschänke 1, 52538 Selfkant, waldschaenke-selfkant.de; El Pimiento, Höngener Weg 44, 52538 Selfkant, el-pimiento.de

Am Ufer des Tüdderner Fenns

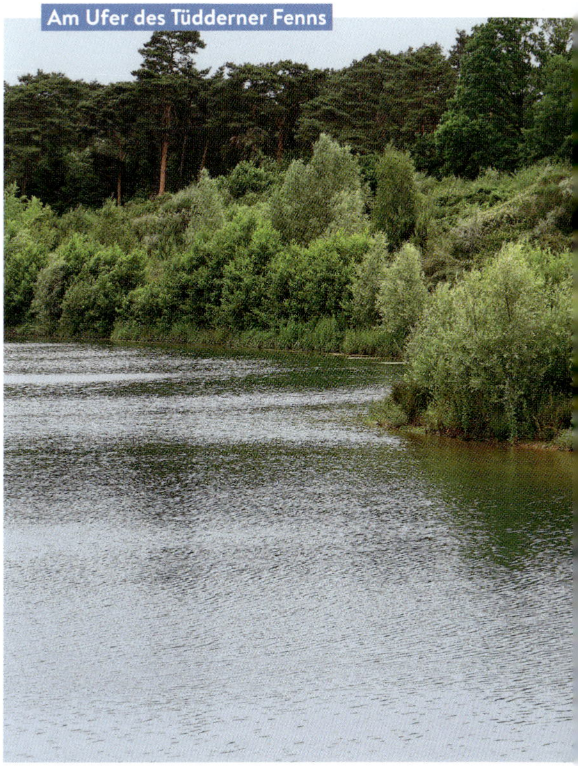

PS: DA FÄLLT MIR NOCH WAS EIN!

UM ES GLEICH VORWEG ZU NEHMEN – besuchen Sie den Niederrhein zur richtigen Jahreszeit. Die Frage ist nur, welche das ist. Das ist von den Interessen eines jeden Einzelnen abhängig. Denn jede Jahreszeit hat ihre Besonderheiten und Vorteile. In den dunklen Wintermonaten sind die Tage zwar kurz und man kleidet sich für gewöhnlich etwas dicker. Doch dafür ist man an vielen der im Buch genannten Ausflugsziele oft allein auf weiter Flur. Auf den Wanderwegen trifft man nur wenige Gleichgesinnte und die Aussichtstürme hat man dann für sich alleine.

DER HERBST ZEIGT SICH bekanntlich mit seinem raschelnden Laub und den leuchtenden Farben der Bäume. Mit dem Frühling beginnt ohnehin die Zeit des Aufbruchs und des Durchatmens. Aber sehr schön sind vor allen Dingen die Monate Mai und Juni, besonders, wenn man die Wanderungen und Radtouren mit einer Einkehr kombinieren möchte.

DER NIEDERRHEIN ist bekannt für seine weiten Spargelfelder, und beinahe jeder gastronomische Betrieb hat dann das Gemüse entsprechend auf der Speisekarte stehen. Liebhaber von süßen Sachen werden im gleichen Zeitraum frisches Obst von den Erdbeerfeldern pflücken und verspeisen wollen. Bitte, der Niederrhein macht es möglich und bietet zu jeder Jahreszeit Besonderheiten.

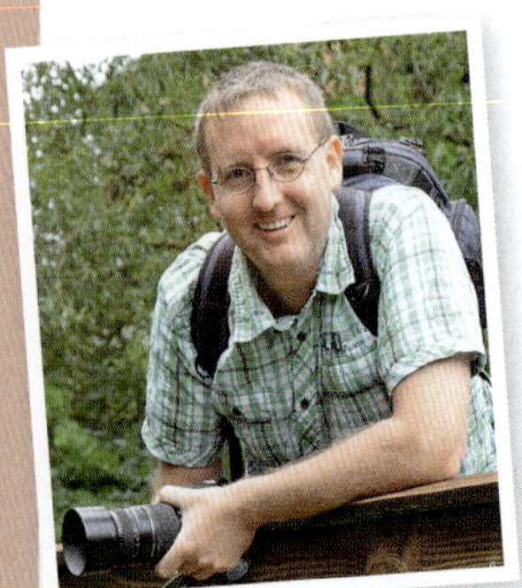

Herzlichst

Michael Moll